산업복지론

이 정 환
노 병 일 공저
변 보 기

교육과학사

서 문

현대 사회복지의 출발은 산업사회의 등장과 함께 발달했다고 해도 과언이 아닐 것이다. 산업화의 진전은 그 이전에 보지 못했던 광범위한 구조적 사회문제들을 예기치 않게 양산했다. 그리고 이러한 사회문제들 대부분은 산업현장과 조직에 밀접히 연관되어 있었다. 이에 따라 산업사회 이전과는 전혀 다른 보다 체계적이고 종합적인 사회문제의 대처방안들이 산업현장과 조직을 중심으로 요구되었다. 이러한 흐름의 일환으로 산업복지는 다른 사회복지의 실천분야들보다는 훨씬 초기에 그리고 빨리 발전해나갔다고 할 수 있다.

한국의 산업화는 1960년대초 이후부터 본격화되기 시작했다. 하지만 한국의 산업화는 서구와는 매우 다른 모습으로 전개되어 왔다. 한국의 산업화는 국가가 위주가 되어 '선성장 후복지'라는 정책목표하에 급속도의 자본축적, 산업구조의 인위적 분화, 사회 및 경제 조직의 양적인 확대와 팽창을 동반한 산업화정책을 시행해왔다. 이에 따라 노동자의 질적인 삶과 복지는 상대적으로 등한시되어 왔으며, 늦게나마 1980년대 후반에 와서야 비로소 관심의 대상이 되었다. 한편, 최근에는 정보화, 세계화의 물결로 인해 산업구조가 정보와 지식중심의 탈산업사회, 즉 정보사회로 변천해 가면서 구조적으로 변하고 있다. 이에 따라 고용불안정, 정리해고, 직업재교육, 직업의 양극화, 노동자의 스트레스증가 등과 같은 여러 가지 어려움들이 산업현장에서 다시 제기되고 있으며, 동시에 새로운 형태의 산업복지체제를 요구하고 있다.

우리 저자들은 이와 같은 한국에서의 산업복지의 문제점과 중요성을 각자 나름대로 인식해오고, 또한 이 분야의 문헌들이 상당히 부족하다고 생각하고 있었던 차에, 우연히 같이 조우할 수 있는 기회를 가지게 되었다. 그 자리에서 이런저런 이야기를 나누는 동안 우리는 뜻을 같이 모아 산업복지에 관한 전반적인 책을 쓰기로 의견을 모았다. 이 책은 그러한 모임의 결과이다.

이 책의 구성에 있어서, 전반부에는 산업복지에 관한 여러 가지 기초적인 이론과 개념을 소개하고, 중반부에는 산업복지의 전달방식을, 그리고 후반부에는 특수집단과 선진외국의 산업복지에 관해 다루고 있다. 이 중에서 변보기교수는 1장, 3장, 4장, 11장, 14장을 이정환교수는 2장, 5장, 12장, 13장, 15장을 노병일교수는 6장, 7장, 8장, 9장, 10장을 분담해서 집필하였다.

비교적 짧은 시간에 산업복지의 많은 부문을 다루려다 보니 이 책 여기저기에 부족한 부분이 많고, 또한 알게 모르게 크고 작은 잘못들이 다분히 포함되었으리라 여겨진다. 이러한 미진한 부분에 대한 답변은 나중에 보다 나은 자료와 내용을 담은 개정판을 내겠다는 약속으로 대신하고자 한다.

마지막으로, 이전판까지는 대학출판사에서 발간되었으나 출판사의 사정에 의하여 출판에 대한 모든 업무가 교육과학사로 이관되었다. 요즈음 출판계의 어려움에도 마다하지 않고 본서의 출판을 맡아주신 교육과학사 김동규 사장님께 감사의 말씀을 드린다.

2005년 4월

저자 일동

목　　차

제1장 산업복지의 기초

1. 산업복지의 개념

복지를 '안락하고 만족한 상태' 즉, 인간생활에서 기대되는 건강, 안녕, 번영 등과 같은 이상적 상태를 추구하는 구체적이며 조직적인 노력, 활동이라고 본다면 산업복지는 노동자들의 건강, 안정, 번영을 보장하기 위한 구체적인 노력, 활동이라고 정의될 수 있다. 물론 산업복지는 단순히 노동자들의 물질적 조건과 환경의 충족만을 추구하는 것은 아니고 심리적, 정신적 그리고 인간관계 등에서의 만족까지를 포함한다. 산업복지의 개념을 크게 광의와 협의로 분류해 살펴보자.

광의의 산업복지는 국가 또는 지방자치단체, 기업, 노동조합, 협동조합 등이 주체가 되어 노동자와 그 가족의 생활안정, 생활수준의 향상, 복지서비스의 증진등을 목적으로 하는 제 시책, 시설, 서비스 활동의 총체를 의미한다. 여기에는 기업이 주체가 되는 기업복지, 노동조합이 주체가 되는 노동자복지, 정부가 주체가 되는 사회보장, 협동조합이 행하는 각종 복지활동 등이 포함된다.

협의의 산업복지는 미국에서 쓰여지는 산업사회사업(Industrial Social Work)의 개념에 근거를 두고 있다.

커즈먼(P. Kurzman, 1987)에 따르면 "산업사회사업이란 경영이나 노동의 후원아래 피고용자나 노동조합원을 돕기 위하여 그리고 노동조직이나 산업조직의 적법한 사회복지욕구를 충족시키기 위해서 전문사회사업가를 활용하여 실시되는 프로그램이나 서비스이다"라고 정의하였다. 이와 유사하게 바커(R. Barker, 1987)는 " 산업사회사업이란 고용조직이나 노동조합 또는 이 양자의 후원아래 직장내외에서 노동자의 삶의 질을 향상시키기 위해서 실시되는 전문사회사업이다" 라고 규정하였다.

따라서 광의의 산업복지영역은 노동자의 생활문제는 물론 고용안정이나 임금 기타 노동조건 나아가 노동조합의 문제 등 구조적 문제를 중심으로 하는 사회정책을 포함하며 제도와 정책에 의존하여 시행된다. 반면에 협의의 산업복지 영역은 주로 노동자의 생활문제와 그들에 대한 심리적, 물질적 원조가 중심이 된다.

그런데 산업복지를 광의로만 해석할 경우 대부분의 국가정책이나 제도가 노동자를 포함하는 국민 전체의 복지와 관련되기 때문에 산업복지를 구체적으로 논의하는 데 어려움을 갖게 된다. 또 산업복지를 협의로 제한할 경우에도 임금수준이나 노동시간 등과 같은 기본적인 조건들이 이미 충족되어 있다는 것을 전제로 하게 된다. 만약 임금이 매우 낮거나, 노동환경이 열악하거나 고용이 불안정한 상황에서 협의의 산업복지에 대해 논의하는 것은 큰 의미가 없기 때문이다.

산업복지는 일반적으로 노동자를 대상으로 하는 사회복지 혹은 노동생활, 직업생활에 있어서의 복지대책이라고 이해할 수 있지만 그것이 포괄하는 내용이나 운영주체 등에 따라서 다양하게 정의된다고 볼 수 있다.

2. 산업복지의 필요성

산업화의 영향으로 야기된 다양한 사회문제를 해결하기 위해서 대부분의 국가에서 사회복지제도의 확립과 사회복지 프로그램 의 시행은 당연한 것으로 받아들여지고 있다. 그럼에도 불구하고 사회복지에서 산업현장에서의 노동자복지문제는 상대적으로 소홀하게 여겨져 왔다. 노동은 개인의 삶에서 매우 중요한 영역중의 하나이다. 개인의 자아는 그가 종사하는 노동의 유형에 따라 상당부분 규정된다. 또한 산업현장에서의 인간관계를 통해 개인은 자신의 가치를 형성하고 사회적 위치를 확보하게 된다. 따라서 노동과 산업현장은 사회복지의 핵심적인 패러다임이라 할 수 있는 '상황속의 개인'(person-in-situation)이라는 공식에 있어서 매우 중요한 요소들이라 할 수 있다(정무성, 1997). 근래에 와서 노동자들의 복지의식의 제고와 노동조합의 요구 그리고 생산성의 향상에 대한 관심이 커지면서 산업복지에 대한 중요성이 증대되고 있다. 그러면 산업현장을 중심으로 이루어지는 사회복지의 한 실천분야로서 산업복지의 필요성에 대해 살펴보자.

산업복지는 노동자와 그 가족을 원조함으로써 직장내외에서 발생하는 그들의 욕구를 충족시켜 만족스러운 생활을 영위할 수 있도록 지원한다. 또한 산업복지는 열악한 작업환경을 개선하고 보다 나은 직장내 물리적 혹은 사회적 환경을 조성하기 위한 일도 수행한다. 뿐만 아니라 파업노동자들의 요구를 충족시키기 위한 협상이나 실업자를 위한 서비스프로그램도 제공한다. 또 전문적 사회사업지식과 기술을 활용하여 사회심리적, 정신적 문제들에 대한 개입도 하게 된다. 이처럼 산업복지는 노동자 개인 뿐 아니라 가족, 나아가서 사회 전체의 복지향상에 기여하게 된다. 따라서 산업복지는 단지 기업의 경영정책적 측면이나 노동조합의 요구 때문에 시행되어서는 안되고 사회정책적 차원에서 시행될 필요가 있다.

한국의 경우를 보면 외부적 환경의 변화로 인해 산업복지의 필요성이 대두되었다. 여기서 외부적 환경이란 정치, 사회적 환경을 의미한다. 민주화 과정을 통해 나타난 커다란 변화중의 하나는 노동자들의 권리신장이다. 특히 1987년 이후 노동운동의 활성화는 한국의 산업복지발전에 질적으로나 양적으로 크게 기여하였다.

경제적 측면에서는 과거 1960-1970년대 한국의 경제발전과정에서 성장의 몫이 노동자들에 불평등하게 분배됨으로써 상대적 박탈을 경험한 노동자들에게 보상하는 의미에서 산업복지를 통한 노동자들이 소득보장등이 절실하게 요구되었다. 또 사회적 측면에서는 노동자들이 건강하고 문화적인 생활을 영위하여 인간다운 생활을 할 수 있도록 보장수단으로서 산업복지의 필요성이 인식되었다.

기업의 내부적 환경에 따른 산업복지의 필요성은 기업의 사회적 책임과 노사협의 풍토의 조성과 관련이 있다. 기업은 산출된 이윤에 대해 국가에 세금을 내고 노동자들에 적정한 임금을 지불하며 또 사회에 봉사해야 한다는 기업의 윤리와 책임에 대한 시대적 요구가 높아졌다. 또한 기업이 생산성 향상을 위해 과거의 개발시대에 적용했던 방식은 더 이상 통용될 수 없다. 노사협의에 의해 산업현장에서 발생하는 여러 문제들을 해결하고 노동자들에게 다양한 복지서비스를 제공함으로써 신뢰감과 만족감을 증대시켜 주어 노동자의 생산성 향상에 크게 기여할 수 있다.

송호근(1995)은 1987년 이후 한국에서 산업복지의 필요성에 대한 인식제고 및 발전을 가져온 조건에 대해서 다음과 같이 요약하였다.

① 과도한 임금인상요구를 충족시키지 못했을 경우 임금보전의 수단으로 복지수단을 제공한 경우
② 충분한 임금인상이 이루어진 경우라도 노동자들의 급진성을 완화시키려는 목적으로 부가혜택을 제공하는 경우
③ 노동자들의 직장소속감을 고취시키고 근로의욕을 증진하여 기업의 경쟁력을 제고시키려는 정책적 목적에서 더 많은 부

가급여를 제공한 경우

④ 노동조합의 요구를 수용할 수밖에 없는 상황에서 적정선을 넘어 부가급여를 인상시키는 경우

【참고문헌】

김대모. 1991. 『산업복지제도의 실태와 과제』. 한국노동연구원.

송호근. 1995. 『한국산업복지연구』. 한국노동연구원.

우재현. 1990. 『산업복지의 역사』. 경진사.

——. 1994. 『산업복지원론』. 정암서원.

유길상. 1991. 『근로복지증진을 위한 정책방향과 과제』. 한국노동연구원.

이신행. 1996. 『한국노사관계와 산업복지』. 고도.

정무성. 1997. "산업복지의 사회복지적 성격". 카톨릭대 사회과학연구.

최균. 1992. "한국산업복지의 사회경제적 성향". 서울대 박사학위논문.

한국노동연구원. 1995. 『기업내 근로자복지프로그램 표준 매뉴얼』.

Barker, R.L. 1987."Industrial Social Work". The Social Work Dictionary. Washington D.C. NASW Press.

Freeman, R. 1981. "The Effect of Unionism on Fringe Benefits." Industrial and Labor Relation Review, vol. 34.

Hart, R. A. 1985. The Economics of Non-Wage Labor Costs. London: George Allen&Unwin.

Kurzman, P.A. 1987. "Industrial Social Work (Occupational Social Work)."Encyclopedia of Social Work (18th ed.).

제2장 산업복지의 이론

1. 산업복지의 이념

산업복지학은 다른 사회복지 분야와 마찬가지로 기존의 사회제도 하에서 노동자와 그의 가족이 스스로 해결하지 못하는 문제를 해결하고자 시도하는 학문이다. 이를 위해 산업복지학자들은 가족, 정치, 종교, 경제와 같은 기존 사회제도의 성격과 역할은 무엇인가에 대해 규정하고, 또한 이 제도들이 주어진 사회적 조건과 개인의 욕구와 관련해서 현실적으로 어떻게 작동하고 있는가를 평가하며, 그리고 문제가 있을 경우 사회제도가 어떠한 방향으로 바뀌어야 하는가를 제시한다.

이런 작업들은 대부분 궁극적으로 이 세상의 현실과 사물에 대한 사상과 철학, 인간과 사회를 바라보는 신념과 가치체계에 바탕을 두지 않으면 불가능하다. 따라서, 산업복지학에서도 주제와 대상, 연구범위와 방법, 대안들에 관해 다양한 이념들이 논의되고 있다. 이 장에서는 산업복지학과 관련된 대표적인 이념으로서 자유개인주의, 제한적 개인주의, 페이비언주의, 맑스주의에 대해 살펴보기로 한다.

1) 자유개인주의

자유개인주의(free individualism)는 자유, 개인주의, 불평등을 사회의 기본적 가치로 삼고 있는 이념으로 반집합주의(anti-collectivism)라고도 불리운다.

먼저, 자유개인주의가 강조하는 자유는 기본적으로 타인으로부터 간섭 또는 강제받지 않는 자유를 의미한다. 이러한 자유가 자유개인주의에서 강조되는 이유에는 크게 4가지가 있다.

첫째, 자유란 공공의 선이며, 결코 다른 사람에게 양도할 수 없을 뿐만 아니라 공권력에 의해서도 침해되거나 축소될 수 없는 인간의 기본적인 자연권(natural right)이다.

둘째, 자유는 가장 현명한 통치자의 생각이나 현대 사회에서 가장 많은 정보를 가지고 있다는 정부조직보다 더 많고 다양한 지식을 활용할 수 있게 해준다.

셋째, 자유는 시장경제체제와 아주 밀접한 상호관계를 맺고 있는데, 바로 이 시장이 기능하기 위해서는 자유가 필수조건이다.

넷째, 자유야말로 사회안에서 광범위하게 존재하고 있는 다양한 사회적 목적들을 충족시켜주는 수단을 제공하고 있다.

자유개인주의의 주창자인 오스트리아의 경제학자 프리드리히 하이에크(Friedrich A. Hayek)는 개인의 자유야말로 사회제도를 판단하는 최종목표이며, 또한 개인의 능력과 기회를 최대한 활용할 수 있게 해주는 요체라고 주장하였다. 이러한 측면에서 그는 국가의 행동범위가 확대되는 것을 「노예의 길(The Road to Serfdom)」이라고 비판하였다.

자유개인주의의 두 번째 사회적 가치인 개인주의는 개인이 사회생활을 결정하는 힘이며 따라서 사회현상은 개인의 행동을 이해함으로써 파악될 수 있음을 의미한다. 비록, 인간은 불합리하고 자기중심적이며 잘못을 저지르기 쉬운 존재이지만, 사회화과정을 통해 개인의 행동과 능력은 수정 또는 발달될 수 있으며, 이로 인해 개인은 자신의 본래 능력을 초월해서 뭔가를 성취해낼 수 있다. 따라서 한 개인의 무지와 오류는 일시적인 현상이며 사회의 지배적인 성격이 아니다.

이러한 측면에서 자유개인주의자들은 사회가 개인의 자발적인 협동과 경쟁에 기초해서 형성되어야 하며 국가의 역할은 최소 수준에 머물러야 한다고 주장한다. 하이에크는 효과적이 되고자하는 것은 바로 개인의 책임이며, 건강한 사회는 사회구성원인 개인이 그 자신과 가족에 대한 책임을 수용하고 자립과 자기신뢰를 확대시키는 삶을 영위할 수 있게 격려하고 돕는 사회라고 제안했다. 그는 또한 비록 경쟁이 불완전하고 불합리한 개인들 사이에 일어나는 것이지만 국가에 의한 행동보다는 더 발전적이 될 수 있다는 점을 지적했다.

이러한 시각에 근거해서 자유개인주의자들은 사회복지정책에서 많이 대두되고 있는 사회문제나 사회적 상황에 대해서도 개인의 책임과 역할을 강조하고 있다. 이들은 사회문제의 원인에 대해 개인에게 초점을 맞추고 있으며 따라서 문제해결은 정부에 의해서가 아니라 잠재성을 지닌 개인의 개별적인 행동과 변화에 의해서 가능하다고 생각하고 있다.

자유개인주의의 세 번째 사회적 가치인 불평등은 앞의 자유와 개인주의에 밀접하게 연관되어 있다. 자유개인주의자들에 따르면, 개인의 자발적인 협동과 경쟁에 기초하여 형성된 사회는 기본적으로 자유시장이 지배하는 사회이며, 시장은 강제를 행사할 수 있는 존재가 아니기 때문에 시장에서 발생하는 빈곤이나 불평등은 자연스럽고 바람직한 것이다. 이들은 사회정의라는 명분을 내세워 불평 등을 완화하려는 시도가 오히려 개인의 자유를 침해하는 부당한 시도라고 주장한다.

이러한 주장을 내세운 대표적인 학자는 미국의 경제학자인 밀턴 프리드먼(Milton Friedman)이다. 그는 신 앞에서의 만민평등, 기회의 평등은 바람직하지만, 결과의 평등은 모든 사람들에게 노력여하에 상관없이 우등상을 주는 것과 같다는 점에서 오히려 공정이나 정의의 개념에 어긋난다고 이야기하였다. 이러한 측면에서 평등주의와 자유개인주의는 상반된다고 할 수 있다.

이상의 3가지 기본 가치에 근거해서 자유개인주의는 최소 수준 이상으로 복지활동에 개입하려는 국가의 역할에 대해 다음과 같이 비판한다.

첫째, 최소 수준 이상의 사회복지를 보장하기 위해 국가는 세금을 강제징수하게 되고 서비스를 독점하면서 거대화되는데 이는 사람들이 개인적으로 사용할 수 있는 자원을 감소시킬 뿐만 아니라 개인의 선택폭을 줄이게 함으로써 결국 개인의 자유를 제한하고 침해하게 된다.

둘째, 민간과 개인의 복지요청을 들어줄수록, 정부는 각종 이익집단의 표적이 되고 동시에 정부는 정치적 지지의 확보를 위해 이들의 이익을 들어주면서 형평성을 잃게 되어 결국 공정한 규칙관리자로서의 역할을 상실하게 된다. 또한 자원의 사용과 배분의 정치화는 이를 둘러싼 정치적, 사회적 갈등을 초래하게 만들어 전반적인 사회불안정과 부조화를 유발시킬 수 있다.

셋째, 복지욕구의 수준과 이에 대한 지원은 수혜자들이 아닌 정부의 관료나 정치가 또는 전문가들이 결정함으로 인해 수혜자의 욕구가 제대로 반영되지 못할 수가 있다.

넷째, 국가에 의한 과도한 복지서비스는 기존의 복지서비스와 관련된 사적 시장, 가족, 종교집단과 같은 민간부문의 서비스기능을 떨어뜨리고, 개인의 의존성, 도덕적 해이, 무책임성, 근로의욕 감퇴를 유발할 수 있다.

전반적으로 자유개인주의자들은 최저 수준의 국가복지는 인정하지만, 그 이상의 국가에 의한 복지개입과 제도개선에는 반대한다. 대신에 이들은 개인에 초점을 맞춘 잔여적 복지모형(residual welfare model)을 강조한다.

2) 제한적 개인주의

제한적 개인주의자들은 어떤 가치를 절대적으로 지지하기보다는 조건이나 상황에 따라 가치들을 선호하는 지적 실용주의(intellectual pragmatism)를 채택하고 있다. 기본적으로 이들 역시 자유, 개인주의를 바람직한 것으로 받아들이며 또한 불평등을 인정한다는 점에서 원칙적으로 자유개인주의자들과는 큰 차이가 없다. 하지만, 자본주의는 완전하지 않기 때문에 효율적이 되기 위해서는 어느 정도의 사려깊은 통제와 규제가 필요하며, 아울러 지나친 불평등은 여러 가지 사회문제들을 야기시켜 경제제도의 흐름을 막고 경제성장을 방해하기 때문에 지나친 불평등은 수정되거나 제거되어야 한다는 점에서 제한적 개인주의자들은 자유개인주의자들과 다르다.

산업사회의 사회문제들과 관련하여 제한적 자유주의자들은 이들 문제들이 산업화과정에서 발생했기 때문에 시장메커니즘만 가지고 대처해서는 해결이 안된다고 본다. 대신에 이들은 사회문제의 대응이나 이로 인해 서로의 이해가 대립되는 집단간의 조정은 정치적으로 이루어질 필요가 있으며, 동시에 국가나 정부의 개입으로 사회의 통합이 시도되어져야 한다고 주장한다. 그러나 이를 위해 이들이 복지에 대한 국가의 개입과 역할을 인정하기는 하더라도 이는 이념적이라기보다는 실용적이고 기술적인 차원에 한해서이다.

다시 말해, 이들이 복지국가를 사회와 경제의 변화를 위한 수단이나 훌륭한 삶을 증진시키기 위한 수단으로 생각해서 지지한다기보다는 시장경제에서 나타나고 있는 회피가능한 해악들을 제거하기 위해 시장실패를 보충하는 수단으로 생각하기 때문에 복지국가를 인정한다. 따라서 이들이 사회문제들을 해결하기 위해 사용하는 방법은 다분히 선별적이다. 예를 들어, 어떤 부문에서는 개인주의에 입각한 경쟁과 정부의 규제완화를 주장하는데 비해, 또 어떤 부문에서는 공공의 소유와 사기업에 대한 국가의 규제강화을 요구하기도 한다.

하지만, 제한적 개인주의자들이 국가의 개입을 받아들이고 정책을 선별하는 과정에도 원칙이 있다. 즉 이들은 국민의 최저복지수준을 보장하는 한도내에서까지만 국가의 개입을 인정하며, 그 수준이상에서는 국가의 개입이 제한되고 대신 경쟁에 맡겨져야 한다는 것이다. 이러한 이념을 주창하는 대표적인 사람들은 영국의 경제학자인 케인즈(Keynes), 갤브레이스(Galbraith), 커(Kerr) 등이다.

3) 페이비언주의

페이비언주의(Fabianism)는 제한적 개인주의와 맑스주의의 중간에 위치한 이념으로 사회민주주의라고도 불리운다. 이 이념은 1883년 영국의 런던에서 토마스 데이비드슨(Thomas Davidson)에 의해 시작된 페이비언협회(Fabian Society)를 중심으로 구체화되었으며, 이후 시드니 웹 부처(Sidney Webb), 데이비드 리취(David Ritchie), 버너드 쇼(Bernard Shaw) 등이 이 이념의 발전에 큰 영향을 주었다. 현대의 대표적인 학자에는 토니(Tawney), 티트머스(Titmuss), 크로슬랜드(Crosland), 타운센드(Townsend) 등이 있다.

역사적으로 페이비언주의는 공리주의에 근거를 두고 출발했지만, 시간이 흐르면서 실증론의 가치도 수용하고 있다. 사상적 지향에 있어서 페이비언주의는 유토피아적인 사회주의, 무정부적 아나키즘(anarchism), 사보타지와 테러 등의 폭력적인 행동을 정당화하려는 신디컬리즘(syndicalism)을 부정하는 반면에 자치적 사회주의(municipal socialism)와 점진적 개혁주의(gradualism)를 지지한다.

페이비언주의자들이 내세우는 대표적인 가치는 평등, 자유, 우애이다. 이들에게 있어서 평등은 사회통합의 증진, 경제적 효율성의 증대, 정의의 실천, 개인의 자아실현을 위한 평등이다. 이들은 불평등의 축소가 필요한 것이지만 이같은 소극적인 자세만으로는 사회통합이나 정의가 실현되지 않는다고 주장한다. 이러한 입장을 대변하고 있는 크로슬랜드는 정치와 산업으로부터의 소외와 좌절이 시민들로 하여금 불평등감을 갖게하며, 이러한 불평등감이 증폭될 때 사회의 다른 주요 가치인 민주주의, 사회질서, 산업평화와 관용, 개인의 자유가 위협받지 않을 수 없게 된다고 주장하였다.

페이비언주의자들이 이야기하는 자유는 자유개인주의자들이 언급하는 자유와는 상당히 다르다. 자유개인주의자들은 강제받지 않는 상태를 자유로 보는 반면에 페이비언주의자들은 각 개인이 자신의 삶을 스스로 통제하고 자신의 목표를 이룰 수 있는 상태를 자유로 간주한다. 그런데, 개인이 자신의 삶을 스스로 통제하고 자신의 목표를 이루기 위해서는 어느 정도의 물질적 자원을 지니고 있어야 한다. 이런 측면에서 페이비언주의의 자유는 경제적 평등을 필수조건으로 한다. 결과적으로 페이비언주의자들이 이야기하는 자유의 실현은 경제적 불평등의 감소에 달려 있으며, 자원과 경제적인 힘의 불평등은 곧 자유의 감소를 의미한다.

경제적 평등이 자유의 필수조건이라는 점에서 페이비언주의의 자유는 정치적인 자유뿐만 아니라 경제적인 자유까지를 포함하며, 동시에 자유와 평등은 거의 동일한 우선순위를 가지게 된다. 이와 같은 개념화는 민주적인 참여를 중시하는 입장으로 연결된다. 개인이 자신의 삶을 스스로 통제할 수 있기 위해서는 직장에서 근로자들의 발언권이 보장되어야 하며, 근로조건의 결정에 대해서는 당사자인 근로자들이 참여할 수 있어야 한다. 참여를 통해서 근로자들은 보다 평등한 권리를 누릴 수 있고, 그것이 곧 자유의 신장을 의미한다. 자유는 관념의 세계에 있는 것이 아니라 현실적인 법제정과 정부의 적극적인 행동과 노력, 근로자의 자발적인 참여로 나타나야한다는 것이 페이비언주의자들의 생각이다.

페이비언주의의 세 번째 가치인 우애는 경쟁보다는 협력, 권리보다는 의무, 개인의 욕구보다는 공동체의 선, 이기주의보다는 이타주의를 중시하는 것을 의미한다. 페이비언주의자들은 사적인 이익과 경쟁을 부추키는 자본주의 시장경제가 개인의 능력을 동료 인간의 이익이 아닌 자신의 이익만을 위해 사용하도록 유도함으로써 인간 공동체가 파괴되고 사회적 갈등과 혼란이 가중될 것이라고 비판한다.

이들의 이러한 지적은 개인이 이기적인 존재가 되는 것이 개인적 성향의 탓이라기보다는 사회체제 자체의 문제에 있다는 시각에 근거를 두고 있다. 그렇기 때문에 이들은 사회구성원들로 하여금 자신의 잠재력을 실현할 수 있는 여건을 조성하고, 상대적으로 박탈당한 사람들의 복지향상에 국가가 적극적으로 개입하는 복지국가를 옹호한다. 이들은 복지국가를 통해 자원을 재분배하고, 사회통합을 증진시키며, 이타주의를 발전시킬 수 있다고 생각한다.

4) 맑스주의

맑스는 생산수단의 사적인 소유와 이로 인해 형성된 사회계급을 사회의 핵심요소로 보았다. 인간은 태어나면서부터 식량을 포함한 물질적 자원이 없이는 한시라도 살아갈 수 없다. 그러므로 이러한 물질적인 자원을 생산하는 생산수단은 인간의 삶은 물론 사회의 유지와 생존에 있어서 매우 결정적인 요소라고 할 수 있다.

하지만 이러한 생산수단이 사적으로 소유됨에 따라 사회는 생산수단을 소유한 집단인 유산계급과 그렇지 못한 집단인 무산계급으로 크게 나뉘게 된다. 자본이 중요한 생산수단인 자본주의 사회에서는 자본을 소유한 자본가계급과 그렇지 못한 노동자계급으로 나누어진다.

그런데, 이렇게 계급화된 사회에서 유산계급은 생산수단을 소유하고 있기 때문에 다른 계급을 자신에게 종속시킬 수 있고, 동시에 자신의 특정한 이해를 만족시키기 위해 다른 계급에게 노동을 강요할 수 있는 능력을 갖게 된다. 맑스에 따르면, 사적 이익을 추구하는 자본주의는 노동자로 하여금 자본가와 노동자가 필요한 것 이상의 잉여물(surplus product)을 생산하게 만든다. 자본가는 이러한 잉여물을 생산자인 노동자에게 되돌려주는 것이 아니라 자신을 위한 이익을 창출하는데 사용한다.

맑스는 이와 같이 자본가의 이익이 노동자의 노동과 비용으로부터 나온다는 점에서 자본주의에 의해 설립된 이러한 계급체계를 근본적으로 착취적이라고 본다. 결국, 이러한 경제적인 착취과정을 통해 자본가와 노동자사이에는 지배와 종속의 관계가 형성된다. 하지만 종속계급은 당연히 착취당하는 것에 반발하고 지배계급의 특권을 빼앗기 위해 반항한다. 이로 인해 자본주의 사회에서는 계급갈등이 필연적으로 발생하게 된다. 맑스는 이러한 계급갈등이 근원적으로 생산수단의 사유화에 의해 생겨나기 때문에 생산수단을 공유하게 되면, 즉 사회주의나 공산주의 사회가 되면 이러한 문제는 자연스레 해결될 수 있다고 보았다.

맑스의 이러한 관점에 기초한 맑스주의자들은 경제에 있어서의 불평등이 사회의 다른 모든 부문에서의 불평등을 초래하고 있다고 보고 있다. 그렇기 때문에 이들은 이러한 불평등을 낳는 자본주의를 전적으로 부정한다. 물론, 이들도 현실적인 차원에서 사회복지제도가 가져야 하는 성격에 대해 각자의 능력보다는 각자의 욕구에 따른 분배, 사회복지의 보편적 적용, 전문가가 아닌 시민의 참여에 기초한 사회복지, 예방중심의 사회복지를 주창한다는 점에서 이들의 입장은 페이비언주의자들과 크게 다르지 않다. 하지만, 이러한 사회복지의 운영방식은 어디까지나 생산수단이 공유화된 사회주의 사회 내에서 실현될 때 의미가 있다는 점에서 이들의 관점은 페이비언주의자들과 차이가 난다.

맑스주의자들은 현실의 복지국가가 자본주의를 변형시켜 사회주의로 갈 수 있다고 보지 않는다. 비록 이들이 복지국가가 사회주의 운동 때문에 출현된 것으로 생각은 하지만, 복지국가의 발전이 사회계급간의 이해대립, 자본의 독점과 착취, 노동자의 혁명적 역할 등에 별다른 영향을 준다고는 믿지 않는다. 오히려 이들은 복지국가의 발전이 자본주의의 사회주의에로의 이행에 걸림돌이 된다고 본다.

복지국가의 출현에 대해 맑스주의의 대표적인 학자인 존 새빌(John Saville)은 노동자의 계급투쟁활동을 무마하고 산업을 효율화시키면서 동시에 정치적 안정을 도모하는데 따른 지불대가로, 어네스트 만델(Earnest Mandel)은 자본가를 위한 생산성의 증대를 위한 동기로, 폴 배런(Paul A. Baran)과 폴 스위지(Paul. H. Sweezy)는 자본주의의 체제유지를 위한 선택으로, 제임스 오카너(James O'conner)는 독점자본주의의 경제적 목적에 더 충실하게 봉사하기 위한 수단으로, 프랭크 파킨(Frank Parkin)은 과격한 혁명을 막고

적은 비용으로 보다 큰 재분배의 지출을 막으려는 지배계급의 음모로 설명한다.

맑스주의자들은 페이비언주의자들과 마찬가지로 자유를 인간해방 또는 자아실현의 장애물을 제거해주는 것으로 해석하고 있으며, 이러한 적극적인 의미의 자유를 성취하기 위해서는 경제적 평등이 필수적이라고 주장한다. 하지만 이들은 페이비언주의자들과는 달리 적극적인 자유와 평등이 자본주의체제하의 복지국가에서 실현될 수 있을 것인가에 대해 상당히 회의적이다. 이들은 경제적 평등이 보장된 사회주의 사회가 되어야지만 진정한 의미의 자유와 평등이 실현될 수 있다고 믿는다.

2. 산업조직에 대한 관점

산업복지는 산업현장 또는 산업조직과 관련되어 나타나는 노동자의 복지문제를 다루는 사회복지이다. 산업현장인 일터에서 노동자는 일을 하고 임금을 받는다. 하지만, 이 과정에서 노동자는 임금을 포함한 보상, 직무, 고용, 근로 및 작업환경, 권위구조 등의 산업조직과 관련된 여러 가지 경제적인 문제, 육체적 질병이나 사고, 심리적인 스트레스와 긴장 등의 문제와 어려움을 겪게 된다. 산업복지는 바로 이러한 문제와 어려움을 해결하고 대처하기 위해 산업조직을 중심으로 노동자를 위한 복지를 실천하는 활동이다.

이런 측면에서 산업현장이라고 할 수 있는 산업조직은 산업복지의 발생과 실천이 일어나는 장이며 동시에 산업복지의 종류와 특성을 결정해주는 환경이라고 할 수 있다. 따라서 산업복지를 이해하기 위해서는 산업조직에 관해 살펴볼 필요가 있다. 일반적으로 산업조직을 설명하는 대표적인 이론에는 과학적 관리론, 인간관계론, 갈등론적 관점의 3가지 종류가 있다.

1) 과학적 관리론

과학적 관리론(scientific management approach)은 19세기 후반과 20세기초 미국의 테일러(Frederick W. Taylor)에 의해 주창되었으며, 이후 길브레스부부(Frank and Lillian Gilbreth), 그랜트(Henry Grantt) 등에 의해 발전된 이론으로서 일명 테일러리즘(Taylorism)이라 불리기도 한다. 테일러는 원래 엔지니어로서 산업체에서 오랫동안 근무했었다. 그는 이 과정에서 얻은 자신의 경험과 작업조직에 대한 연구를 바탕으로 산업조직을 기존에 전통적으로 내려오던 주먹구구식의 임의적이고 비합리적인 방식 대신에 과학적인 분석에 근거한 합리적인 관리방식으로 운영할 것을 제안했다(Taylor, 1947).

테일러가 제시한 과학적 관리론은 정신적인 노동과 육체적인 노동의 분리, 작업의 분화 및 단순화, 직무에 대한 세밀한 관리 및 통제, 성과급제 등을 포함하는 직무설계의 원칙을 말한다. 테일러는 최소한의 자원과 에너지의 투입으로 최대한의 이익을 산출해낼 수 있는 절차를 발견하기 위해 개별 노동자들이 수행하고 있는 업무들을 과학적으로 분석하는 것이 가능하다고 주장했다. 이러한 주장은 여러 가지 발달된 객관적이고 과학적인 측정도구에 의해 업무가 여러 개의 하위 업무들로 나뉘어질 수 있으며, 또한 각 하위 업무를 수행하는 데 들어가는 다양한 신체적인 동작은 정확히 시간을 잴 수 있고(시간-동작 연구<time and motion study>), 그리고 여기서 나온 결과를 바탕으로 생산성을 가장 효율적으로 높일 수 있는 업무를 재설계할 수 있다는 생각에 근거한다. 이러한 측면에서 산업조직의 관리는 과거의 직관적이고 임의적인 방식에서 과학적인 방식으로 바뀔 수 있다.

테일러의 주장은 한편 개인은 본래 게으르며, 일을 할 때는 자신의 이익을 최대한 달성하는 방법을 선택한다는 심리학과 고전경제학의 가정에 밑받침을 두고 있다(Scott, 1998). 그래서 테일러는 노동자들이 경제적인 보상에 의해 동기화되도록 하며, 아울러 일에 투입한 노력의 양에 따라 임금이 지급되는 성과급제 방식을 도입할 것을 제안했다. 이럴 경우, 노동자들은 자신의 이익에 따라 일을 할 수 있고 또한 자신의 노력정도에 따라 보상을 받을 수 있기 때문에 업무의 공정성에 대해 불만을 가지지 않을 수 있다.

과학적 관리론이 제시하는 바람직한 관리운영의 수단에는 크게 3가지가 있다.

첫째, 일을 단순하고 쉬운 작업으로 분화하는 것.

둘째, 헛된 시간을 없애기 위해 각 작업을 표준화하는 것.

셋째, 일의 구상(conception)과 실행(execution)을 분리시키면서, 일의 설계와 통제는 관리자의 과업으로 배분하는 것.

테일러의 과학적 관리론은 주로 작업현장과 밀접하게 관련되어 제시되었지만, 그의 방법론은 경영과 관리의 기능적인 분화도 의미한다. 여기에는 소유와 경영의 분리까지도 포함되어 있다.

테일러는 이와 같은 과학적 관리론의 원칙들이 적용되면, 새로운 산업평화의 시대가 도래할 수 있다고 보았다. 왜냐하면, 노동자와 관리자의 이해가 서로 양립될 수 있기 때문이다. 노동자는 가치중립의 과학적인 방식에 따라 적재적소에 배치될 수 있다. 과학적으로 결정된 절차는 노동자로 하여금 가장 효율적으로 일할 수 있게끔 만들어 주며, 이것에 대한 대가로 노동자는 성과급제에 의해 최고의 임금을 받을 수 있다. 관리자 또한 적절한 작업과정과 임금체계를 고안하는 데 있어서 노동자와 협조할 것이며, 아울러 이것의 결과로서 나타나는 최고의 이익실현에 만족을 느끼게 될 것이다. 그래서 테일러는 과학적 관리의 원칙에 따라 산업조직이 운영될 경우 노동자들이 얼마나 열심히 일해야 되고 또 노동에 대한 보상으로 얼마나 많은 임금을 받아야 되는지에 대한 논쟁은 사라지게 될 것이라고 믿었다.

테일러의 접근은 이념적으로 청교도의 윤리정신, 적자생존의 원칙을 옹호하는 사회적 다윈주의(social Darwinism), 인간은 경제적인 인센티브에 의해 동기화된다는 관점, 관리의 전문화원칙에 근거하고 있다(Bendix, 1956). 이로 인해 과학적 관리론은 초기부터 지금까지 경영 및 관리자는 물론, 정치가(대표적으로 레닌)에 이르기까지 다양한 계층으로부터 광범위한 지지를 얻고 있을 뿐만 아니라 실제에 있어서 오늘날까지도 자본주의사회의 기업 운영원리로 적용되고 있다(Scott, 1998).

하지만, 그의 접근은 다른 한편으로 자본가와 노동자집단으로부터 많은 비난을 받기도 한다. 테일러의 과학적 관리론은 소유와 경영의 분리를 내세우며 전통적인 기업소유주의 가부장적 경영을 반대한다. 이에 대해 자본가들은 고용주의 고유권한인 경영권을 침해하는 것이라며 강하게 비난한다.

과학적 관리론은 시간-동작 연구를 통해 노동자의 모든 작업 수행과정을 표준화하며 이를 시행하기 위해 성과급제를 도입하여 노동자로 하여금 최고의 효율성을 산출해내도록 한다. 노동계는 과학적 관리론의 이러한 시도가 여러 가지 측면에서 노동자의 삶의 질을 떨어뜨리고 대신에 노동의 강도를 높이는 등 노동자에게 불리하게 작용할 것이라며 다음과 같이 비판한다.

첫째, 테일러의 과학적 관리론은 노동자로 하여금 최고 수준의 효율성을 추구하며 계속적으로 일만 하게 만들어 노동자를 기계의 연장선상에 놓인 존재로 밖에 파악하지 않는 등 노동자에 대해 비인간적인 관점을 지니고 있다.

둘째, 노동이 감정과 인격을 지닌 사람들의 상호작용에 의해 이루어지는 사회적 과정이라고 하는 노동의 속성을 무시한다.

셋째, 노동자들은 단지 경제적인 이익을 위해서 일한다고 가정한다는 점에서 일의 동기에 대해 도구적인 관점을 지니고 있다.

테일러의 과학적 관리론은 전반적으로 노동자에 대한 복지에 대해서는 소극적 내지는 부정적인 입장을 취하고 있다. 여기에 대한 설명으로 4가지가 제시될 수 있다.

첫째, 임금을 제외한 다른 보상제도는 경제적 이익을 추구하는 노동자의 목적에 부합하지 않을 뿐만 아니라 효과적이지도 않다.

둘째, 특히 온정주의나 휴머니즘에 근거한 기업복지나 서비스는 감정적이고 직관적이기 때문에 비합리적이다.

셋째, 노동자에 대한 임금 이외의 부가적인 서비스는 최소의 비용으로 최대한의 이익을 산출하려는 합리적인 기업운영방식에도 맞지 않는다.

넷째, 산업조직체는 업무로서 이루어져 있으며 그 과정에 노동자는 자발적으로 참여한다는 점에서 노동자 및 그 가족의 복지는 산업조직의 문제가 아니라 산업조직 이외의 업무이거나 노동자 개인의 문제이다.

2) 인간관계론

인간관계론은 작업현장에서 일어나는 노동자의 행동을 작업집단의 규범, 의사소통, 감독방식에 의해 이해하고 규정하려는 접근이다. 이 관점은 1920년대 후반과 1930년대 초기에 미국의 시카고 인근 지역에 위치하고 있는 웨스턴 전기회사(Western Electric Company)의 호손(Hawthorne)공장에서 이루어진 일련의 연구와 실험에서 나온 결과에서 유래하였다.

이 연구는 산업심리학자인 메이요(Elton Mayo)에 의해 실행되었는데, 그는 처음에 테일러의 과학적 관리론에 근거해서 생산성을 최대화시키는 여러 가지 방법들을 찾고 있었다. 이를 위해 그는 생산성을 높일 수 있는 가장 적절한 휴식 시간의 간격과 길이를 결정하려는 시도에서 어지러움과 같은 개인적인 요인들을 연구하기도 했으며, 전화교환장치의 조립작업에 알맞는 최적의 조명도를 발견하는 연구도 시행했다. 하지만 결과는 과학적 관리론의 예측과는 전혀 다르게 나타났다. 예를 들어, 조명도의 연구에서는 조명도를 높이거나 낮추는 것에 상관없이 생산성이 증가했다.

이러한 당황스런 결과에 대해 메이요를 비롯한 연구자들은 노동자들에 대한 일련의 후속적인 심층연구를 통해 연구대상자인 노동자들이 어떤 연구가 진행되고 있고 또 자기들의 행동이 주목되고 있다는 것을 의식하고서 주변상황이 바뀔 때마다 연구자와 회사를 위해 최선의 노력을 기울인 것을 알게 되었다. 이러한 발견, 즉 실험이 진행되고 있다는 그 자체가 실험내용에 상관없이 하나의 실험효과를 가진다는 사실은 호손효과(Hawthorne Effect)라고 불리운다.

그러나 이 연구결과에서 나타난 보다 중요한 발견은 노동자가 과학적 관리론에서 주장하는 것처럼 기계적이고 합리적인 경제적 행위자로 행동하는 것이 아니라 여러 가지 다양한 가치와 감정을 가진 복합적인 존재로서 행동한다는 사실이다. 구체적으로, 호손공장의 연구에서 나온 결과들은 다음과 같다(Mayo, 1945).

첫째, 노동자들은 객관적인 사실과 합리적인 이해에 의해서 뿐만 아니라 감정과 정서에 의해서도 행동한다.

둘째, 노동자들은 고립된 개인행위자로 행동하는 것이 아니라 사회집단의 성원으로서 행동한다. 이때 노동자는 자신의 개인적인 이익에 관련되었을 때보다도 훨씬 더 강한 충성심과 열정을 사회집단에 대해 가질 수 있다. 이 같은 성향은 노동자들이 개인적으로는 보다 높은 수입을 얻을 수 있음에도 불구하고 작업장에서 생산을 규제하는 집단 규범으로서 하루 작업의 할당량을 설정하고 이것을 지키고 있는 사실에서 확인되었다.

셋째, 작업장에서 형성된 비공식적인 지위체계와 리더쉽유형이 관리자에 의해 주어진 공식적 체계보다 노동자에게 훨씬 강력하게 작용한다.

전체적으로, 호손연구는 두 가지 차원에서 과학적 관리론과는 다른 특징을 지닌다. 우선, 미시적인 차원에서 노동자를 경제적이고 합리적이라기 보다는 사회심리학적인 개념에 의해 파악했다. 두 번째, 구조적인 차원에서 비공식적인 조직의 중요성을 발견하고 입증했다.

호손연구의 결과는 학문분야에서도 기존의 과학적 관리론과는 다른 새로운 시각을 제공해주었다고 할 수 있다. 이로 인해 산업조직에 대한 많은 연구들이 다시 새롭게 진행되었다. 특히 이들 연구들은 인간관계론에 근거해서 과학적 관리론이 소홀히 다루었거나 무시했던 산업조직의 측면과 노동자의 인간적인 속성들에 초점을 맞추었다. 여기에는 대표적으로 산업조직 환경에서의 작업집단, 리더쉽 행동, 조직행동에 대한 노동자의 사회경제적 배경과 퍼스낼러티, 노동자의 직무만족과 조직몰입, 비공식적 소집단 연구 등이 있다.

호손연구와 이것에 바탕을 둔 다양한 후속 연구들은 한편으로 산업조직과 현장에 많은 변화와 개선을 가져왔다. 이중에 노동자의 지위와 복지 향상에 기여한 사항은 다음과 같다.

첫째, 종업원에 대한 상담제도의 도입이다. 인간관계론이 초기에 추구했던 것은 생산성의 향상이다. 인간관계론 연구자들은 노동자의 만족이 생산성에 밀접한 관계가 있다는 것을 발견하고서 개인의 사기와 적응력을 높이는 기법을 찾으려고 시도했다. 이 과정에서 그들은 상담의 효과를 발견하고 산업조직에 상담원(counsellor)들을 고용할 것을 제의했다. 인간관계론이 선호하는 상담원의 역할은 산업조직의 위계선상이 아닌 위치에서 동정심을 갖고 노동자의 어려움과 민원을 들어주고 이것을 산업조직의 상층부에 전달하는 것이다.

노동자의 복지를 개선시킨 두 번째 방법은 노동자의 사기를 진작시키기 위하여 감독하는 기술을 개선시킬 것을 제의한 점이다. 이에 따라 산업조직에서는 관리자나 감독자가 노동자의 심리적이고 사회적인 욕구에 보다 민감하게 대응할 수 있도록 특별한 훈련과 교육을 받는 현상이 나타나기 시작했다.

세 번째의 개선점은 이전에 가졌던 노동자의 역할을 재규정했을 뿐만 아니라 확장시킨 점이다. 과학적 관리론의 가정과는 달리 인간관계론은 기능적인 전문화를 강조하는 과도한 공식화의 위험을 경고한다. 대신에 인간관계론은 일상적인 업무를 수행하는, 특히 단순반복적인 업무를 수행하는 노동자의 만족과 보람을 증진시키고 소외감을 감소시키는 방법으로 직무확장, 직무순환 등을 제시했다.

네 번째, 일부 인간관계론자들은 산업조직내의 의사결정과정, 특히 노동자에게 직접적으로 영향을 주는 의사결정에 노동자가 참여할 수 있도록 할 것을 제안했다. 이들에 따르면, 노동자의 의사결정 참여는 노동자의 기업에 대한 충성심과 헌신도를 높일 수 있다는 것이다. 그런데, 이러한 제안은 실제에 있어서 미국보다는 유럽에서 많은 관심과 지지를 받았으며 또한 널리 수용되었다.

3) 갈등론적 접근

갈등론적 접근은 맑시즘(Marxism)에 근거해서 산업조직을 분석하고 이해하는 관점이다. 이 관점은 산업조직에 대한 독자적인 모델을 제시하면서 출발한 것이 아니라 산업조직에 관한 기존의 과학적 관리론과 인간관계론을 비판하면서 시작되었다.

갈등론자들은 산업조직의 구조가 과학적 관리론자들이 이야기하는 것처럼 가장 효율적인 방식으로 업무를 수행할 수 있는 합리적 체제로 이루어지지 않는다고 주장한다. 오히려 산업조직의 구조는 통제와 이익을 최대화하기 위하여 고안된 권력체계라는 것이다(Edwards, 1979). 업무는 효율성을 개선하기 위하여 분화 및 재분화되는 것이 아니라 노동자들을 비숙련화시키고(deskill), 노동자들이 갖고 있던 재량권을 관리자에게로 넘기며, 인위적으로 노동자의 힘을 분산시키려고 만든 것이다. 위계체계는 합리적인 통합수단이 아니라 통제 도구이며 동시에 잉여 가치의 사유를 통하여 자본을 축적하기 위한 수단으로 발전해왔다.

과학적 관리론은 목표를 달성하기 위한 합리적인 도구로서 기업을 이해한다. 하지만, 갈등론자들은 이러한 목표의 달성이 과연 누구를 위한 것인가에 대해 강한 의문을 제기한다. 과학적 관리론은 목표에 대해 갈등보다는 합의가 존재한다는 것을 가정한다. 갈등론의 관점에서 보면 합리성은 이데올로기일 뿐이다. 즉 합리성의 개념은 기존의 체제를 지속시키고 위계구조를 비개인화 내지는 객관화시켜 과도한 권력을 갖고 있는 관리자와 자본가에 대한 비판을 무력화시킨다.

갈등론자들은 인간관계론이 제시하는 종업원에 대한 인간적인 배려와 사회심리학적인 이해, 협조적인 조직체계의 개선 등에 대해서도 비판한다(Braverman, 1974). 왜냐하면 이런 정책들은 착취적인 기업조직의 근본적인 속성에 도전하지 못하기 때문이다. 오히려 이것들은 조직의 목표에 대한 일치성을 가정하고 또한 관리자에게 노동자를 통제하기 위한 새로운 심리학적 도구와 이러한 통제를 정당화시켜주는 논리를 제공해줌으로써 착취적인 조직을 계속해서 유지시켜 줄 뿐이다.

갈등론자들은 산업조직에서 실시하는 복지제도에 대해서도 부정적이다. 노동자 개인에게 제공해주는 사회심리학적 및 경제적 지원과 복지서비스는 일시적으로는 노동자의 어려움과 문제를 덜어주며 또한 노동자의 환심을 살 수가 있다. 하지만, 노동자에게 발생하는 문제의 근본적인 원천은 자본주의사회의 기업이 갖고 있는 지배와 종속관계, 착취, 소외와 같은 구조적인 모순에 놓여 있다. 이러한 근본적인 문제를 해결하지 않고서 실시하는 산업복지는 순간의 위기와 어려움을 모면하려는 미봉책이며, 노동자에게 계속적으로 어려움과 고통을 가져다 주고 또한 착취적인 자본주의 지배구조를 보다 공공하게 다져줄 뿐이다. 갈등론자들은 대신에 산업조직이 갖고 있는 문제해결을 위해 온건적으로는 노동자, 관리자, 자본가가 공동으로 참여하여 기업을 민주적으로 운영하는 체제인 산업민주주의, 급진적으로는 기업의 공유화를 주장한다.

【참고문헌】

심윤종 외. 2000.「산업사회학」. 경문사.

유홍준. 1999.『조직사회학』. 경문사.

장인협 외. 1999.「사회복지학」. 서울대학교출판부.

함세남 외. 1996.「선진국사회복지발달사」. 홍익재.

Bendix, Reinhard. 1956. Work and Authority in Industry. New York: John Wiley.

Bendix, Reinhard and Lloyd H. Fisher. 1949. "The Perspectives of Elton Mayo." Review of Economics and Statistics. vol. 31.

Braverman, Harry. 1974. Labor and Monopoly Capital: The Degradation of Work in the Twentieth Century. New York: Monthly Review Press.

Cherrington, David J. 1998. Organizational Behavior. Boston: Allyn and Bacon.

Edwards, Richard. 1979. Contested Terrain: The Transformation of the Workplace in the Twentieth Century. New York: Basic Books.

Friedman, Milton. 1955. "The Role of Government in Education." in Economics and the Public Interest edited by Robert Solo. New Brunswick, NJ: Rutgers University Press.

George, Vic and Paul Wilding. 1985. The Ideology and Social Welfare. Routledge and Kegan Paul. (남세진 역. 1993. 「이데

올로기와 사회복지」. 한울.)

Gilbert, Neil and Paul Terrell. 1997. Dimensions of Social Welfare Policy. Boston: Allyn and Bacon.

Goodman, Norman. 1992. Introduction to Sociology. New York: HarperCollins Publishers.

Hayek, Friedrich. 1944. The Road to Serfdom. Chicago: The University of Chicago Press.

Mayo, Elton. 1945. The Social Problems of an Industrial Civilization. Boston: Graduate School of Business Administration, Harvard University.

Ritzer, George. 1992. Sociological Theory. New York: McGraw-Hill, Inc.

Scott, W. Richard. 1998. Organizations: Rational, Natural, and Open Systems. Englewood Cliffs, NJ: Prentice-Hall Inc.

Taylor, Frederick W. 1947. Scientific Management. New York: Harper and Brothers.

제3장 산업복지의 기능

1. 산업복지의 일반적 기능

산업복지를 노동자와 그 가족의 생활을 안정시키고 향상시키는 모든 것을 포함하는 개념으로서, 실업, 산재, 질병, 노후생활 및 소외 등 생활불안을 예방하거나 완화하는 것은 물론 임금과 노동복지, 소득과 재산형성, 생활설비와 사회서비스, 여가와 문화생활, 자유와 참여 등 노동자의 생활향상을 위하여 정치· 경제·사회·문화의 거의 모든 분야에서 직·간접으로 이루어지는 물질적·정신적·객관적·주관적인 편익으로 넓게 정의한다면 산업복지의 기능은 다음과 같이 다섯가지 기능으로 나누어 볼 수 있다(우재현, 1998;62-64).

첫째로, 평가적 기능이다. 이를 다시 사전평가와 사후평가로 나누어 볼 수 있다. 먼저 사전평가라 함은 복지적 원조의 최초에 필요한 사회자원과 현실적으로 가능한 해결방법을 노동자가 찾아내도록 원조하는 것이며, 다음으로 사후평가라 함은 원조의 종료시 또는 일단락된 때에 지금까지의 문제해결과정을 반성하여 효과의 측정, 결점, 장래예측 및 개선책을 노동자와 더불어 검토하는 기능이다.

둘째로, 조정적 기능은 생활자로서 노동자가 갖는 많은 사회관계가 서로 모순하지 않도록 노동자개인, 가족, 제도적 기관에 작용하여 노동자 개인이 사회관계를 상실하지 않도록 원조함과 동시에 지역사회에 있어서 각종 생활관련 시책이 노동자의 입장에서 운영되도록 제도를 실현하는 기능이다.

셋째로, 전달적 기능은 모든 노동자가 사회생활상의 요구를 충족시키기 위해 적절한 제도나 자원을 선택하여 건설적으로 이용하도록 원조하는 기능을 말한다. 특히 근래에 와서는 산업복지의 주체인 국가, 기업, 노동조합은 노동자들이 절실하게 느끼는 욕구나 문제를 해결하기 위한 정책의 개발이나 입안시에 그들의 의견을 반영하여 기존의 활동을 개선하거나 새로운 활동을 통해 원조하는 개발적 기능이 강조되고 있다.

넷째로, 개발적 기능은 생활자로서 노동자의 문제해결의 잠재적 능력을 찾아내고 이것을 발전시키도록 원조하는 기능을 가르킨다.

다섯째로, 보호적 기능은 이상의 네 가지 기능에 의해서도 생활상 욕구충족을 할 수 없는 노동자에 대하여 그 사회관계를 보호하는 서비스를 제공하는 것으로서 위의 네가지의 기능과 병행하면서 작용한다.

2. 산업복지의 기업경영적 기능

산업복지의 기업경영적 측면은 본질적으로 노무관리의 일환으로서 그 기능을 담당한다. 그러나 이러한 경영 또는 노무관리 측면 외에도 국가나 각 사회단체에서 행하는 여러 생활복지를 보완 또는 경쟁하는 기능도 가지고 있다. 산업복지의 기업경영측면에서의 기능을 기본적 기능, 일반적 기능 그리고 부문별 기능의 세가지로 나누어 살펴보자(김주경, 756~758).

1) 기본적 기능

기본적 기능은 개개의 시책이 갖는 제 기능을 종합적으로 파악한 것으로서, 노무관리의 일환으로서의 경영적 기능과 경영외적인 생활복지의 보완적 기능으로 크게 나눌수 있다. 그리고 경영적 기능에 대해서는 일반적으로 생산조건적 기능, 근로조건적 기능, 생활조건적 기능, 인간관계적 기능, 교육기능적 조건의 다섯가지를 들 수 있다.
첫째로 생산조건적 기능은 벽지의 사무소에 설치된 주택시설 등이 갖는 생산기술에 준하는 기능인 것이다. 노동력의 확보 등을 위해 그것이 없으면, 기업경영에 중대한 지장을 가져오는 것을 말한다. 즉 그 기능은 시설의 생산수단적 역할에 착안한 것이다. 예를 들면 광산 등에서 벽지에 사무소를 설치하였기 때문에 그 사무소의 주변에 거주해야할 가옥이 없는 경우, 사택 등을 설치하는 것이다. 이 기능을 인사관리로서의 기능과 구별하기도 하지만 인사관리는 광의의 노동력을 대상으로 하는 것이므로, 이러한 시설은 역시 인사관리의 일환으로서 파악해야 할 것이다.

둘째로는 근로조건적 기능으로서 임금, 처우 등의 근로조건의 보완적인 작용을 하는 것을 말한다. 이것을 임금에 대체가능한 것으로 해석한다면, 산업복지의 대부분의 것이 노동조건적 기능을 갖는 것이 되는데, 이것으로서 산업복지를 근로조건이라고 볼 수는 없다. 근로조건적 기능 속에 근로조건의 일부가 포함된다고 볼 수는 없다. 근로조건적 기능속에 근로조건의 일부가 포함된다고 하여도, 산업복지의 경영적 기능에 있어서는 오히려 노동조건보완적 기능이 주체를 구성하는 것이 된다. 또 기능을 갖는다고 그것들이 모두 근로조건은 아니다. 생산조건적인 것은 근로조건이며, 근로조건화된 것은 이미 산업복지가 아니라는 주장도 있다.

셋째로는 생활조건적 기능으로, 기업사택 등과 같이 생산조건적 기능에 대응하는 것으로, 종업원에 대한 직접적인 생활원조나 생활조건을 정비·조성하는 작용을 말한다. 이 기능은 저임금, 낮은 생활수준의 보완으로서 산업복지의 경영적 기능 중 중심적 역할을 해왔다. 핵심적 기능이라 할 수 있다.

넷째로는 인간관계적 기능이다. 이것은 직장내외에 있어서 종업원 상호간 및 직제에 의한 인간관계를 원활하게 하고, 작업조건의 고도화나 사회생활의 복잡화 등에서 생기는 인간성소외를 완화하는 기능을 말한다.

다섯째로는 교육훈련적 기능이다. 각종 컨설턴트(consultant)제도나 능력주의관리의 시행에 따르는 자기계발, 교육훈련기능 등을 가리킨다.

2) 일반적 기능

일반적 기능은 노동력 확보정착기능, 노사관계 안정기능, 노동의욕 촉진기능 등으로 나눌 수 있다. 특히 노동력 확보정착기능은 숙련된 노동자를 다른 기업으로 이동하지 못하도록 기능함을 가르킨다. 노사관계안정기능은 노동조합으로 하여금 노사협상의 우선목표를 노동조건의 향상에서부터 기업복지의 확충으로 전환시키는 기능을 말한다. 또 노동의욕촉진기능은 기업복지가 생산성을 향상시키는 기능을 말한다. 이러한 일반적 기능은 앞의 기본적 기능과 밀접한 연관을 맺어 기본적 기능의 구체적 기능을 포함한다.

3) 부문별 기능

부문별 기능은 개별복지정책이 가져오는 구체적 기능을 일컫는 것으로서 생활원조,주택시책, 공제금융, 문화・체육・레크레이션, 보건・위생의 부문으로 나눌 수 있다.

(1) 생활원조

생활원조는 종업원의 소비생활과 밀접하게 관련되어 있으며 보통 낮은 임금수준을 보완하여 생활 수준을 안정시키는 역할을 한다. 여기에는 매우 광범위한 종류가 포함되지만 중심적인 것으로는 급식, 구매, 통근, 가족원조 및 생활지도 등과 관련된 시설과 제도를 들 수 있다.

급식관계시설 및 제도는 식당의 직영이나 위탁운영에 의해 종업원들에게 식사를 제공하는 것과, 급식시설이 없는 경우에는 식권을 저가로 발행하거나 식사 수당을 지급하는 것 등이다. 이는 종업원의 건강과 직결되며 경제적으로도 큰 도움이 된다.

구매와 관련된 것으로는 매점이나 급식소 등의 운영을 통해서 종업원들이 생활필수품이나 일용품 등을 저가로 구입할 수 있게 하거나, 자사제품을 염가 또는 할부로 판매하여 도움을 주는 것 등이 포함된다.

통근과 관련된 것으로는 통근버스, 자동차 주차장 등이 있으며, 특히 교통난이 심각하여 출퇴근이 매우 불편한 경우에는 큰 도움이 된다. 그리고 회사 자체의 통근시설이 없는 경우에는 전세나 임대에 의하는 것도 한 방법이다. 이러한 제도의 운영이 어려울 경우에는 통근수당을 지급하기도 한다. 통근수당은 통근사정이 어려운 종업원들에게 사정에 따라 수당을 지급함으로써 교통비에 관해서 종업원간에 공정을 기하기 위한 것으로, 원거리 통근자의 교통비를 보조해 줌으로써 노동력의 확보를 용이하게 하는 역할도 한다.

가족원조 및 생활지도 와 관련된 것으로는 결혼예식장, 장의설비, 피로연회장 등의 제공이나 생활상담실의 운영, 부인강습회, 부업원조 등 매우 다양하다. 금전적인 급부로는 아동수당이나 가족수당이 여기에 속한다. 가족수당은 부양가족의 생계비를 보조하는 목적으로 부양가족의 수와 내용에 따라 지급한다.

(2) 주택관계

주택난이 심한 경우 주택관계시설이나 제도가 가장 중요한 복리후생으로 간주될 수 있다. 주택관계복리후생으로는 크게 주택임대제도와 주택소유조성제도의 두 가지를 들 수 있다.

주택임대제도는 기업이 사택, 가족 아파트, 독신자아파트, 기숙사 등을 건립 또는 임차하여 종업원들에게 대여함으로써 주거의 안정을 도모하는 것이다. 종업원의 주거의 안정은 이직의 방지에도 효과가 있다. 이러한 주택의 대여는 모든 종업원들이 고르게 혜택을 받기는 어렵기 때문에 혜택을 받을 수 있는 대상자의 우선순위를 타당하게 설정하여 두는 것이 필요하다.

주택소유조성제도는 종업원의 주택장만을 위한 자기자금형성을 원조하는 것으로써 보다 근본적인 제도라 할 수 있다. 여기에는 주택적립예금이나 주택건설자금융자 등이 있으며 회사가 직접 사원용 분양주택을 건설하는 방법도 있다.

이러한 두 가지 외에 매월 주택수량을 지급하는 경우도 있다. 주택수당은 지가의 상승, 주택난의 심각화에 의해 일반생계비 가운데서 주택비의 부담이 크게 될 경우 지급되는 수당으로서 세대주와 비세대주로 구분하고, 세대주에 있어서도 부양가족의 유무에 따라 차등을 두어 지급한다.

(3) 공제 · 금융관계

공제제도는 종업원과 가족의 경조사와 불시의 재해에 대비한 상호부조적 성격을 지니고 있기 때문에 종업원들의 연대의식을 강화시켜 주며 인간관계의 개선에도 기여하게 된다. 그 내용으로는 결혼, 출산 등에 대한 축하금, 재해, 상해, 질병에 대한 위문금, 퇴직이나 전근에 대한 전별금 등이 있다.

금융제도는 주택 · 교육 · 재해 등과 관련된 자금의 융통에 관한 것이 주가 되며 사내예금과 융자제도를 중심으로 운영된다. 사내예금을 통해서 소비의 억제나 생활의 설계에 기여하며, 주택자금의 융자나 육영 · 재해 · 결혼에 따른 융자의 실시로 재산형성이나 긴급한 자금의 마련에 도움을 줄 수 있다.

(4) 보건위생관계

보건위생시설이나 제도는 종업원의 건강한 생활을 보장하기 위한 것으로서 질병의 치료와 예방 또는 건강의 유지와 관련된 제도나 시설을 말한다. 일하는 종업원으로서 무엇보다도 중요한 것은 건강이라 할 수 있으므로 이것은 매우 기본적인 복리후생이라 할 수 있다. 병원 · 진료소 · 의무실 등의 치료시설과, 정기검진 · 특별검진 · 건강상담 · 건강교육 등의 예방제도, 휴양실 · 요양소 등의 건강회복시설, 미용실 · 목욕탕 등의 위생시설 등이 여기에 포함된다.

(5) 문화 · 체육 · 레크레이션관계

생활수준의 향상으로 여가의 이용에 대한 관심이 증대함에 따라 문화 · 체육 그리고 오락 등의 복리후생도 소홀히 할 수 없게 되었다.

문화시설 및 제도로서는 학교·도서관·문화회관·강습회·강연회·교양강좌 등이 있으며, 체육시설 및 제도에는 운동장소의 제공과 운동용구의 대여, 제공, 그리고 사내 체육대회 등의 행사가 있다. 그리고 오락시설제도로는 취미서클의 지원, 음악실, 전시실, 야유회, 친목회 등을 통해 여가의 선용을 도모하는 것이다.

【참고문헌】

김대모. 1990.『기업복지제도의 실태와 과제』. 한국노동연구원

김주경. 1987.『신인사관리론』.한일.

노동경제연구원(편). 1990.『임금근로조건의 국제비교』. 연구총서 5.

노동부. 1988.『사내근로복지기금제도의 법제화 방향』.

노동부. 여러 해.『기업체노동비용조사보고서』.

박길상, 조정호, 진준민, 이완영. 1992.『기업복지제도』. 삼일회계법인.

박세일. 1988. "공공근로복지의 전개방향".『한국의 근로복지미래상』. 근로복지공사.

송호근. 1995. 『한국의 기업복지연구』. 한국노동연구원.

신유근. 1988.『인사관리』.경문사.

신섭중 외. 1994.『세계의 사회보장』. 유풍출판사.

우재현. 1984.『산업복지의 역사』. 경진사.

__.1994.『산업복지원론』. 정암서원.

__외. 1988.『산업복지개선』. 경진사.

이신행. 1996.『한국노사관계와 산업복지』. 고도.

장인협 외. 1999. 『사회복지학』. 서울대학교출판부.

전경련. 1977.『기업내 복리후생에 관한 실태조사』.

한국경영자총협회. 1989『노동경제 40년사』.

__.1997.『기업복지의 현황과 과제』.

한국노동교육원. 1995. 『기업내 근로자 복지프로그램 개선방안』.

Axinn, June and Mark Stern. 1988. Dependency and Poverty: Old Problems in a New World. Lexington, MA: Lexington Books.

Gilbert, Neil and Paul Terrell. 1997. Dimensions of Social Welfare

Policy. Boston, MA: Allyn and Bacon.

Marshall, T.H. 1963. Sociology at the Crossroads and Other Essays. London: Heinemann.

Maslow, Abraham H. 1943 "A Theory of Human Motivation." Psychological Review, vol.1: 370~396.

제4장 산업복지의 발달

1. 산업복지의 역사

1)생성기

산업혁명은 18세기후반부터 19세기 중엽에 걸쳐 일어난 생산기술 혁신에 따른 사회·경제적 대변혁이다. 이로 인해 산업의 지배적 생산형태가 공장제 수공업에서 공장제 기계공업으로 변화하였다.

그 결과 중세의 장원제도가 붕괴되었고 이와 함께 산업조직에서 길드제도도 역시 붕괴되었으며, 또 1·2차 인클로저(Enclosure)운동을 거치면서 토지에서 밀려난 농민들은 도시로 몰려들었다. 이에 따라 도시에는 노동력이 과잉공급 되었으며 이들의 생활과 노동조건은 인간이하의 수준이었다.

산업화 초기에는 노동자들의 열악한 노동조건과 저임금에 대한 자본가의 온정주의(paternalism)와 인도주의에 바탕을 두고 노동자에게 구빈적 차원에서 그들에게 식량이나 급식을 일부 제공하는 경우가 있었으나 노동자의 생활향상에는 큰 관심을 보이지 않았다.

그러나 이러한 산업화 초기의 상황은 노동자들의 육체적 소진과 정신적 피폐를 야기시켜 생산성이 떨어지고 노동력 재생산의 기반을 위태롭게 하여 산업화의 지속과 자본주의의 순조로운 발전을 저해하였다. 이에 국가는 노동자의 복지에 대한 필요성을 인식하고 노동력의 보전을 도모하기 위하여 입법을 통한 소극적 보호를 실시하였다. 노동자들 역시 단결의 방법을 통해 내부적 역량을 강화해 가면서 대외적으로 복지욕구를 확대해 갔다.

카터(I.Carter)는 이 시기의 산업복지를 자선적 산업복지(philantr-opic industrial welfare)단계라고 하였다.

산업혁명이 가장 먼저 일어난 영국에서는 이미 16세기 후반들어 여러가지 자선적 성격의 구빈활동이 있었으며 1601년 빈민법이 제정되고 그 후 여러 사회복지입법들이 제정되었으나 이러한 법이나 제도들은 노동자만을 대상으로 한 것이 아니라 일반 빈민들을 포괄하는 일반사회복지의 대상을 띤 것이다.

이 당시의 산업복지는 공장입법이나 기업내 복지시설등을 통해 자본주의 사회에 존재하는 노동자의 비참한 생활실태에 대한 인도주의적 동정으로 출발하였으며 노동자를 위한 복지시설이나 교육시설이 이상적인 기업의 건설에 이바지할 수 있다는 이념과 동시에 기업의 노동력 향상에 도움이 된다는 경영전략적 사고가 혼합된 것이라 할 수 있다(김성국, 1996).

이에 따라 사용자는 노동조건을 개선하기 시작하였고 특히 아동노동자에 대하여 취업기간중에 교육시설이나 도서실, 의료시설, 매점 등을 신설하여 복지증진을 시도하였다.

이 시기의 대표적인 산업복지의 실행자로는 영국의 오웬(R.Owen)을 꼽을 수 있다.

그는 1800년대 초 스코틀랜드의 뉴라나크(New Lanark)에서 방직공장을 직접 경영하였다. 그는 적정한 임금, 위생적인 작업환경이 노동자를 만족시키고 산업이윤을 창출한다는 신념을 가지고 있었다. 그는 하나의 좋은 산업공동체의 모델을 만들었는데 정원과 위생시설, 저렴한 노동자 주택을 제공하였으며 노동자의 도덕지도를 실시하였다. 또 노동시간을 10시간으로 줄였으며 아동고용의 폐지와 직업훈련의 개선, 불경기시 실업급여를 지급하였다.

이와 같은 노력은 다른 업종, 다른 나라의 사용자에게도 자극을 주었다. 이에 따라 탁아소, 노동자식당, 시범부락등이 나타났고 일부 산업체에서는 질병급부, 무료수술, 교양강좌등이 실시되었다. 한편 오웬의 영향을 프랑스에서는 르클레어(E.T.Leclaire)에 의하여 의료와 불구자 급여를 포함한 이익분배제도와 공제조합을 설립하게 하였으며 독일에서는 크룹(Krupp)에 의해 성과공동체를 낳게 하였다.

미국의 경우도 노동자들이 자신들의 생활보호를 위해서 우선 자조적 성격의 공제조합을 설립하였다. 최초는 이러한 형태의 공제조합은 1778년 필라델피아의 자유아프리카조합(FASP:Free African Society of Philadelphia)이었으며, 노동조합이 직접 도입한 최초의 공제제도는 1887년 화강암절단노동조합(GCU:Granite Cutters' Union)이었다(김의명외, 1999).

전반적으로 초기산업복지는 사용자의 온정주의적 표현이라는 성격과 함께 노동통제의 수단이라는 성격을 가지고 있다. 예를 들면 기숙사제도는 노동자의 이탈방지나 사생활감시, 장시간 노동을 시키기 위한 제도로써 시행되었고, 강제저축제도 역시 노동자의 이직을 막기 위한 수단이라고 볼 수 있다.

2) 모색기

모색기는 19세기 후반 영국이 경제공황을 겪으면서 영국의 독점적 지위가 쇠퇴하고 미국이 신생산업국으로 대두하기 시작할 시점부터 1930년까지를 가르키는 단계이다. 신생산업국의 등장으로 영국의 세계최대무역국이라는 지위가 위태롭게 되자 대외적으로는 자유방임적 제국주의에서 신제국주의로 전환하게 되었으며 국내적으로는 산업의 독점화를 진전시켰다. 또 이때에는 에너지원의 변화와 함께 2차산업혁명을 거치면서 대량생산이 가능하게 되었고 따라서 거대기업이 출현하여 독·과점적 시장지배가 실현되었다(김의명외, 1999).

이러한 변화는 기업에 있어서 우수한 노동자의 유치 및 이직의 방지를 위한 노무관리의 중요성을 인식케 하였으며 다양한 노동자 계층의 형성과 함께 이들의 욕구를 충족시킬 수 있는 복지프로그램이 개발되게 되었다. 또한 이 시기에는 자본의 독점적 형성과 함께 전문경영을 담당하는 경영자 개념이 형성되어 다양한 형태의 산업복지프로그램의 발전이 촉진되었다.

이처럼 이 시기에는 기업복지의 제도적 측면이 발전되는 반면에 산업복지는 점차 쇠퇴하는 양상을 띠기 시작했다. 또 점차 노동조건이나 작업조건을 개선하는 것은 복지후생의 개념에서 제외되기 시작하여 공장안팎에서의 노동자 생활을 좀 더 윤택하게 할 수 있는 시설 및 제도가 관심의 주대상이 되었다. 노사관계도 단체교섭이나 노동입법의 영향을 받게 되면서 근대적 성격을 띠기 시작하였다. 이러한 현상은 노동자계급의 확대에 기인한 것이다.

또 대중민주주의가 정착되면서 국민의 대다수를 차지하는 노동자와 그의 가족의 지지를 얻기 위해 노동자보호입법은 현저한 진보를 나타내어 노동조건, 작업조건, 안전위생시설 및 노동재해질병에 대한 제 수당 지급등에 사회적 표준이 부여되고 종래의 기본적 노동조건과 마찬가지로 노동·작업조건의 결정도 고용주의 자유의사가 아니라 일종의 사회적 성격을 띠게 되었다(정수영, 1987). 즉 이 시기에는 사용자와 노동자가 점차 대등한 위치에 서게 되면서 노동조건의 결정에 있어서도 사회적 영향을 크게 받게 되었다. 쉘든(O.Sheldon, 1984)은 '노동자가 자애심 있는 고용주로부터 즐겁게 자선을 받는 것으로 생각되던 시대는 지났다. 그들은 자립하고 있으며 책임을 질 용의가 있다.'고 지적하였다.

이 시기에 독일에서는 1883년 질병보험을 시작으로 1884년에는 재해보험, 1889년에는 노령보험을 실시하는 등 사회보험과 최저 임금제를 도입하였다. 이러한 독일의 사회정책 및 노동정책은 전유럽에 영향을 미쳐 영국에서도 1879년 산재보험을 시작으로 사회보험이 실시되었다.

미국의 경우에는 1840년대를 전후하여 산업혁명이 시작되었으나 1865년 남북전쟁이 종식된 후 비로소 본격적인 산업화의 과정으로 진입하게 되었다. 이 시기에 사용자들은 노동자들의 노동조건과 생활여건의 개선을 위해 다양한 형태의 산업복지프로그램을 제공하였는데 여기에는 주택, 교육, 오락, 상담등과 같은 금전적, 물질적인 혜택과 직접적 서비스가 포함된다(성숙진, 1996).

3)도약기

제2차세계대전을 거치면서 산업복지는 도약단계로 접어드는데 이러한 발전의 주요인으로는 노동운동의 활성화(이신행, 1996), 국가의 복지정책, 사용자의 인식전화, 경영전략의 변화등을 들 수 있다.

강화된 노동조합의 위상은 사용자의 시혜적이고 인사노무관리적 성격을 약화시키고 노동자를 대상으로한 복지제도를 투쟁을 통해 얻은 권리로서 성격 지웠다(K.Mann, 1989). 이에 따라 노동조합은 복지제도의 운영과 관리에도 직접 참여하게 된다.

또한 사용자들은 경직적인 노동비용의 절감과 노동시장의 유연한 운용을 위하여 산업복지를 활용하는 경영전략을 펴기도 하였다. 즉 임금수준을 결정하는 가장 대표적인 요인이 생산성이라고 볼 때 생산성 향상분은 결국 노동자의 근로대가이므로 임금과 복지급여의 형태로 지급되어야 마땅하지만 사용자의 입장에서는 임금보다 기업복지로 급부함이 미래의 불확실성에 대한 하나의 대처방안이라고 보았다(김의명 외, 1999).

이 단계에서 산업복지가 급속하게 발달할 수 있었던 요인으로는 이처럼 노동운동의 방향과 사용자의 경영전략이 일치되었다는 데 있다고 볼 수 있다.

4) 성숙기

50년대와 60년대를 거치면서 성숙단계에 접어들게 되면서 조화로운 발전과정으로 노동자의 복지향상 그 자체가 목적으로 전환되어 단체교섭과정에 필수적으로 통합되며 또한 기업복지가 국가의 노동복지정책과 결부되어 나타났다(최균, 1992).

이러한 결과로 현재 선진국에서는 거의 대부분의 노동자가 어떤 형태로든 산업복지제도의 혜택을 받고 있다.

이 시기의 산업복지발달요인을 살펴보면 다음과 같다 (김의명외, 1999).

첫째. 기업간의 경쟁으로 인해 유능한 노동자들을 확보하고 이직을 방지하기 위해서이다. 산업복지는 임금 이외의 부가급부로서 노동자를 유인하거나 유지시키는 수단으로 사용된다는 점에서 이직의사를 줄이는 효과를 가짐으로서 사용자의 입장에서는 긍정적인 효과가 있는 것으로 나타났다.

둘째, 노동조합이 단체교섭을 통해 산업복지를 단체협약에 명문화함으로써 사용자의 시혜에서 권리로 탈바꿈하게 된 것이다. 산업복지의 단체교섭화는 결국 노동자의 권리화로 인식되면서 더욱 확대되었으며 이의 축소 내지 철회는 사실상 엄격한 제한을 받게 되었다.

셋째, 산업복지에 주어지는 조세감면의 혜택 때문에 절세의 효과가 있기 때문이다. 선진산업국은 물론 후발산업국 역시 공통적으로 조세정책을 통한 산업복지의 유인은 일반적인 방법으로 이러한 국가의 조세정책은 결과적으로 보아 사용자에게는 절세의 효과가 있고 또한 노동자로 하여금 복지제공자로서의 존경을 받음으로 산업복지를 적극적으로 도입하게 되는 계기가 되었다.

넷째, 다양한 외부의 복지제공자의 등장이다. 이전에는 복지의 제공자가 주로 정부와 기업, 그리고 노동조합이었으나 성숙기의 단계에서는 외부에 다양한 복지단체 및 영리의 복지제공자들이 등장함으로써 저렴한 비용으로도 양질의 복지서비스를 받을 수 있게 되었고, 기존의 기업에서 제공되는 복지서비스보다 전문적인 서비스혜택을 받을 수 있게 되었다.

다섯째, 국가의 임금통제정책을 들 수 있다. 세계 2차 세계대전이나 한국전 같은 전시상황에서 각종 산업복지는 급속히 팽창할 수 있었는데, 정부의 임금인상 가이드라인제시나 임금인상 억제정책 등과 같은 '도덕적 권고(moral persuasion)'등에 따라 임금을 동결하고 보완책으로 산업복지를 증대하였기 때문이다(Rosenbloom, 1992)

미국의 경우는 70년대를 거치면서 세계적인 구조조정을 겪으면서 경기가 위축되자 물질위주의 복지혜택은 점차 퇴조하고 직장내의 서비스 프로그램이 출현하게 되었다. 이 시기에 발달한 직장내 서비스 프로그램으로 가장 대표적인 것이 노동자협조프로그램으로서 이것은 이윤추구동기와 문제해결을 통한 복지향상동기가 이루어낸 작품이다(김의명외, 1998). 노동자협조프로그램이란 작업장내에서 문제를 가진 노동자의 문제를 포착하고, 문제해결의 동기를 부여하며, 그에 따른 상담과 치료를 제공하는 직무와 관련되어 있으며 비밀보장

원칙을 바탕으로 한 체계적이고 전문적인 산업복지프로그램으로 20세기 초반 생계보조성격을 바탕으로 한 산업복지시설, 현물혜택중심의 산업복지의 틀에서 나타난 개인상담(Person Counseling)에서 그 뿌리를 찾을 수 있다(Sonnenstuhl &Trice,1990 : 김의명외, 1999에서 재인용). 이 프로그램은 노동자들의 정서적, 신체적, 행동적 문제들에 대한 인도적인 배려와 노동관련 비용을 줄이면서 이윤을 올리려는 고용주들의 전략이 상호부합된 결과이다. 또한 정부의 적극적인 개입으로 강력한 규제입법들이 제정되었고 따라서 기업의 입장에서는 정신질환이나 정서적 행동적 장애를 가진 노동자를 계속 고용하는 것이 낮은 생산성과 높은 의료비용으로 이어지므로 직장내 상담프로그램을 적극 도입하게 되었다(김의명외, 1999).

또 이 시기에는 산업복지제도와 프로그램의 종류가 매우 다양해지고, 개별복지제도의 적용범위와 규모도 크게 확대되었다. 나아가 주요복지제도는 입법화되어 법정복지의 비중이 높아지고, 결과적으로는 총 기업복지비용이 절대적으로나 상대적으로 총노동비용에서 차지하는 비중이 높아지게 되었다 (김의명외, 1999).

2. 한국 산업복지의 발달

1960년대 초까지 한국은 1인당 국민소득이 100달러에 미치지 못하고 인구의 65%가 소규모 농업에 종사하는 가난한 농업국가였다. 광공업의 발달은 미진하여 1963년의 경우 국가전체 GDP중 광공업이 차지하는 비율은 18%에 지나지 않았으며 이나마도 경공업이 이 비율의 대부분을 차지하고 있었다. 이러한 빈곤한 경제적 상황하에서 기업이 종업원들에게 복지혜택을 베풀 가능성은 거의 희박했으며 노동자 개인에게 있어서는 고용 그 자체가 하나의 큰 복지혜택이었다고 할 수 있겠다. 따라서 극소수의 대기업에서만 가부장적 온정주의에 의해 소규모로 기숙사와 사택, 양호실 운영, 식당설치, 작업복제공과 같은 최소한의 편의시설만 제공되었을 뿐 대부분의 개업에서는 복지부문에 대한 투자나 시설이 거의 없었다고 할 수 있겠다.

1960년대 초 이후부터 경제가 급성장하면서 점차 노동력 (특히 저임금여성노동력)이 부족하기 시작했다. 이에 따라 기업은 이전과 달리 노무관리차원에서 노동자복지문제에 보다 많은 관심을 갖기 시작했으며 기숙사, 식당, 양호실과 기본적인 시설위주의 복지프로그램이 확산되어 나갔다. 법정복지의 경우, 1963년에 산업재해보상보험법이 제정되고 그 이듬해부터 이 법이 시행에 들어갔다.

1970년대에 들어서면서 높은 경제성장이 계속 지속되고 산업구조가 고도화됨에 따라 노동력 부족현상이 더 심화되고 노동자들의 이동현상이 보다 빈번해지는 등 노동시장상황이 급격히 변하기 시작했다. 또한 노동자들의 전체수가 늘어나면서 노동자들의 단체설립 및 활동참여가 늘어나기 시작했다. 이에 따라 정부도 노동부문에 적극적으로 개입하여 1971년에는 '국가보위에 관한 특별조치법'을 제정하여 노동운동을 규제하는 대신에 노동자복지증진을 위한 새로운 시책을 강화해 나갔다. 1972년에는 산재보험의 적용대상을 30인 이상 사업장까지, 1973년에는 15인 이상의 사업장까지 넓혀 나갔고 같은 해에 국민연금제도를 법제화하였다. 1976년에는 '의료보험법'을 제정하여 이듬해 실시하였고, 1977년에는 산업체부설학교설치를 법정화하였다. 법 제정 이외에도 정부는 행정지도와 공장새마을 운동 등을 통해 기업복지의 확대방향을 제시하기도 했다. 기업측에서도 달라진 노동상황에 대처하기 위해 나름대로 기업근로복지제도와 시설을 확충하여 나갔다. 내용면에 있어서 기존에 널리 보급된 주거와 급식의 확대이외에 운동시설, 자녀학자금지급, 목욕시설, 구판장, 휴양시설과 같은 새로운 기업복지프로그램을 설치, 운영해 나가기 시작했다. 하지만 1970년대 말까지도 여전히 생활보조적인 성격이 강한 기숙사시설, 급식시설, 작업복지급과 같은 초보적인 기업복지시설 이외의 것들이 널리 확산되지 못했으며 또한 총 급여액에 대한 복지후생비의 비율도 10%를 넘지 못했다.

1980년에 잠시 맞이한 민주화의 영향으로 노사분규가 증가하고 경제가 마이너스 성장을 하자 새로 등장한 정부는 "당근과 채찍"의 노동정책을 더욱 강화해 나갔다. 1980년 말에는 노동관계법을 개정하여 노동자의 단체활동은 대폭 규제하는 대신 산재보험의 적용대상범위 확대(1980), '진폐의 예방과 진폐근로자의 보호 등에 관한 법률'의 제정(1984), '최저임금법'제정(1986) 등과 같은 일련의 법 조치를 통해 다른 한편으로 노동자들의 복지향상을 위한 정책들 펴나갔다. 기업에 대해서도 1984년에 '사내근로자복지기금운영준칙'과 '사내근로복지기금설치운영지도규정'을 제정하여 기업으로 하여금 복지시설 및 제도개선에 적극적으로 참여하게끔 지도, 권장하였다.

1980년대 초중반을 거치면서 한국은 경제적으로 큰 호황을 누리게 되었는데 이는 한편으로 노동자들에게 생활수준이나 의식을 크게 향상시켰으며 동시에 노동자들에게 기업복지에 대한 욕구와 요구를 훨씬 증대화, 다양화시켰다. 또한 1987년 , 6.29선언 이후 나타난 노동자들의 활성화된 노동운동은 노동자들의 위상을 크게 높여 나갔다. 이 같은 한국사회의 경제적, 정치적 변화는 결국 한국의 기업복지제도와 시설에 질적으로나 양적으로 큰 변화를 초래하였다. 우선 초기의 노동운동을 통해 어느 정도의 임금인상요구를 관철시킨 노동자들은 점차 노동자복지문제를 단체교섭의 중요한 안건으로 부각시켜 나갔으며 이 과정에서 노동자복지제도와 시설은 제한적이나마 과거 기업자의 온정주의적 방식에서 노동자들이나 노동조합이 고용주와 대등한 위치에서 협상해나가는 산업민주주의 방식을 통해 설치, 운영해나가는 경향을 띄게 되었다. 기업주측에서도 심화된 노동력부족과 노사분규를 경험하면서 기업복지의 목적을 과거의 생활보조적 입장에서 종업원의 생활이나 근로의욕의 향상에 두었던 것을 노무관리의 차원에서 노사문제의 안정 및 해결, 직장소속감 고취에 두기 시작했다. 한편, 정부쪽에서는 노동정책의 억압적 부분을 점차 완화해 가면서 1991년에는 기업복지의 확대를 강제하는 '사내복지기금법'으로 제정했으나, 1993년에는 '고용보험법'을 제정하여 1995년 7월 1부터 시행해오고 있다.

3. 산업복지 발달에 미친 제 요인들

앞에서 살펴본 바와같이 선진산업국과 한국의 산업복지발전과정을 보면 비록 산업화의 진전정도의 차이에 따라 시행시기가 다를 뿐 초기에는 사용자의 온정주의에서 출발하여 산업화의 진행과 함께 노동시장에서의 노동력 수급불균형이 발생하고 이에 따라 노동운동이 강화되면서 점차 노사간 단체교섭의 장으로 인식되었고 지금에 와서는 당연한 노동자의 권리로써 인정되는 과정을 거쳐왔다. 이러한 산업복지 발달과정을 검토해 볼 때 산업복지의 발달에 가장 영향을 미친 요인들이라면 노·사·정 삼자의 역할과 노동시장 내·외부의 여건변화로 요약할 수 있다.

노·사·정 삼자는 노사관계의 핵심적 주체이면서 각종 복지정책의 최대변수들이기 때문에 결국 공공복지와 노동자자주복지 그리고 기업복지는 상호복합적인 연관을 맺고 있고 이러한 복지정책의 방향과 인식이 산업복지의 방향에 큰 영향을 미쳤다. 또한 노동자시장에서의 새로운 계층의 출현과 경기의 순환에 따른 노동공급 수급현황 역시 필요성에 따라 산업복지의 발달에 영향을 미친 요인으로 작용하였다. 아래에서 그 요인들에 대해 요약·정리해 보자(김의명 외,1999).

1) 국가의 복지정책 및 노동정책의 방향

주요복지정책과 노동정책을 총괄하는 정부의 입장에서는 정책적 고려의 차원에서 노동조합의 적극적인 요구와 노동자 계층의 복지를 위해서라도 다양한 산업복지관련 정책을 입안할 수밖에 없다. 즉 산업화가 진전되고 노동자들의 욕구가 높아짐에 따라 정부는 여러가지 이유 때문에 산업복지분야에 적극 개입할 필요성을 인식하게 된다.

사회전체구성원 중 피고용 노동자가 차지하는 비중이 점차 증가하게 되어 노동자들의 욕구나 불만은 단순한 개인적 문제가 아니라 중요한 사회적 문제로 부각되므로, 정부는 노동자의 복지정책에 적극적으로 개입하여 최저생활을 정책적으로 보장해 줄 필요성을 느끼게 되며, 그 결과 국가의 공공복지를 확대하면서 일부 그 책임을 기업주에게 전가하게 된다 (김대모, 1991). 물론 국가의 입법을 통한 법적 강제는 기업으로 하여금 준조세의 성격을 가짐으로 부담주체인 사용자의 입장에서는 오히려 자기들의 관리하에서 집행을 요구하게 되지만, 보편성의 원리와 정치적 부담 때문에 국가는 지속적으로 복지혜택을 넓혀나가게 된다.

또한 산업복지제도의 도입·운영을 사용자의 자의에 의한 온정적 은혜나 노사간의 단체교섭에만 맡긴다면 기업간 또는 지역간 심한 격차와 불공평이 생길 수 있다. 따라서 국가가 적극적으로 개입하게 된다. 그리고 일부 복지제도, 예컨대 연금과 같은 제도에는 이른바 '집단행동의 경제(economics in collective action)'가 존재한다. 즉, 이들 제도는 가입자가 많을수록 수혜자에게 더 크고 확실한 복지혜택을 줄 수 있는 것이므로 이들 제도는 기업단위로 개별적으로 운영하는 것보다는 국가적으로 통합하여 운영하는 것이 훨씬 더 효과적이다. 바로 이러한 이유 때문에 이 분야에서의 국가의 적극적 역할이 필요하다.

2) 노동운동의 방향과 단결력의 정도

산업화가 진전되면서 노동자들은 개인의 힘만으로는 사용자와 대등한 입장에서 노동조건의 결정이 어렵고 또한 열악한 작업환경의 개선 역시 어렵다는 점을 인식하게 되어 단결의 필요성을 절감하게 되었다. 따라서 노동조합이 어느 정도 활성화되면서 대사용자투쟁과 대정부투쟁이 일어났다.

산업복지에 대한 노동조합의 교섭전략은 대체로 두 가지 방향으로 추진되었다. 하나는 산업복지를 단체교섭의 대상으로 삼으려는 것이고, 다른 하나는 주요복지제도를 입법화하려는 것이다. 즉 산업복지를 사용자의 온정적 시혜에서 노동자의 당연한 권리로서 인정받으려고 하는 것이다. 이러한 노동운동의 방향과 단결력의 정도가 산업복지 발달사에 영향을 미쳤다. 프리먼(Freeman, 1981)은 실제 서구의 경우 노동조합의 존재여부가 산업복지의 수준에 영향을 미치고 있다고 실증하였으며, 현실적으로도 많은 노동조합 지도자들이 임금뿐만 아니라 산업복지급여수준을 주요활동목표로 삼고 있다(Hart, 1985).

3) 사용자의 인식과 경영전략

산업화의 진전으로 생산과정이 단순화·표준화됨으로써, 사용자는 숙련노동자보다는 단순기술을 가진 노동자를 선호하게 되었다. 따라서 생산과정에서 노동자들의 통제력은 갈수록 미약하게 되었으며, 나아가 공장자동화의 실현으로 대량생산이 가능하게 되자 더 이상 숙련근로자가 불필요하게 되었다. 이 과정에서 노동자들은 단결을 통해 약화된 통제력과 교섭력을 쟁취하고자 하였고, 사용자는 노동조합의 세력화를 억제하기 위해 초기에는 격렬한 대립방법을 택하였다. 그러나 일부의 사용자계층은 격렬한 대립보다는 복지라는 장치를 통해 타협적인 해결책을 찾기 시작하였으며, 노동조합의 교섭력이 증대하자 대다수의 사용자들은 후자의 방법을 택하기 시작하였다. 즉 사용자는 노동조합을 탄압하거나 무력화시키는 수단으로 산업복지를 활용하곤 했다.

미국에서는 1905년 사회주의경향의 세계산업노동자(IWW:Industrial Workers of the World)가 결성되어 과격한 노동운동이 일어나자 사용자들의 단체인 전국시민연합(NCF:National Civic Federation))은 적극적으로 산업복지제도를 시행하였다.

현대에 와서도 사용자들은 노동조합결성무산수단 내지 노동조합 무력화의 일환으로, 또다른 의미에서는 노동자의 동기부여를 통한 생산성 향상의 일환으로 산업복지를 적극적으로 도입하였다(강종수, 1997). 즉, 복지의 기본원리인 통일성과 획일성을 배제하고 카페테리아(cafeteria)식 운영방식을 통해 노동자에게 선택의 폭을 넓히면서도 성과급의 일환으로 제공하게 되었다.

4) 산업의 필요와 다양한 노동자계층의 출현

산업화가 진행됨에 따라 산업의 필요성과 노동시장에서의 인력수급에 따라 초기의 남·여 성인노동자뿐만 아니라 연소노동자, 노령노동자 등의 다양한 노동자계층이 형성되게 되었다. 그 결과 이들의 다양한 욕구를 해결할 수 있는 다양한 산업복지제도 및 프로그램이 만들어져야 했다. 이에 따라 단순한 사업장내의 복지시설이나 생계지원의 단계를 넘어 주거지원이나 금융·재정지원, 사회보장지원, 교육·문화지원 등이 시행되었으며, 복지의 수혜대상 역시 노동자 본인뿐만 아니라 그 가족이나 지역사회로 확대되는 현상을 보였으며, 더 나아가 퇴직노동자와 그 가족에 대한 연금지원 등의 형태로까지 발전했다.

5) 노동시장에서의 수급상황과 경기순환

경기의 호·불황은 필연적으로 총수요의 변화를 수반하므로 그 결과 총생산량의 크기는 노동인력의 수급에 좌우된다. 예를 들어 산업화가 진전되면서 노동시장이 좁아지면 오히려 사용자 자신이 여러 가지 산업복지제도를 노동자 유인책 내지는 이직방지의 대책으로 도입하기도 한다는 점이다. 이들 사용자들은 처음에는 상해나 질병, 혹은 퇴직을 당한 노동자에게 선별적으로 현금이나 현물을 지급하는 등의 비공식적인 관행을 따르는 것이 일반적이지만 산업화가 더욱 진전되어 필요한 노동자를 확보하기가 곤란해지면 연금제도와 같은 공식적인 제도를 도입하는 사례가 증가하게 된다.

【참고문헌】

강성호・강종수. 1998."근로자의 이직의사에 산업복지가 미치는 효과에 관한 연구."『사회과학연구』 제 4집 3호

강종수. 1997. "산업복지가 조직유효성 및 노사관계에 미치는 영향에 관한 실증적 연구." 대구대 석사학위 논문.

경총. 1989. 『노동경제 40년사』 . 한국경영자총협회.

──. 1989.『6.29 이후 기업복지후생 동향과 운영실태』. 한국경영자총협회.

근로복지공단. 1996. 『근로복지 전개방향 설정연구』

김대모. 1991.『산업복지제도의 실태와 과제』 한국노동연구원

김성국. 1996. 독일산업복지의 본질과 과제. 『생산성 논집』 제 11권 제1호

김의명. 1998. 전환점에 서 있는 한국산업복지제도의 한 대안으로서 근로자 협조프로그램의 적용성에 관한 연구. 『한국사회복지학회』통권36호.

김의명, 강종수. 1999. 선진산업국의 기업복지 발달과정에 관한 연구. 『사회과학연구』 제 6집 제 3호. 대구대학교 사회과학연구소

김형배. 1992.『노동법』 . 법문사

노동경제 연구원(편). 1990. 『임금 근로조건의 국제 비교』 . 연구총서 5.

박길상, 조정호, 진준민, 이완영. 1992.『근로자복지제도』. 심일회계법인.

박세일. 1998."공공근로복지의 전개방향". 『한국근로복지미래상』. 근로복지공사.

성숙진. 1996. 산업복지와 기업사회 사업의 발달에 영향을 미친 요인들의 분석. 『국제법률경영』28권. 국제법률경향연구소.

송호근. 1995. 『한국산업복지연구』. 한국노동연구원.

우재현. 1990. 『산업복지의 역사』 경진사.

유길상. 1991 『근로복지 증진을 위한 정책방향과 과제』. 한국노동연구원.

이신행. 1996 『한국노사관계와 산업복지』. 고도

전경련. 1997. 『기업내 복리후생에 관한 실태 조사』.

정수영. 1987. 『신인사관리론』. 금영.

진준민, 이완영, 이윤택, 강관중. 1992 『일본의 근로복지제도와 시설』. 노동부 근로복지공사.

최균. 1992. "한국산업복지의 사회경제적 성향". 서울대 박사학위논문.

한국생산성 본부. 1996. 『한극산업복지 실태 및 정립방안』.

Freeman, T. 1981. "The Effect of Unionism on Fringe Benefits" Industial and Labor Relation Review, vol 34

Fround, E. M. 1986. Welfare Work. London

Hart, R. A. 1985. The Economics of Non- Wage Labor Costs. London: George Allen & Unwin.

Lewis, A. W. 1954. Econdmic Development with Unlimited Supplies of Labor. Manchester School Economic and Social Studies.

Mann, K. 1989. Growing fringe. Yorkshine : Armley Publication.

Rosenbloom, J. S. 1992. The Handbook of Employee Benefits: Design, Funding and administration, vol1.

Sheldon, O. 1984. The Philosophy of Management, London: Sir Zssac Piuton & sous.

Skidmore, R.ex A. et al. 2000. Introduction to Social Worker. Needham Heights, Allyn & Bacon.

Titmuss, T. M. 1958. Essays on the Welfare State. Boston: Beacon Press.

제5장 산업복지체계

산업복지는 산업현장 및 이와 관련된 부문에서 사회복지가 적용되고 실천되는 사회복지의 한 분야이다. 일반적으로 사회복지는 사회의 구성원들 가운데서 자신의 기본적인 욕구를 충족시키는 데 어려움을 갖고 있거나 또는 사회적으로 불리한 위치에 있는 사람들이 정상적인 사회생활을 해나가는데 필요한 기본적인 욕구(need)를 충족시킬 수 있도록 도움을 제공해주는 조직화된 사회적 활동이다.

그런데, 사회생활에 필요한 기본적인 욕구는 한 가지로만 고정되어 있는 것이 아니라 최소한의 의식주문제 해결에서부터 적절한 사회화와 능력계발, 자아실현에 이르기까지 여러 수준에 걸쳐 매우 다양한 종류와 내용을 지니고 있다. 덧붙여, 기본적인 욕구는 주어진 사회의 발전수준이나 사회의 유형에 따라 달라질 수도 있다. 이와 같이 기본적인 욕구의 종류와 내용이 차이나면서 전달되는 복지서비스의 종류와 내용도 다양해진다.

한편, 산업현장에서 기본적인 욕구를 충족시키는데 상대적으로 어려움을 겪거나 불리한 위치에 있는 사람들, 다시 말해 산업복지의 대상은 노동자와 그 가족이라고 할 수 있다. 그런데, 일반사회에서의 복지대상은 대개 그 사회의 절대적 빈곤선 이하의 사람이거나 혼자서는 해결하기 힘든 문제를 가진 개인인데 비해 산업복지의 대상인 노동자와 그 가족은 임금이라고 하는 고정적인 수입원을 가지고 있는 봉급생활자들로서 어느 정도 그 사회의 빈곤선 위에 있는, 그래서 형편이 나은 사람들이라고 할 수 있다. 따라서 이들에게 있어서 필요로 하는 기본적인 복지는 일반 사회에 가난한 사람이 필요로하는 복지와는 그 종류와 내용이 다르다고 하겠다.

한편 사회복지가 실현되기 위해서는 실시하는 주체가 있어야 하며 또한 누군가가 사회복지서비스를 제공하기 위한 재원을 조달해 주어야 한다. 그런데, 사회복지를 실시하는 주체들은 실시목적과 재원의 종류 및 규모에 있어서 상당한 차이가 난다. 따라서 사회복지의 운영주체는 사회복지의 종류와 내용을 구분하는 데 있어서 매우 중요한 기준이라 하겠다.

이 장에서는 산업복지의 종류를 욕구와 실시주체에 따라 구분하고 아울러 각 산업복지의 종류에는 어떠한 내용들이 있는지 파악해 본다. 이들 산업복지를 나누는 기준들은 다양한 복지서비스를 체계적으로 분류하고 또 포괄적으로 다룰 수 있게 하기 때문에 사회복지 및 산업복지에서 널리 사용되고 있다.

1. 욕구에 따른 산업복지

앞에서도 언급했지만, 산업복지의 주목적은 노동자와 그 가족의 욕구를 충족시키는 데 있다. 이러한 측면에서 인간의 욕구는 사회복지뿐만 아니라 산업복지의 종류와 내용을 파악하는 데 있어서도 매우 중요한 기준이 된다. 인간의 욕구에 관한 여러 연구들 중에 비교적 체계적으로 정리되어 있고 또 사회과학에서 가장 보편적으로 사용되고 있는 이론은 미국의 심리학자인 매슬로우(Abraham Maslow)가 제시한 욕구의 위계(needs hierarchy)에 관한 설명이다. 매슬로우에 따르면, 인간은 5가지 보편적인 욕구를 가지고 있다.

여기에는 생리학적 욕구(physiological needs), 안전과 보호에 대한 욕구(safety and security needs), 사회적 욕구(social needs), 자아와

존경에 대한 욕구(ego and esteem needs), 자기실현에 대한 욕구(self-actualization needs)가 있다:

① 생리학적 욕구: 인간이 생존하기 위해서 충족되어야 하는 가장기본적인 욕구로서 식량, 물, 산소, 수면, 성, 감각적 만족 등을 포함한다.

② 안전과 보호에 대한 욕구: 안전, 안정, 보장, 의존, 두려움과 걱정으로부터의 자유, 질서와 법에 대한 욕구 등이 있다.

③ 사회적 욕구: 소속감, 사랑, 애정, 우의, 사교에 대한 욕구로서, 만약 이러한 욕구가 충족되지 않을 경우 사람들은 외로움, 배척감, 고독감 등을 느끼게 된다.

④ 자아와 존경에 대한 욕구: 자존, 자부, 타인으로부터의 존경에 대한 욕구를 포함한다. 이러한 욕구는 내부적으로 또는 외부적으로 집중될 수 있는데, 내부적으로 집중되면 힘, 성취감, 능력감, 자신감, 지배감, 자유, 독립 등으로 나타나고, 외부적으로 집중되면 명성, 위세, 지위, 영광, 우월감, 인정, 주목, 중요성, 위엄, 감사 등으로 표출된다.

⑤ 자기실현에 대한 욕구: 자기실현, 지속적인 자기계발, 창의력 향상 등을 포함한다.

그런데, 이러한 5가지 욕구는 그 중요성에 있어서 다 똑같지 않고, 인간의 생존과 관련된 중요성에 따라 가장 낮은 단계의 기본적인 생리학적 요구에서부터 가장 높은 단계의 자기실현에 대한 욕구에 이르기까지 위계적으로 연결되어 있다. 매슬로우의 욕구이론이 가지는 또다른 특징은 우세성(prepotency)이라고 불리는 것으로, 이는 낮은 단계의 욕구가 충족되지 않으면, 그 보다 높은 단계의 욕구가 중요하지도 않으며 출현하지도 않는 속성을 이야기한다.

매슬로우가 제시한 욕구의 위계 수준들은 엄격히 분리된 것이 아니라 어느 정도는 중복되기도 한다. 즉, 하위수준의 욕구가 완전히 만족되지 않더라도 바로 상위의 욕구가 나타날 수도 있다. 사실, 매슬로우는 평균적인 미국의 성인 노동자가 생리학적 욕구의 85%, 안전욕구의 70%, 사회적 욕구의 50%, 자존욕구의 40%, 자기실현욕구의 10%를 만족시키고 있다고 추정했다(Maslow, 1943).

<표5-1> 욕구수준에 따른 산업복지의 종류와 내용

욕구수준	욕구내용	산업복지서비스의 종류와 내용
생리학적 욕구	음식, 성, 수면	임금, 고용, 즐거운 작업조건 및 환경, 식당, 휴게실, 주거비보조, 의료보험
안전과 안정의 욕구	안전, 안정, 보장, 보호	안전한 작업조건 및 환경, 고용안정, 고용보험, 산업재해보험, 노령연금, 공제
사회적 욕구	사랑, 애정, 친화, 소속감	친밀한 작업집단, 우호적인 감독, 집단 결성, 친목활동,
자아와 존경의 욕구	자존, 자신감, 위세, 지위	사회적 인정, 직함, 지위, 승진, 시상제도, 성과배분제
자기실현의 욕구	성장, 진급, 창의성	도전적인 일, 창의적인 일, 일에 대한 성취, 승진, 직무확대, 직무교육

매슬로우의 욕구위계에 관한 이론은 실제에 있어서 산업현장을 포함한 사회복지의 여러 부문에 적용되고 있다. <표5-1>은 매슬로우의 이론에 기초한 산업복지서비스의 종류와 내용을 나타내고 있다. 욕구의 중요성에 따른 복지의 구분은 산업복지의 내용을 체계적

으로 이해하고 또 산업복지를 실천하는 데 있어서 우선순위를 결정하는데 도움을 준다.

2. 실시주체에 따른 산업복지

산업복지의 대상인 노동자는 사회적 관계의 측면에서 크게 3가지 조직과 관련되어 있다. 첫째는 국가의 국민이고, 둘째는 기업의 종업원이며, 셋째는 노동조합의 조합원이 된다. 이에 따라 산업복지는 이들 3개 조직이 운영 주체가 되어 그들의 구성원인 노동자 및 그 가족들에 대해 실시되고 있다. 운영의 주체가 다름에 따라 산업복지는 다음과 같이 3가지 종류로 분류된다:

① 국가, 지방자치 및 공공단체가 주체가 되어 실시하는 공공산업복지

② 기업이 주체가 되어 실시하는 기업복지

③ 노동자들이 주체가 되어 실시하는 노동자자주복지

그런데 국가, 기업, 노동조합은 각기 추구하는 바가 다를 뿐만 아니라 그들의 구성원인 노동자에 대한 관계와 역할, 그리고 능력이나 보유자원에서도 서로 차이가 난다. 국가는 사회보장제도에 의해 사회안정과 질서의 순조로운 유지를 추구하려 하고, 기업은 복리후생제도에 의해 노동력이 유지 및 배양을 꾀함으로써 노사관계의 안정과 생산성의 향상을 도모하려 한다. 또한 노동조합은 노동자복지활동에 의해 노동조직과 노동자의 권리를 강화, 발전시키려 한다. 이와같은 차이로 인해, 공공산업복지, 기업복지, 노동자자주복지는 노동자와 그 가족에 대해 실시하는 복지서비스의 규모, 종류, 내용에 있어서 상당히 다른 요소들을 지니게 된다(<표 5-2> 참고).

<표 5-2> 실시주체에 따른 산업복지의 종류

주 체	종 류	대 상	내 용
국가, 지방 공공단체	공공산업복지	국민, 근로자	국민건강보험, 국민연금, 공적부조, 공중위생, 후생연금, 실업보험, 산업재해보상보험 등
기업	기업복지	근로자 및 그 가족	생활의 경제적 안정, 의료보험, 공제, 오락시설 등
노동조합	노동자자주복지	조합원	공제, 대부, 오락시설 등

1) 공공산업복지

전통적으로 사회복지활동은 가족이나 종교 및 자선단체를 중심으로 한 민간차원에서 개별적으로 이루어져 왔다. 그러나 20세기 들어 일어난 두 차례의 세계전쟁, 여러 번의 경제위기, 급격한 산업화와 사회변동 그리고 이로 인한 대규모의 빈곤과 실업은 기존의 임의적이고 비공식적인 민간단체들의 사회문제 대처능력과 활동범위에 한계가 있음을 인식시켜 주었다. 대신에, 국가차원의 조직적이고 체계적인 복지활동이 필요하다는 인식을 확산시켜 주었다(Gilbert and Terrell, 1997).

아울러, 경제성장과 민주주의의 발전은 국민으로 하여금 점차 국가에 대해 더 많은 복지서비스와 혜택을 요구하도록 만들었다. 이에 따라 오늘날 대부분의 국가는 인간의 삶에 있어서 중요한 부문인 의식주, 건강, 소득, 교육에 대한 기본적인 욕구를 충족시킬 의무를 지니고 있으며, 동시에 국민복지의 증진을 국가정책의 최우선으로 삼는 복지국가를 지향하고 있다.

노동자도 한 국가의 국민인 만큼 노동자와 그 가족의 복지는 당연히 국가의 복지활동과 정책의 일부분이 된다. 국가가 산업복지를 중요하게 고려하도록 만든 배경에는 이 밖에 다음의 두 가지 요인이 더 언급될 수 있다. 먼저, 산업화 및 자본주의의 발전에 따라 노동자계층은 전체 국민 가운데서 가장 많은 비중을 차지하는 집단으로 성장해왔다. 2000년 5월 현재 한국의 경우, 노동자(임금근로자)의 수는 천325만명으로 이는 전체 인구의 약 30%에 이르고 있으며, 여기에다 그들의 가족까지 포함하면 산업현장과 관련된 인구는 전체 인구의 과반수를 훨씬 넘을 수 있다.

다른 나라의 경우도 비슷해, 전체 인구에 대한 노동자 수의 비율(1997년)은 미국 45%, 일본 40%, 영국 35% 정도를 나타내고 있다. 이러한 현상은 결국 국가로 하여금 국민의 상당 부분을 차지하고 있는 노동자계층 및 그 가족의 복지를 중요하게 생각하지 않으면 안되게 만들었다.

한편, 자본주의가 현실적으로 갖고 있는 시장경제의 불완전성과 같은 한계들은 실업, 고용불안, 소득배분의 불공평, 노동시장의 양극화, 노사갈등, 산업재해, 산업부문들간의 불균형적 발전 등과 같은 문제들을 계속적으로 발생시켜왔으며, 동시에 이러한 문제들이 임시적이거나 예외적이 아니라 지속적이고 구조적인 현상임을 인식시켜주었다. 더군다나 많은 국민들은 산업현장과 관련된 이러한 문제들에 직간접적으로 연관되어 있으며, 또한 경우에 따라 이와 같은 문제들은 사회의 유지 및 생존에 큰 영향을 미치기도 한다. 이 때문에 국가는 산업현장에 적극적으로 개입, 참여하게 되었으며 동시에 이러한 사회문제들을 어느 정도 해소하거나 완화시키는 방안으로서 산업복지를 적극적으로 활용해 왔다.

그런데, 앞에서도 언급했지만 노동자는 고정적인 임금을 받는다는 측면에서 임금이나 다른 수입이 없는 빈곤계층보다는 상대적으로 나은 처지에 있는 사람들이다. 일반적으로 국가는 국민 전체를 대표하는 기관으로서 복지혜택이 국민들에게도 골고루 공평하게 배분되도록 해야 할 의무를 지니고 있을 뿐만 아니라 모든 국민들이 적절한 수준의 일상생활을 해나가는데 필요한 최소한의 복지서비스를 제공해주어야 한다. 따라서, 국가가 실시하는 산업복지는 비록 산업현장의 개별적인 특수성을 감안하더라도 그 복지혜택은 최소한의 생활보장, 복지혜택의 보편성이라고 하는 원칙에 입각해서 다른 일반 국민들에게 실시하는 복지혜택의 수준과 맞출 필요가 있다.

이런 측면에서, 국가가 산업현장과 관련하여 실시하는 공공산업복지는 대개 산업복지 가운데에서도 최저한의 수준에 해당하는 복지서비스의 종류와 내용에 유사하다. 그래서, 공공산업복지는 사회보장의 측면이 강하고 아울러 법률에 의해 강제적으로 실시되는 특징을 지니고 있다.

현재 한국에서는 대표적으로 4대 사회보험이라고 일컫는 산업재해보상(산재)보험, 의료(건강)보험, 연금보험, 고용보험과 퇴직금제도가 공공산업복지로서 실시되고 있다.

사회보험은 산업현장에서 발생할 수 있는 불의의 사고나 어려움으로부터 노동자들을 예방하고 보호하기 위해 국가가 노동자들에게 강제하는 보험이다. 사회보험은 개인의 자조, 협동적 사회연대주의, 국가책임주의의 원칙에 근거하기 때문에 여기에 들어가는 비용은 대개 노동자, 기업, 국가가 서로 분담한다. 사회보험의 초점은 국민의 기본적 욕구를 충족하는 데 두어져 있다.

그런데 오늘날 산업사회의 노동자들은 대부분 식생활에 대한 욕구는 어느 정도 충족되어 있다. 따라서, 현대의 많은 국가들은 식생활 이외의 다른 중요한 생리학적 욕구 및 안전에 대한 욕구를 충족시키기 위하여 불의의 질병에 대비한 의료보험, 재해에 대비한 산업재해보상보험, 실업에 대비한 고용보험 그리고 누구나 다 겪게되는 노령에 대비한 연금보험을 공적인 사회보험제도로서 시행하고 있다. 이 밖의 근로기준법의 적용을 받고 있는 퇴직금제도도 공공산업복지로서 중요한 비중을 차지하고 있다.

(1) 의료보험

의료보험제도는 질병, 부상, 분만, 사망 등의 주요 의료사고로 인한 추가적인 지출로 인해 가계가 경제적인 어려움을 겪는 것을 방지하기 위하여 보험으로서 의료비(진료비, 입원비, 약제비 포함)지출부담을 가입자에게 분담시키는 제도이다. 이로 인해 가입자는 생활의 안정과 의료서비스에 대한 접근의 용이성을 통해 건강진흥을 도모할 수 있다. 현재 한국을 비롯한 산업화된 많은 나라에서는 의료보험을 전 국민을 가입자로 하는 사회보험제도로서 실시하고 있다.

한국에서 의료보험제도가 본격적으로 시행된 것은 1970년대 후반부터이다. 1976년 의료보험법의 전면개정과 1977년 공무원 및 교직원의 의료보험법이 제정되면서, 1979년 사업장 종사자, 공무원 및 교직원을 대상으로 각각 직장 의료보험(1977년에는 500인이상 사업장에 적용하는 것을 규정했으나 이후 1979년에는 300인이상, 1981년에는 100인이상, 1982년에는 16인이상, 1988년에는 5인이상 사업장으로 확대 적용되어 왔음), 공무원 및 교직원 의료보험이 시행되었으며, 1988년 농어촌지역의료보험, 1989년 도시자영자 의료보험, 약국 의료보험이 확대 실시되기에 이르렀으며 이로 인해 전 국민의 의료보험 시대가 열렸다. 이후 1998년에는 기존의 공무원 및 교직원 의료보험과 지역의료보험이 통합된 국민의료보험이, 2000년 7월에는 여기에 직장 의료보험이 통합된 국민건강보험이 시행되었다.

의료보험에서 제공되는 급여에는 피보험자와 그 가족에게 주어지는 현물급여와 현금급여가 있다. 현물급여는 의료 자체를 보장하며 현금급여는 의료비를 상환해준다. 한국의 의료급여제도는 현물급여를 원칙으로 하고 있다. <표5-3>은 2000년 현재 의료보험의 정부지원, 보험요율, 급여종류, 수급요건, 급여수준을 나타내고 있다.

<표5-3> 의료보험의 정부지원, 보험요율, 급여종류, 수급요건

종 류		내 용
정부지원[1]		지역의보 : 조합재정의 32%(관리운영비 및 일부 보험료 포함)
		직장의보 : 없음
보험료		<보험요율> 사업주 및 근로자 : 평균 3.0~4.0%
		<갹출비> 사업주 및 근로자 : 각 50%
급여	현물급여	급여일수: 연 330일(단, 65세이상 자, 장애인, 국가유공자, 폐결핵환자는 제한없음)
		급여수준 : 입원 80% 외래진료비 : 종합병원 45%, 일반병원 60%, 의원 30%
		실효급부율[2]: 입원 80%, 일반 55%, 보건기관 80%
	현금급여	요양 및 분만급여에 준하거나 조합정관에 의함

주: 1) 1997년의 경우.
2) 의료비에 대해 보험급부가 실제로 이루어지는 비율

(2) 산업재해보상보험

대부분의 선진공업국과 마찬가지로 한국에서 가장 먼저 도입된 사회보험은 산업재해보상보험(산재보험)이다. 이 보험은 1963년에 제정된 산업재해보상법에 의해 사회보험으로서의 틀을 갖추게 되었으며, 이듬해인 1964년부터 본격적으로 시행되었다. 초기의 산재보험은 근로기준법의 적용을 받는 제조업과 광업의 5백인 이상 사업장에만 적용되었으나, 이후 수 차례에 걸친 법개정을 통해 그 적용범위가 확대되어 2000년 7월부터는 1인 이상 사업장에까지 적용되고 있다.

산재보험은 근로자가 업무상의 사유로 인해 부상, 질병, 신체장애, 사망 등의 산업재해를 당했을 경우 피해자인 근로자와 그 가족에게 경제적 보상을 해주는 제도이다. 산재보험의 목적은 산업재해와 직업병을 예방하고, 아울러 산업재해가 일어났을 때 피해자인 근로자에게 치료비 및 기타 치유비용, 직업원조, 상실된 소득 등을 보상, 지원함으로써 재해를 당한 근로자와 그 가족의 생활안정을 도모하는 데 있다. 사업주에게 있어서 산재보험은 과중한 보상비용을 분산시켜 정상정적인 기업활동을 보장해 주는 기능을 가지고 있다.

산재보험의 비용은 노사 양자가 부담하는 다른 사회보험과는 달리 가입자인 사업주가 단독으로 부담하는 보험료에 의존한다. 산재보험에 대한 업무는 정책과 집행으로 나뉘는데, 보험료율의 결정 및 고시, 보험급여 수준의 결정, 보험기금 관리운용 등의 주요 정책 업무는 노동부가 관장하며, 보험료의 징수, 보험급여의 지급 등의 집행은 근로복지공단이 담당한다.

<표5-4>는 2000년 현재 산재보험의 정부지원, 보험료, 급여종류, 급여수준을 나타내고 있다.

(3) 국민연금

국민연금은 노령, 폐질, 불구, 사망 등으로 인해 소득상실이나 중단이 발생했을 때 연금으로 생활부조를 해줌으로써 국민의 생활안정과 복지증진을 도모하고자 실시되는 사회보험제도이다. 한국에서는 1973년에 국민복지연금법이 제정되었으나 그후 수 차례에 걸쳐 시행이 연기되다가 1986년에 국민연금법이 전면 개정되면서 1988년부터 실시되었다. 이에 따라, 1960년 공무원연금법과 1963년 군인연금법, 1975년 사립학교교직원 연금법에 의하여 공무원과 군인, 교직원이라는 한정된 직업종사자에게만 적용되어 오던 노후생활보장 수단으로서의 공적연금제도가 일반 국민에게로까지 확대되었다.

<표 5-4> 산재보험의 정부지원, 보험요율, 급여종류, 수급요건

종 류		내 용
정부지원		관리운영비 지원(세입 전체의 0.5%)
보험료		<보험요율> 1.5%
		<갹출비> 사업주 100%
급여	요양급여	치료비 전액
	휴업급여	1일 평균임금의 70%
	장해급여	일시금의 경우: 평균임금의 1,474일분(14등급까지 차등) 연금의 경우: 329일(1급 90.1%)~138일(7급 37.8%)
	유족급여	일시금의 경우: 평균임금의 1,300일분 연금의 경우: 연소득의 47%(1인)에서 유족수 1인이 증가할 때 마다 5%가 상승, 67%가 상한임
	장의비	평균임금의 120일분
	상병보상연금	장해급여 1~3급과 동일(평균임금 329일~257일분)
	특별급여	보험가입자의 고의나 과실로 인한 재해: 라이프니츠 방식으로 산정한 손해액에서 보험급여액을 공제한 금액(그 금액은 보험가입자로부터 1년간 4회 분할하여 징수함)

초기의 국민연금은 10인이상 사업장에만 적용되었으나 이후 적용대상이 1992년에는 5인이상 사업장, 1994년에는 농어민, 1999년에는

도시지역의 자영업자(5인미만 사업장, 임시 및 일용직 근로자, 시간제 근로자 포함)에게까지로 확대되어, 현재 국민 대부분이 국민연금의 가입대상자로 되어 있다.

<표 5-5> 국민연금의 정부지원, 보험요율, 급여종류

종류			내용
정부지원			관리운영비의 50%
보험료			<보험료율> 사업장의 경우 가입자와 사용자가 각각 4.5%, 농어촌 및 도시자영업자는 2000년 6월까지는 3%이며 그 후 매년 1%씩 인상하여 2005년에는 9%까지로 함 <갹출비> 사업장의 경우, 사업주 및 근로자 각 50%씩
급여	노령연금	완전노령연금	<수급요건> 가입기간 20년이상, 60세(광부, 선원은 55세)
			<급여수준> 기본연금액의 100% + 가급연금액
		조기노령연금	<수급요건> 가입기간 10년이상, 55세이상, 소득있는 일에 종사하지 않음
			<급여수준> 기본연금액 47.5%의 75~95% + 가급연금액
		재직자 노령연금	<수급요건> 가입기간 10년이상, 60~65세미만, 소득있는 업무에 종사
			<급여수준> 기본연금액 47.5%의 50~90%(연령에 따라 차이남)
		감액노령연금	<수급요건> 가입기간 : 10~19년, 60세(광부, 선원은 55세)
			<급여수준> 기본연금액 47.5~92.5% + 가급연금액
		특례노령연금	<수급요건> 45~60세미만(광부, 선원은 40~55세미 만), 가입기간 5년이상
			<급여수준> 기본연금액의 25%+가급연금액

<table>
<tr><td rowspan="10">급여</td><td rowspan="2">노령연금</td><td rowspan="2">분할연금</td><td><수급요건> 혼인기간이 5년이상의 배우자와 이혼 후 60세가 되거나 60세이후 이혼한 경우</td></tr>
<tr><td><급여수준> 배우자였던 자의 노령연금액(가급연금액 제외) 중 혼인기간에 해당하는 연금액의 균분액</td></tr>
<tr><td colspan="2" rowspan="2">장해연금</td><td><수급요건> 가입중에 발생한 질병 또는 부상으로 완치 후에도 신체 또는 정신상의 장해가 남은 때</td></tr>
<tr><td><급여수준> 장해등급 1~3급은 기본연금액(각 100, 80, 60%) + 가급연금액, 4급은 기본연금액의 2.25배를 일시보상금으로 지급</td></tr>
<tr><td colspan="2" rowspan="2">유족연금</td><td><수급요건> 가입기간 1년이상인 가입자, 가입기간 10년 이상이었던 가입자, 노령연금 수급권자, 장애 2급이상의 장해연금 수급권자가 사망했을 때 그에 의해 생계를 유지하고 있었던 유족에게 지급</td></tr>
<tr><td><급여수준> 가입기간에 따라 기본연금액의 40~60% + 가급연금액</td></tr>
<tr><td colspan="2" rowspan="2">반환일시금</td><td><수급요건> 가입기간 10년미만인 자가 60세에 달하거나, 국적을 상실하거나 국외이주시, 가입자 또는 가입기간이 10년미만이었던 자가 사망하였으나 유족연금이 지급되지 않은 경우</td></tr>
<tr><td><급여수준> 사업장 가입자 : 기여금 + 부담금 + 이자 ; 기타 가입자 : 보험료 납입액 + 이자</td></tr>
<tr><td colspan="2" rowspan="2">사망일시금</td><td><수급요건> 가입자였던 자의 사망, 유족연금에서 규정한 유족이 없는 경우</td></tr>
<tr><td><급여수준> 반환일시금 상당액(단, 가입자 표준월 소득액의 4배 한도 내)</td></tr>
</table>

국민연금의 재원은 가입자와 사용자의 갹출금, 행정관리를 위한 국고보조금 그리고 누적기금의 이자로 충원된다. 국민연금의 종류와 내용은 <표5-5>에 나타나 있다.

(4) 고용보험제도

고용보험은 실업으로 인해 상실당한 근로자의 소득을 보전해줄 뿐만 아니라 근로자 및 실업자의 직업능력을 계발하고 고용을 촉진시키기 위해 실시되는 사회보험제도이다. 고용보험의 기능에는 실직근로자에게 실업수당을 지급하는 전통적 의미의 실업보험사업과 취업알선을 통한 재취업의 촉진, 근로자의 직업안정과 고용구조개선을 위한 고용안정사업, 그리고 직업훈련 및 직업상담을 통한 근로자의 직업능력개발사업 등이 있다.

한국에서의 고용보험은 1995년 9월부터 실시되어 4개의 사회보험 중 가장 늦게 도입되었다. 고용보험의 정책수립, 집행 등의 과정은 노동부에서 관장하고 있으며 보험료의 징수업무는 산재보험과 마찬가지로 근로복지공단에서 맡고 있다. 실시초기에 고용보험 중 실업급여는 법정 퇴직금제도의 적용을 받고 있던 30인 이상 사업장에, 고용안정사업과 직업능력개발사업은 상시근로자 70인 이상의 사업장에 적용되었으나, 이후 수 차례에 걸친 법개정을 통해 1998년 10월부터는 고용보험의 3대 사업이 일용직 근로자를 제외한 전 사업장의 근로자 및 임시 시간제 근로자에게까지 확대 실시되었다.

고용보험의 종류와 내용은 <표 5-6>에 제시되어 있다.

<표 5-6> 고용보험의 정부지원, 보험요율, 급여종류, 수급요건

종 류	내 용
정부지원	관리운영비
보험료	<보험료율> 실업급여 : 기업주 0.3%, 근로자 0.3% ; 직업능력계발 : 기업주 0.1~0.5% ; 고용안정: 기업주 0.2% <갹출비> 실업급여: 기업주 및 근로자 각 50%씩 ; 직업능력계발 및 고용안정: 기업주 100%

급여	실업급여사업	구직급여	<수급요건> 비자발적 이직 : 실직전 1년 중 6개월 이상 ; 피보험 상태 : 구직 활동
			<급여수준> 이직전 평균임금의 50%
		연장급여	<수급요건> 직업안정기관의 요청에 의한 훈련연장, 지정된 업종 또는 지역에서 실직하거나 취업 및 훈련받기가 곤란하여 재취직을 위한 지원이 필요한 개별연장, 실업이 급증하여 나타난 특별연장
			<급여수준> 훈련연장급여 : 구직급여를 최대한 2년까지 연장 ; 개별연장급여 및 특별연장급여 : 60일 범위내에서 구직급여, 일액의 70%를 연장 지급
		조기재취직 수당	<수급요건> 소정 급여일수 1/2을 남기고 재취직한 경우
			<급여수준> 잔여 구직급여액의 1/2
		직업능력개발수당	<수급요건> 구직급여 수급 자격자 : 지시된 직업능력개발 훈련을 받는 경우
			<급여수준> 5천원/일
		광역구직활동비	<수급요건> 구직급여수급자 중 거주지에서 50km 이상 떨어진 곳에서 구직활동을 할 때
			<급여수준> 운임 + 숙박비
		이주비	<수급요건> 취직 혹은 훈련을 위해 거주지 이전시
			<급여수준> 43,150~348,790원(이주거리 및 동반가족의 수에 따라 차이남)
	직업능력개발사업	실업자 재취직훈련지원	<수급요건> 훈련기관의 실업자 재취직 훈련과정에 등록
			<급여수준> 훈련비용 전액 ; 최저임금의 70% ; 가족수당 3만원/인,월 ; 교통비 3만원
		수강장려금 지원	<수급요건> 이직 예정자 또는 50세 이상의 재직자
			<급여수준> 직업훈련 수강비용 전액(1인당 100만원 이내)
		교육수강비용 대부	<수급요건> 전문대학 이상에 재학중인 근로자
			<급여수준> 학자금 전액(연리 1%)
		훈련관련사업주지원	<수급요건> 직업훈련이나 유급휴가 훈련실시
			<급여수준> 훈련비의 70~100%
	고용안정사업		<수급요건> 고용유지, 고용조정, 이직자채용, 고령자 및 여성채용, 보육시설 설치 등의 경우
			<급여수준> 지급임금의 1/2~2/3를 6개월간 지급

(5) 퇴직금제도

퇴직금제도는 일정기간 고용관계에 있던 조직구성원이 퇴직할 때 조직체가 그 사람에게 일정액을 지급해줌으로써 퇴직후의 생활을 보장받게 해주는 제도이다. 한국의 퇴직금제도는 근로기준법에 의해 규정되고 있으며 본격적인 시행은 1961년 퇴직금에 관한 조항이 대폭 개정되면서부터이다. 이 때의 적용대상은 30인 이상의 사업장이었으며, 퇴직금은 근로연수 1년에 대하여 30일분 이상의 평균임금을 지급하도록 하였다. 이후 적용범위는 계속 확대되어 현재는 5인 이상의 사업장까지 포함하고 있다.

퇴직금의 지급방식은 일시금과 연금으로 나뉘는데, 한국에서는 일시금이 압도적으로 많다. 하지만, 최근에는 연금의 지급방식이 증가하는 경향이 있다. 사업주는 근로자가 퇴직할 때 퇴직금의 지급을 위해서 퇴직충당금을 설정, 사업연도분을 손비(1/10)로 계상하고, 충당금은 금융, 보험회사에 적립하거나 운전자금으로 사용할 수 있다.

퇴직금제도는 사용자가 종업원에 대하여 온정주의에 따르는 복리시설을 마련하면서부터 발달되었다. 그러나 오늘날에 있어서는 퇴직금제도가 퇴직한 근로자의 생활안정을 돕는 생활보장적 의미를 갖게됨으로써 이 제도는 사회보장제도의 보완적 역할을 담당하게 되었다.

퇴직금의 성격에 대해서 지금까지 논의되고 있는 주요한 견해로는 조직구성원이 재직기간중에 받은 노동의 대가로서의 임금은 전액 지불되지 않은 것이며 그 지불되지 않은 부분을 퇴직시에 지급한다는 임금후불설, 퇴직금은 고용주가 피고용자의 재직연한이나 재직중 맡았던 직책의 중요성이나 기업에 대한 공헌도에 따라 위로 또는 감사의 표시로서 지급하는 은혜적인 증여라고 보는 공로보상설, 퇴직금은 조직구성원의 퇴직후의 생활을 보장하기 위한 것이라고 보는 생활보장설 등이 제시되고 있다.

2) 기업복지

(1) 기업복지의 개념

기업이 근로자를 위해 실시하는 복지제도나 시설은 산업화와 더불어 발전하기 시작했다. 초기의 기업복지는 근로자의 열악한 작업조건과 삶의 질을 개선하기 위해 시행되었다. 따라서 이 때의 기업복지는 고용주가 종업원들에게 임의적으로 베푸는 은혜적이고 온정적인 혜택으로 간주되었다. 하지만 경제가 성장하고 산업화가 고도화되면서 노동력의 부족에 따른 노동력의 확보와 유지에 대한 필요성이 커지고 아울러 노동자와 노동조합의 활동이 활성화되면서 기업복지는 종업원의 생활안정과 삶의 충족을 통해 노동력의 재생산과 생산성의 향상, 그리고 노사간의 협력과 산업평화를 가져다 주는 수단으로 활용되었으며, 동시에 노동자와 고용주는 대등한 노사관계를 전제로 기업복지를 적극적으로 요구, 수용하게 되었다.

이와 같이 기업복지에 대한 의미와 목적이 사회경제적 상황에 따라 바뀜으로 인해 기업복지에 대한 용어도 부가급여(fringe benefits), 복지사업(welfare work), 보충임금(wage supplement), 대종업원서비스(employee service), 대종업원복지업무(employee welfare work), 비임금지급(nonwage payment), 추가보상(supplementary compensation) 등으로 다양하게 쓰인다. 기업복지에 대한 개념의 범위, 영역, 내용도 변화해왔다. 전통적으로 기업복지는 부가적 급부 또는 보완적 급부라는 개념하에 기본적인 임금에 추가적으로 제공되는 일종의 혜택으로 취급되어 왔다. 그러나 산업사회의 발달과 노사관계의 변화로 말미암아 기업복지는 더 이상 임의적이고 부가적이 아닌 제도적이고 당연한 보상의 성격을 띄게 되었으며, 일부는 최저한도를 확보하기 위해 법률에 의해서 강제로 시행되고 있다.

이와 같은 기업복지의 변화는 오늘날 기업복지의 국제적인 기준으로 활용되고 있는 국제노동기구(ILO)의 사회보장원칙에 잘 담겨져 있다. ILO의 사회보장원칙은 사회 각계 각층을 포함한 모든 국민에게 적용된다는 '보편성의 원칙'과 1952년에 체결된 '사회보장 최저수준에 관한 협약'의 제71조에서 비용부담의 공평성 원칙을 제시하고 있다. 이를 구체적으로 살펴보면, 제1항에서 사회보장비용은 공동부담을 원칙으로 하되 그 방법은 보험갹출금(insurance contribution)이나 과세는 자산이 적은 자에게 과중한 부담이 되지 않도록 해야 하고, 비보험자의 경제적 상태를 고려하여 결정해야 한다고 명시하고 있다.

제2항에서는 보험갹출금에 대한 피보험자 계층의 보호를 위해 해당되는 전체 재원의 50%를 초과해서는 안되며 그 나머지는 사용자 부담, 특별세 수입, 일반 재정으로부터의 보조금, 자본수입 등으로 충당해야 한다고 언급하고 있다. 여기서 보험에 할당되는 재원에는 갹출금에 대한 불가침원칙이 적용되어, 이 재원은 보험급여에만 소요되어야 할 것을 요구하고 있다.

마지막으로 제3항에서는 국가의 사회보장에 관한 책임을 규정하고 있으며, 국가는 보험급여의 적당한 지급에 대한 일반적 책임을 져야 하고 이를 위하여 재정 수지균형의 원칙이 지켜져야 하며, 재정적 균형에 관하여 필요한 보험수리적 연구 및 계산을 정기적으로 하도록 제시하고 있다.

이상과 같은 논의를 고려했을 때, 오늘날의 기업복지는 '기업이 주체가 되거나, 기업의 직간접적인 지원과 부담을 통해 근로자와 그 가족의 물질적이고 정신적인 복지를 증진하기 위하여 제공되는, 근로급여를 제외한 제급여, 시설, 제도, 및 프로그램의 체계'로 정의될 수 있다. 그런데, 실제에 있어서 기업복지의 개념은 법적으로 강제되는 복지, 유급휴가나 유급휴일과 같은 노동조건적인 성격을 지닌 비노동급여 등과 같은 몇 가지 노동조건과 운영방식의 포함여부에 따라 범위에 있어서 약간씩 차이가 있을 수 있다.

일반적으로 법적으로 강제되는 복지까지 포함하면 광의의 기업복지, 그렇지 않으면 협의의 기업복지라 일컫는다. 그렇지만, 이들 두 정의는 대체적으로 비용의 일부 또는 전부를 기업이 부담한다는 점과 정기적으로 지불되는 화폐임금을 제외한다는 점에서 공통성을 지니고 있다. 뿐만 아니라, 점차 기업복지가 사회적으로 차지하는 비중과 중요성이 커지고 있는 상황이기 때문에 여기에서는 기업복지를 광의의 차원에서 보다 포괄적으로 이해하기로 한다.

(2) 기업복지의 기능

기업복지는 기업이 주체가 되어 노동자에 대해 실시되는 복지이다. 따라서 공급자로서의 기업과 수요자로서의 노동자는 기업복지에 대해 서로 다른 기대와 이해관계를 가지고 있으며, 이로 인해 기능 또한 서로 다르다고 할 수 있다. 먼저 기업복지를 공급하는 사용자 측의 입장에서 바라본 기업복지의 기능은 다음과 같이 4가지가 언급될 수 있다.

① 기업은 기업복지를 통해 노동자에게 생활 및 심리적 안정을 충족시켜줌으로써 노동자가 다른 기업으로 이동하는 것

을 막아 노동력을 안정적으로 확보, 유지할 수 있다.

② 기능은 기업복지가 하나의 동기부여 요소로서 근로의욕의 증대와 생산성의 향상을 가져올 수 있다는 점이다.

③ 기업은 기업복지를 간접임금이나 집단임금으로서 활용함으로써 노사관계의 안정을 도모할 수 있다.

④ 기업은 기업복지를 통해 노동자를 인격을 갖춘 인간(human being)으로서 대하고 생활과 삶의 질을 높여줌으로써 기업의 사회적 이미지를 제고시킬 수 있다.

기업복지를 제공받는 노동자측의 입장에서 기업복지의 기능은 다음과 같다.

① 기업복지는 간접 또는 부가적 임금으로서 노동자의 소득안정 내지는 실질소득의 증대를 가져올 수 있다.

② 기업복지의 확대는 노동환경과 조건의 개선을 포함한다.

③ 기업복지는 인간의 기본적인 욕구충족에 비중을 둠으로써 노동의 탈상품화 및 인간화를 가져와 전반적인 노동자의 삶의 질을 향상시킬 수 있으며 자기실현의 가능성을 높일 수 있다.

④ 노동조합은 기업복지를 단체교섭의 대상으로 삼아 활동역량과 조직율을 높일 수 있다.

(3) 기업복지의 종류

일반적으로 기업복지는 실시와 운영이 법률에 의해 강제되느냐의 여부에 따라 그 종류와 내용이 상당히 달라진다. 이에 따라 기업복지는 크게 법정기업복지와 법정외기업복지로 구분된다. 법정복지는 법률에 의해 기업이 의무적으로 시행해야 하는 복지로서, 여기에는 기업이 고용한 종업원을 피보험자로 가입시킬 것을 법률에 의하여 강제된 사회보험과 퇴직금, 휴가보상 등과 같이 법으로 규정된 종업원에 대한 보상을 포함된다.

앞에서도 언급했지만, 노동자도 국민인 만큼 이들의 복지는 국가의 사회보장제도에서 중요한 일부분을 차지하고 있다. 그래서 산업화 초기에는 기업에서 자율적으로 노동자들을 위해 복리후생제도를 실시했지만 나중에는 국가의 개입으로 인해 노동자에 대한 복지는 기본적인 욕구 충족의 최저선을 확보하기 위해 법률로써 강요하는 사회보장제도로까지 발전하기에 이르렀다. 하지만 이들 법률에 의해 시행되는 법정기업복지는 기업이 재원의 일부 또는 전부를 부담한다는 측면에서 기업복지라 할 수 있지만, 실시와 운영은 상당부분 기업이 아닌 국가의 강요에 의해 이루어진다는 점에서 공공산업복지이기도 하다. 다시 말해, 법정기업복지는 기업복지이자 동시에 공공산업복지라고 하는 이중성을 지니고 있다고 하겠다. 협의의 기업복지에서 법정기업복지를 포함하고 있지 않은 이유도 바로 여기에 있다.

법정외기업복지는 기업이 임의적으로 실시하는 복지로서, 여기에는 기업이 실시에 따른 비용의 일부 또는 전부를 부담하고서 종업원들에게 제공하는 각종 보험, 서비스, 현물급부, 현금급부 등이 포함된다. 법정기업복지는 생활과 노동에 필요한 복지수준의 최저한도만을 요구하고 있고 복지의 내용과 운영범위가 고정되어 있기 때문에 기업이 조정하거나 통제할 여지가 별로 없다.

하지만, 대부분의 법정외복지는 기업이 자체상황에 따라 자율적으로 성과의 논리에 의해서 또는 노사협상에 의하여 실시하는 복지프로그램이다. 그러므로, 법정외기업복지는 규정된 법정사회복지수준 이상으로 혜택을 줄 수도 있고, 여기에 덧붙여 다른 종류의 복지서비스를 추가적으로 제공해줄 수 있다. 예를 들어, 질병의 경우 기업

<표 5-7> 법정외기업복지의 종류와 운영방식

종 류	내용(시설 및 설치방식)	운 영
작업장관련 시설 및 서비스	음료수(냉온수 및 자판기시설), 세면, 탈의실 및 사물함, 휴게실(남녀구분, 취사도구설치), 작업환경(온도, 조명, 분진, 폐기물관리시설), 화장실(시설종류, 남녀구분)	외부임대, 외부용역, 기업직영,
급식시설 및 서비스	종업원식당(식단은 고정메뉴식, 부페식, 혼합형), 식대지급, 외부지정식당	기업직영, 외부임대, 위탁운영
주거 및 생활관련 시설 및 서비스	사택(기혼자용, 독신자용), 자가주택지원(융자, 주택부금지원) 이미용실, 통근시설(통근차량, 주차장, 교통비지원), 매점(구판장, 연쇄점), 보육, 가정생활 지원(생활물자, 작업복, 자녀학자금, 이사비용, 생활상담, 가사노동보조, 경조사보조금, 법률지원)	기업자체설치 및 운영, 자치관리, 외부임대, 위탁경영, 실비지원
의료시설 및 서비스	진료(병원, 의무실, 진료소)	기업자체설치 및 운영, 외부지정병원제
공제금융제도	공제회(경조사, 대부), 재산형성제도(목돈마련저축, 근로자증권저축, 종업원지주제)	대부, 자사주할인가 또는 무상제공
문화, 체육관련 시설 및 서비스	사내교육(직급, 직무, 외국어교육), 교양교육(강연회, 강습회, 도서실), 복지회관, 취미동호인회, 야유회, 오락시설(노래방, DDR, 바둑장기) 체육시설(체육관, 운동장, 헬스장)	외부강사초청, 취미동호인회 활동비 지원, 운동기구 대여, 체육시설 설치 또는 외부시설계약
휴가제도	휴가(월차, 연차, 생리, 공가, 경조, 계절, 산전후, 사기진작 및 유공), 휴양소, 휴직, 사기진작 및 표창제도	숙소제공, 차량지원, 휴가비지원, 부대시설설치, 외부시설임대, 휴가구입(vacation-buy)

은 의료보험이 적용되지 않는 특수한 치료(고급약재나 의료기기의 사용, 고급입원실 이용 등)에 대한 보조와 질병수당 내지 회복기 원조 등을 실시하거나, 연금보험의 경우 공적 보험과는 별도로 기업이 보험료를 부담하여 종업원들을 위해 사적 보험에 가입시켜 줄 수가 있다.

사회보험 이외의 복지에 대해서는 기업이 주어진 조건과 능력이 허용하는 한도내에서 완전히 자율적으로 다양한 종류의 복지프로램을 설치, 운영할 수 있다. 이러한 측면에서 법정외기업복지가 기업복지에서 차지하는 비중과 중요성이 더 크다고 할 수 있다.

다음에서는 기업복지의 구체적인 종류와 내용에 대해 살펴 보기로 한다. 법정기업복지는 공공산업복지와 중복되기 때문에 앞에 이미 소개가 되어있다. 대신 여기서는 기업복지의 핵심을 이루고 있는 법정외기업복지에 대해 살펴보기로 한다. 기업의 종류와 능력이 매우 다양한 만큼 법정외기업복지 종류와 내용도 매우 다양하다. 여기서는 법정외기업복지 가운데 일반적으로 많이 활용되는 복지프로그램의 종류와 내용에 노동을 중심으로 다루어 보기로 한다. <표 5-7>은 삶의 부문에 따른 법정외기업복지의 종류와 운영방식을 나타내고 있다.

법정외복지는 그 실시의 임의성과 자율성으로 인하여 각각의 기업이 시행하는 복지시설의 내용과 정도는 물론 운영기법에 있어서 매우 다양한 형태를 보이고 있다.

<표 5-8>은 1996년 현재 한국기업들이 각종 법정외복지를 실시하고 있는 정도를 나타내고 있다. 전반적으로 상호부조나 상호친목 그리고 비용이 적게 드는 작업환경 및 문화오락시설은 상당수의 기업들이 실시하고 있으나 여성취업자를 위한 탁아시설이나 비용이 많이 드는 주택지원사업 등의 실시율은 아직도 낮다고 할 수 있다.

<표 5-8> 법정외복지프로그램의 실시현황(단위: %)

프로그램	실시율	프로그램	실시율
경조비와 경조휴가	98.9	주택구입융자금	42.4
퇴직금제도	98.0	매점, 소비조합	39.3
중식, 식사비제공	97.5	의료비보조	38.7
작업복제공, 피복비지원	96.9	생활자금대부	35.9
체육대회, 야유회시행	94.4	전월세보조금	35.9
사워, 목욕시설	74.0	누진퇴직금제도	33.6
통근버스, 통근비용지급	73.4	휴양시설운영	32.2
유급교육훈련휴가	72.6	사내근로복지기금	29.4
학자금보조	71.2	사적 보험지원	28.0
동호회보조금지원	60.7	종업원지주제	23.7
오락휴게시설	58.8	헬스장운영	20.1
정밀건강진단	57.6	근로자임대주택	16.9
산재위로금	57.3	노래방운영	15.3
육아휴직	54.2	이미용실운영	11.6
기숙사운영	50.3	근로자주택분양	11.0
전근비부담	46.3	영유아보육비지원	9.3
도서실운영	46.0	탁아시설운영	5.1
의무실운영	43.2	수영장운영	3.4

자료 : 근로복지공단. 1996. "사내복리후생에 관한 사업체조사결과."

다음으로 기업복지비용에 대해 살펴보기로 하자. <표 5-9>는 1988년 이후 10년간 한국 노동자의 1인당 월평균 복지비용을 항목별로 나타낸 것이다. 노동비용총액을 100%로 했을 경우 현금급여가 차지하는 비중은 1988년 83.9%에서 1998년 60.5%로 23.5%가 감소한 반면 복지비용이 차지하는 비율은 같은 기간 동안에 16.1%에서 38.2%로 22.1%가 증가해, 기업복지의 비중이 계속해서 빠르게 커가고 있음을 알 수 있다. 복지비용에 있어서는 법정복지비의 비율이 증가해오는 데 비해 법정외복지비의 비중은 별다른 변화를 보여주고 있지 않다. 이렇게 법정복지비가 급격히 증가하게 된 배경에는 1980년대말부터 새롭게 도입하기 시작한 국민연금제와 고용보험제, 그리고 이것들을 포함한 사회보험의 확대운영이 있었기 때문이라고 할 수 있다.

<표 5-9> 한국 노동자의 1인당 월평균 기업복지비용 (단위:천원)

복지비용의 종류	1988년	1990년	1995년	1998년
1. 노동비용총액 <2+3+4>	546.3 (100)	816.3 (100)	1,726.7 (100)	2,337.1 (100)
2. 현금급여총액	458.1 (83.9)	667.3 (81.7)	1,294.9 (75.0)	1,414.6 (60.5)
3. 복지비용총액	88.1 (16.1)	137.7 (16.9)	402.6 (23.3)	892.4 (38.2)
(1) 법정복지비총액	50.0 (9.2)	80.8 (9.9)	268.6 (15.6)	740.1 (31.7)
• 법정복리비	18.8 (3.4)	24.0 (2.9)	64.7 (3.8)	121.7 (5.2)
• 퇴직금 등의 비용	31.2 (5.7)	56.8 (7.0)	203.9 (11.8)	618.4 (26.4)
(2) 법정외복지비총액	38.1 (7.0)	56.9 (7.0)	134.0 (7.8)	152.3 (6.5)
• 법정외복리비	26.3 (4.8)	49.1 (6.0)	120.8 (7.0)	141.5 (6.1)
• 현물지급비용	3.1 (0.6)	4.3 (0.5)	1.1 (0.1)	2.4 (0.1)
• 기타노동비용	8.7 (0.2)	3.5 (0.4)	12.1 (0.7)	8.4 (0.4)
4. 모집비, 교육훈련비	0.1 (0.0)	11.3 (1.4)	29.2 (1.7)	31.1 (1.3)

주 : (　)안의 숫자는 노동비용총액에서 차지하는 구성비율을 나타냄.

자료 : 노동부. 해당연도. "기업체노동비용조사보고서."

오는 데 비해 법정외복지비의 비중은 별다른 변화를 보여주고 있지 않다. 이렇게 법정복지비가 급격히 증가하게 된 배경에는 1980년대 말부터 새롭게 도입하기 시작한 국민연금제와 고용보험제, 그리고 이것들을 포함한 사회보험의 확대운영이 있었기 때문이라고 할 수 있다.

3) 노동자자주복지

노동자들이 자체적으로 실시하는 복지제도는 산업혁명이전부터 있어왔다. 이미 14세기 후반에 직인(journeyman, Geselle)들이 독자적인 직공조합을 조직하여 한편으로 장인(master, Meister)이나 도시의 관리들을 상대로 도제제도(guild), 임금, 노동시간의 개선 등을 위해 활동하였고, 다른 한편으로 조합원들을 위한 여러 가지 복지혜택을 실시하였다. 이러한 복지사업에는 사고, 노령, 실업, 신체장애에 대한 급여지급, 화재, 홍수, 도둑, 감금 등으로 인해 재정적 손실을 입었을 경우 보조금지원, 장례비용, 신부지참금, 대부금, 법적 강제징수금에 대한 보조금 지원 등이 있었다.

산업화이후에 노동조합이 활성화되면서 노동자자주복지도 발전하기 시작하였다. 영국의 경우, 19세기 중반부터 우애조합(friendly society), 직종별노동조합(craft union), 일반조합(general union)을 중심으로 공제 및 소비조합활동이 활발히 전개되었다. 하지만, 미숙련공 및 반숙련공을 포함한 노동자의 증가, 산업화에 따른 복지수준의 상승과 확대, 유통과 금융산업의 발달로 인한 소비조합과 공제제도의 저효율성 등으로 인해 적용범위와 부담이 늘어나면서 노동자자주복지의 기능과 역할은 점차 감소해왔다. 반면, 산업현장에 대한 국가의 개입과 책임 그리고 노동력확보와 노사관계개선을 위한 기업의 필요성, 아울러 이들 조직이 보유하고 있는 풍부한 재원으로 인해 공공산업복지와 기업복지의 비중과 중요성은 확대되어 왔다.

한국의 노동자자주복지사업은 20세기초부터 시작된 것으로 알려져 있다. 구체적인 예로 1920년대 조선노동공제회의 활동을 들 수가 있는데, 여기서는 지식계발, 품위향상, 저축장려, 위생장려, 환난구제, 직업소개, 그리고 기타 일반 노동상황의 조사 및 연구를 실시하였다. 하지만 이후 1970년대초까지 노동조합의 복지활동은 별다른 진척을 보지 못했다. 왜냐하면, 비록 산업화가 1960년대초부터 시작되었지만 1970년대초까지 노동조합의 형성이 제대로 이루어지지 않았고, 설사 노동조합이 결성되었다 하더라도 자체조직의 확장과 임금을 포함한 기본적인 노동조건의 확보에 주력했기 때문이다.

1970년대초에 산업화가 어느 정도 진행되고 노동자의 세력도 커지면서 우선 대기업의 노동조합부터 점차적으로 공제, 소비 및 신용협동조합, 장학사업 등의 자주복지활동을 본격적으로 시행해 나갔다. 그러나 아직까지도 여전히 노동자자주복지는 재정적으로나 규모면에 있어서 영세성을 벗어나고 있지 못하며, 아울러 노동자자주복지의 많은 부분이 기업복지로 대체되어 축소되고 있다. 현재 노동자자주복지로서 많이 활용되고 있는 사업으로는 공제 및 대부제도, 그리고 취미오락활동 등이 있다.

노동자자주복지가 노동자 또는 노동조합을 위해 갖는 기능에는 크게 3가지가 언급될 수 있다(우재현, 1974). 먼저, 상호부조나 공제제도를 통해 노동자들이 서로에게 의존하고 또 공동책임의식을 갖게 하여 노동자들의 단합을 유도할 수 있으며 동시에 노동자의 공감을 얻어 노동조합의 결성력을 높일수 있다. 두 번째 기능은 노동자들이 기업에 의존하지 않고 스스로를 돌볼 수 있는 역량을 키움으로 인해 기업에 대한 협상력과 대외적인 자주성을 확보할 수 있다. 세 번째, 일반적인 복지사업인 공제조합이나 소비조합 활동을 통해 노동자의 저임금이나 저소득을 보완해주는 사회보장 기능을 들 수 있다.

【참고문헌】

김대모. 1990. 『기업복지제도의 실태와 과제』. 한국노동연구원.
노동경제연구원(편). 1990. 『임금 근로조건의 국제비교』. 연구총서 5.
노동부. 1988. 『사내근로복지기금제도의 법제화 방향』.
노동부. 여러 해. 『기업체노동비용조사보고서』.
박길상, 조정호, 진준민, 이완영. 1992. 『기업복지제도』. 삼일회계법인.
박세일. 1988. "공공근로복지의 전개방향". 『한국의 근로복지미래상』. 근로복지공사.
송호근. 1995. 『한국의 기업복지연구』. 한국노동연구원.
신섭중 외. 1994. 『세계의 사회보장』. 예풍출판사.
우재현. 1984. 『산업복지의 역사』. 경진사.
______. 1994. 『산업복지원론』. 정암서원.
유길상. 1989. 『통근재해보사제도연구』. 노동부.
______. 1991. 『도시근로자가구의 가계경제분석』. 한국노동연구원.
______. 1991. 『근로복지증진을 위한 정책방향과 과제』. 한국노동연구원.
이신행. 1997. 『한국의 노사관계와 기업복지』. 고도.
장인협 외. 1999. 『사회복지학』. 서울대학교출판부.
전경련. 1977. 『기업내 복리후생에 관한 실태조사』.
______. 1989. 『6.29 이후 기업복지후생 동향과 운영실태』.
한국경영자총협회. 1989. 『노동경제 40년사』.
______. 1997. 『기업복지의 현황과 과제』.
한국노동교육원. 1995. 『기업내 근로자 복지프로그램 개선방안』.
Axinn, June and Mark Stern. 1988. Dependency and Poverty: Old

Problems in a New World. Lexington, MA : Lexington Books.

Farley, O., Larry L. Smith, and Scott W. Boyle. 2000, Introduction to Social Work. Boston, MA: Allyn and Bacon.

Gilbert, Neil and Paul Terrell. 1997. Dimensions of Social Welfare Policy. Boston, MA: Allyn and Bacon.

Marshall, T. H. 1963. Sociology at the Crossroads and Other Essays. London : Heinemann.

Maslow, Abraham H. 1943. "A Theory of Human Motivation." Psychological Review, vol. 1: 370-96.

Maslow, Abraham H. 1954. Motivation and Personality. New York: Harper.

제6장 서비스 전달방식과 복지사의 역할

1. 산업복지 서비스 도입의 4단계

오자와(Ozawa, (Johnson & Schwarz(1994: 324)에서 재인용)는 산업복지 서비스가 도입되는 단계를 다음과 같이 구분하고 있다.

제1단계는 한두 가지의 특정 문제를 해결하기 위해서 서비스를 제공하는 단계이다. 이런 문제의 예로 알코올중독을 들 수 있다.

제2단계는 회사나 노동조합이 이 특정 문제가 다른 문제의 징후로 나타난 것이라는 점을 인식하고, 이에 따라서 더 포괄적인 프로그램을 계획하는 단계이다. 예를 들면 제1단계에서 보인 근로자 알코올중독이, 사실은 이 근로자의 부부갈등 때문에 생긴 것일 수도 있고 또는 이 근로자가 자기 상위자와 갈등을 겪는 탓에 생긴 것일 수도 있다.

제3단계는 복지사와 해당 근로자가 근로자의 문제가 무엇이며, 또 이 문제를 해결하기 위해서 실시할 방법을 실제적으로 찾아보는 단계이다.

마지막으로, 제4단계는 경영진과 근로자 사이의 경계가 허물어지고, 또한 관련 프로그램을 실시하는데 있어서 복지사와 근로자가 다 같이 책임을 지는 단계이다.

2. 산업복지 서비스의 전달방식[1)]

1) 전달방식

자스트로우(Zastrow, 2000: 409)는 기업과 산업체에서 복지서비스를 제공하는 방식에는 적어도 다섯 가지가 있다고 본다. 첫째, 경영진이 복지서비스 제공을 후원하는 방식이 있다. 이 경우, 이 사업장에 노동조합이 있을 수도 있고 없을 수도 있다. 둘째, 노동조합이 복지서비스를 후원하는 방식이 있다. 셋째, 경영진과 근로자가 함께 복지서비스를 후원하는 방식이 있다. 이 경우, 경영진이 복지사를 채용하고 경영진과 근로자가 함께 복지사를 관할한다. 넷째, 복지사가 경영진 또는 노동조합과 계약을 맺어서, 회사조직이나 근로자(또는 회사조직·근로자 모두)에게 제공되는 서비스와 관련하여 사적(私的)으로 자문해 주는 방식이 있다. 다섯째, 회사와 특정한 계약을 맺고 있는 지역사회 정신건강센터나 가족서비스 기관이 후원하는 방식이 있다.

그리고 아카바스(Akabas, 1995: 1782)는 산업복지서비스의 제공방식을 경영진이 제공하는 방식, 근로자층에서 제공하는 방식, 경영진·근로자가 다 함께 제공하는 방식으로 나눈다.

한편 조건슨(Jorgensen, 1981: 341-344)은 기업과 사업장에서 복지서비스를 전달하는 방식을 다음의 세 가지로 구분한다. 첫째, 고용주가 복지사를 고용하여 사회서비스 부서(social service department), 인적자원 부서(human resource center), 기타 특정 부서에 배치하는 방식이 있다. 둘째, 노동조합이 복지사를 고용하는 방식이 있다. 셋째, 사적 계약(private contract)을 맺어서 복지서비스를 제공하는 방

1) 이것은 EAP를 취급하는 장에서도 일부 설명된다.

식이 있다. 조건슨의 분류를 중심으로 각 방식을 자세히 설명하면 다음과 같다.

(1) 고용주가 복지사를 고용하는 방식

고용주가 복지사를 고용하는 방식의 경우, 복지사는 경영진에게 자문을 한다. 그러나 복지사는 근로자와 관계해서 얻은 정보를 경영진에게 밝히지 않으며, 근로자 문제와 관련된 업무와 다른 회사업무를 별도로 취급한다.

고용주가 복지사를 고용하는 방식을 적용한 프로그램의 좋은 예가 폴라로이드사(Polaroid Company)에서 실시한 프로그램이다. 폴라로이드의 상담과(Counseling Department)는 1958년에 문을 열었는데, 이 당시에는 상담과가 복지사 한 명과 자문 담당자 한 명으로 구성되어 있었다. 그 후 상담과는 사회사업대학원을 졸업한 네 명의 상담자를 채용하게 되었다.

이 프로그램의 대표자에 의하면, 폴라로이드의 상담 프로그램이 설립된 이유는 다음과 같다. 첫째, 폴라로이드가 근로자에 대해서 관심을 가지기 때문이다. 둘째, 폴라로이드가 근로자 및 회사가 더 발전하고 더 성장하는 것을 바라기 때문이다.

폴라로이드 상담과가 추구하는 주요 목표로 다음의 두 가지를 들 수 있다. 첫째, 회사 구성원이 자신들의 적응능력·계발능력을 제약하는 문제를 해결하는데 도움을 주는 것이다. 둘째, 회사가 인적·조직적 스트레스를 파악하고 이런 스트레스를 줄이거나 없애려는 조치를 취하는데 도움을 주는 것이다.

폴라로이드의 상담 프로그램은 개인의 문제는 개인이 책임지고 해결해야 하나 상담자가 도움을 줄 수는 있다는 입장을 취하고 있다. 따라서 폴라로이드사에 근무하는 근로자의 경우, 경영진이 후원하고 회사 내부에서 제공되는 프로그램의 도움을 받을 수 있다.

고용주가 제공하는 내부방식의 다른 예로서, 솔트 레이크시티(Salt Lake City)에 위치한 커네커트구리사(Kennecott Copper Corporation)의 유타 구리사업부(Utah Copper Division)에 근무하는 7,300명의 근로자들을 위한 INSIGHT 프로그램을 들 수 있다.

INSIGHT 프로그램의 대상에는 근로자뿐만 아니라 피부양자도 포함되었으며, 여기에서는 모든 의뢰된 문제를 다루었다. 이 프로그램이 설립된 지 10년 정도 지난 후에 조사해 본 결과, 근로자의 약 50%와 피부양자의 약 50%가 이 프로그램을 활용한 것으로 나타났다. 그리고 이 프로그램에서 다룬 문제로는 가족갈등, 알코올남용, 법적 문제, 결혼문제, 재정문제, 약물남용을 꼽을 수 있었다.

INSIGHT 프로그램을 설립한 존스(Jones)는 1970년대 초에 조사를 한 바 있는데, 그 결과 이 프로그램이 성과가 있었음이 밝혀졌다. 존스의 조사는 지난 12개월간에 걸쳐 이 프로그램을 활용한 바 있는 근로자 150명을 표본으로 사용하였다. 그 결과, 응답자의 출근율이 52% 개선되었고, 주(週)당 보상비가 74.6% 감소하였고, 병원비 · 의료비 · 수술비가 55.4% 감소하였다. 커네커트사의 경영진에게는 이 프로그램이 아주 성공적이었다. 그리고 산업복지 프로그램을 통해 도움을 받는 근로자가 사업장에서 제대로 근무하게 되고 또 근로자의 생산성이 증가되므로, INSIGHT 프로그램은 산업복지 프로그램이 경영진에게도 이득이 될 수 있음을 잘 보여준다.

(2) 산업복지를 노동조합이 제공하는 방식

산업복지를 노동조합이 제공하는 방식의 경우, 노동조합이 복지사를 고용하며, 복지사는 노동조합 사무실이나 노동조합 의무실에서 근무한다. 고용주가 제공하는 방식에서와 마찬가지로, 노동조합이 제공하는 방식의 경우에도 복지사는 사회사업실천 영역에서 근로자의 비밀을 보장해 주어야 한다.

산업복지를 노동조합이 제공하는 방식의 한 예가 ACTWU(Amalgamated Clothing and Textile Workers Union)의 사회서비스과(Social Services Department)이다. ACTWU는 미국과 캐나다에 걸쳐서 약 50만명의 회원을 가지고 있다. 이 사회서비스과의 운영비는 노동조합의 일반사무소 예산으로 충당된다.

이 방식에서 복지사가 하는 역할은 다음과 같다. 첫째, 프로그램의 개발과 관리가 있다. 둘째, 노동조합 회원을 위해 집단교육 또는 집단상담 프로그램을 제공하는 것이 있다. 셋째, 내부와 외부의 정책에 대해서 노동조합에 자문해 주는 것이 있다. 넷째, 조사분석이 있는데, 프로그램 분석, 제시된 법적 급여의 분석이 여기에 포함된다.

(3) 개인계약방식으로 산업복지를 제공하는 방식

개인계약방식으로 산업복지를 제공하는 방식에서는 복지사 한 명 또는 두 명 이상이 기업의 컨소시엄과 계약을 하여, 그 기업의 근로자에게 복지서비스를 제공한다. 이 방식의 예로 휴먼 어페어즈(Human Affairs, Inc.)를 들 수 있다. 휴먼 어페어즈는 철강회사, 공공 공익설비회사, 은행, 그 외의 여러 대기업과 계약을 맺어 복지서비스를 제공하고 있었다. 휴먼 어페어즈는 서비스를 지역사회 의뢰(community referral) 형태로 제공하기도 하고 긴급 사내 개입(emergency in-house intervention) 형태로 제공하기도 했다.

개인계약방식에서는 제3자 지불(third-party payment)이 아주 중요한 문제로 등장한다.

한편 개인계약방식은 가장 이점이 많은 것으로 인식되고 있다. 이와 관련하여 카터(Carter, Jorgensen(1981: 343)에서 재인용)는 개인계약방식이 다음과 같은 장점이 있다고 주장한다. 첫째, 제공되는 서비스를 사업장이 쉽게 이해할 수 있다. 둘째, 제공되는 서비스에 대한 책임성(accountability)이 더 분명하다. 셋째, 사업장에 집중하여 서비스를 제공할 수 있다. 넷째, 복지사가 경영진과 노동조합에 대해서 중립적 위치를 유지할 수 있다.

2) 제공장소에 따른 장단점

산업복지 서비스가 제공되는 장소와 관련하여 열띤 찬반 논쟁이 있어 왔다(Abakas, 1995: 1782).

사업장 외부에서 서비스를 제공하는 방식을 찬성하는 사람들은 외부위치 방식이 비밀보장(confidentiality)에서 유리함을 지적한다.

그러나 사업장 내부에서 서비스를 제공하는 방식을 찬성하는 사람들의 경우, 내부위치 방식에서는 개인 근로자의 문제점을 동료와 상위자가 잘 파악할 수 있다고 주장한다. 근로자에게 서비스를 제공하는 전문가는 서비스를 내부에서 제공하든 또는 외부에서 제공하든 간에 근로자의 허가 없이 개인정보를 누설하지 않을 것이므로, 내부위치 방식에서도 비밀보장 문제가 전혀 없음을 내부위치 주장자는 지적한다.

3. 산업복지사의 일반적 역할

산업복지학 분야의 전문가인 커즈먼(Kurzman, Garvin(1992: 380-382)에서 재인용)은 복지사가 기업에서 수행할 수 있는 역할을 여러 가지 제시하고 있는데, 그중 일부를 예로 들어보면 다음과 같다. 물론 아래에 열거하는 역할을 반드시 복지사만이 수행할 수 있는 것은 아니다.

첫째, 실직 당할 위험에 처해 있는 문제 근로자가 자신의 개인문제를 풀어 나가도록 도와주기 위해서 상담이나 기타 활동을 제공하고, 또 이 근로자가 자신의 직무능력을 높게 달성하고 이 수준을 계속 유지하도록 도와주기 위해서 상담이나 기타 활동을 제공하는 역할이 있다.

둘째, 근로자의 욕구를 충족시키기 위해 지역사회의 서비스를 사용하는 것과 관련하여 조언을 해 주고, 또한 이런 프로그램과 연계해 주는 역할이 있다.

셋째, 현장 감독이 자기 관할의 현장근로자의 직무능력에 변화가 일어나는 것을 보고서 어느 시점에 이 현장근로자를 복지 부서에 의뢰해야 할 것인가를 결정할 수 있도록 하기 위해서, 현장감독을 교육시키는 역할이 있다. 또 이렇게 하여 의뢰된 근로자에게 적절한 조처를 취해주는 역할이 있다.

넷째, 서비스에 대한 정보를 기록하고 인적 자원 프로그램의 분석에 필요한 자료를 제공하는 노동조합정보체계나 경영정보체계(union or management information system)를 개발하고 그 운영을 감독하는 역할이 있다.

다섯째, 충족되지 않은 욕구와 현재의 인구 경향을 파악하고, 이에 근거해서 인적(人的) 자원 프로그램이 미래에 나가야 할 방향을 구상해 보는 역할이 있다.

여섯째, 인적 자원 정책을 개발하는 것과 관련하여, 의사결정을 담당하는 노동간부 · 경영진에게 자문을 제공하는 역할이 있다.

일곱째, 현재 근무중이거나 퇴직한 근로자 · 임원을 위한 복지 · 지역의료 · 여가 · 교육 프로그램을 시작하도록 도와주는 역할이 있다.

여덟째, 복지급여제도와 의료제도를 운영하는 것을 도와주며, 또 이와 관련하여 새로운 안(案)을 계획하는 것을 도와주는 역할이 있다.

아홉째, 여성 · 소수민족 · 장애인을 위해서 적절한 차별철폐제도를 기획하고 실시하는 것과 관련하여 자문을 제공하는 역할이 있다.

한편 아카버스(1995: 1782-1783)는 산업복지 분야의 전문가는 다음과 같은 업무를 수행한다고 본다.

첫째, 신속하고 철저하게 사정하기 위해서, 일에 대한 정보를 활용하고 또 근로자의 여타 생활측면에 대한 정보를 활용한다. 둘째, 단기적 방법과 위기 방법을 사용해서 효과적으로 개입한다. 셋째, 지역사회 기관에 근로자를 뜻있게 의뢰하고 또 지역사회 기관과 연계 관계를 맺는다. 넷째, 이해 당사자 사이에서 협상한다. 예를 들면 근로자와 상위자 사이를 협상한다. 다섯째, 갈등 상황을 해결한다. 여섯째, 복지관련 급여를 탈 수 있는 자격을 갖추도록 옹호 역할을 한다. 일곱째, 개인 욕구 및 정책 상황과 관련하여 자문을 하여, 문제를 하나의 단순한 사례로 보는 것이 아니라 그 문제의 원인을 파악하도록 한다.

4. 산업복지사 역할의 분류

산업복지의 주요 대상으로 근로자 및 근로자의 가족, 소비자, 지역사회를 꼽을 수 있다. 이에 따라 산업복지를 제공하는 방식을 실버(Silva)는 세 가지로 구분하였고, 스트라우스너(Straussner)는 여기에 두 가지를 더해서 다섯 가지로 구분하였다(DiNitto & McNeece, 1997: 256-265).

스트라우스너(1990: 8-14)는 산업복지분야에 종사하는 복지사의 역할과 관련하여 다음과 같은 다섯 가지의 모델을 제시하고 있다: 근로자 서비스 모델(employee service model); 고용주·근로자 조직 서비스 모델(employer or work organization service model); 소비자 서비스 모델(consumer service model); 기업의 사회적 책임 모델(corporate social responsibility model); 사업장관련 공공정책 모델

(work-related public policy model).[2)]

미국 피츠버그 대학은 3차원 서비스 접근법(three-dimensional service approach)을 제시한 바 있는데, 이것은 위의 근로자 서비스 모델, 소비자 모델, 기업의 사회적 책임 모델로 구성되어 있다. 스트라우스너의 다섯 모델은 위의 3차원 서비스 접근법에 고용주·근로자 조직 서비스 모델과 사업장관련 공공정책 모델을 추가한 것이다. 그러므로 스트라우스너의 모델은 3차원 서비스 접근법을 확대한 것이라고 볼 수 있다.

한편 스트라우스너가 모델을 다섯 가지로 구분하였지만, 복지사는 두 가지 이상의 모델에서 역할을 수행할 수 있다.

각 모델을 구체적으로 살펴보면 다음과 같다(Straussner, 1990; DiNitto et al., 1997: 265-265).

1) 근로자 서비스 모델

(1) 특징

근로자 서비스 모델이 주로 관심을 가지는 것은 근로자의 욕구 충족을 목표로 하는 프로그램과 서비스를 실시하는 것이다. 여기에는 근로자가 자신의 물질적·정신적·가족관련·사회적 문제를 대처하는 것을 도와주기 위한 프로그램과 서비스를 실시하는 것을 포함한다(Straussner, 1990).

근로자 서비스 모델이 가지고 있는 일반적 특징은 다음과 같다.

---

2) 디니토 등은 위의 각 모델을 근로자원조 프로그램 모델(employee assistance program model), 고용주·조직 서비스 모델(employer/organizational service model), 소비자원조 모델(customer assistance model), 지역사회원조 모델(community assistance model), 사업장관련 공공정책 모델(work-related public policy model)이라고 이름을 붙이고 있다. 본 장에서는 스트라우스너가 부르는 명칭을 따른다.

첫째, 산업복지사가 가장 많이 사용하는 모델이다. 둘째, 전통적인 사회사업 역할(상담자, 조정자, 옹호자, 중개자)을 가장 많이 사용하는 모델이다.

(2) 예

근로자 서비스 모델의 예로 EAP(employee assistance program)와 MAP(member assistance program) 영역의 여러 활동과 서비스, 산업재해·직업병 방지, 복리 프로그램을 들 수 있다. 여기서 복리 프로그램의 예로 스트레스 관리 프로그램, 금연 프로그램, 퇴직을 대비하는 프로그램을 들 수 있다.

(3) 복지사의 역할

① 상담자(counselor)

상담자의 역할은 근로자 개인, 근로자 가족, 근로자 집단을 평가하고, 이들에게 단기적으로 또는 장기적으로 상담서비스를 제공하는 것을 가리킨다.

복지사가 상담자로서의 역할을 수행할 경우에, 복지사는 근로자가 다음을 할 수 있도록 도와준다. 첫째, 근로자가 자신의 욕구를 분명하게 파악하도록 근로자를 도와준다. 둘째, 근로자가 자신의 문제를 분명히 파악하도록 근로자를 도와준다. 셋째, 근로자가 자신이 겪고 있는 문제에 대한 대안과 해결책을 찾도록 근로자를 도와준다. 넷째, 근로자가 자신이 겪고 있는 문제를 더 효과적으로 다룰 수 있는 능력을 개발하도록 근로자를 도와준다.

한편 산업복지 분야에서 일하는 상담자가 사회복지의 다른 분야에서 일하는 상담자와 차이나는 점으로 다음을 들 수 있다. 첫째, 산업복지 분야의 상담자는 일의 세계에 대하여 체계적으로 이해할 필요가 있다. 둘째, 산업복지 분야의 상담자는 경영진과 노동조합이 수행하는 서로 다른 역할에 대해 체계적으로 이해할 필요가 있다. 셋째, 산업복지 분야의 상담자는 직장이 개인 근로자에게 미치는 영향에 대해 체계적으로 이해할 필요가 있다.

② 적극적 직면자(constructive confrontator)

적극적 직면자의 역할은 약물 문제나 알코올 문제를 겪는 근로자에게 도움을 주는 것을 가리킨다.

약물을 남용하는 근로자가 가지는 특징이 부정(denial)이므로, 전통적인 상담 역할은 대개 효과적이지 않다. 그러므로 직면적·개입적 접근법(controntative or interventive approaches)이 필요하다.

복지사가 적극적 직면자의 역할을 수행할 경우에, 복지사는 약물을 남용하는 근로자가 자신의 약물남용 문제에 직면하도록 하고 또한 해당 근로자에게 약물남용 치료 프로그램을 제공한다.

③ 중개자(broker)

중개자의 역할은 도움이 필요한 근로자를 회사의 내부·외부 자원에 의뢰하고, 또한 이런 근로자를 지속적으로 관리하는 것을 가리킨다.

④ 옹호자(advocate)

옹호자의 역할은 근로자 개인의 힘으로 얻을 수 없는 서비스와 자원을 근로자가 얻도록 도와주는 것을 가리킨다. 옹호자의 역할은 복지사가 기업에 직접 고용되지 않은 경우에 중요하다.

⑤ 조정자(mediator)

조정자의 역할은 두 명 이상 사이에 벌어지는 개인·부서간 갈등을 조정하고, 서로의 욕구를 해석하고 전달하는 것을 가리킨다.

⑥ 교육자(teacher/trainer)

교육자의 역할은 정보를 제공하고, 근로자 자신의 의견을 설명하고 표현하는 법을 교육하고, 복지사가 효과적인 행동·기술의 모범적 역할을 수행하는 것을 가리킨다.

복지사가 교육자의 역할을 수행하는 예로서, 복지사가 근로자를 위하여 금연 프로그램, 스트레스 관리 프로그램을 운영하는 것을 들 수 있다.

2) 고용주·근로자 조직 서비스 모델

(1) 특징

복지사가 근로자보다는 사업장 조직을 위해 개입하는 경우가 점점 증가하고 있다. 고용주·근로자 조직 서비스 모델은 근로자 서비스 모델보다는 덜 발전되었다. 그러나 고용주·근로자 조직 서비스 모델은 유럽에서 오래 전에 만들어졌고, 미국에서도 증가하는 추세에 있다. 고용주·근로자 조직 서비스 모델에서는 개인문제를 환경의 맥락에 놓고서 생각하며, 조직적·환경적 변수가 개인문제를 만들어 내고 계속 나타나게 하고 치료하는데 있어서 중요하다고 본다.

고용주·근로자 조직 서비스 모델의 대상은 개인 근로자가 아니라 조직(organization)이다. 고용주·근로자 조직 서비스 모델은 고용주 조직과 근로자 조직이 사업장과 관련된 정책과 서비스를 파악하고 개발하는 것을 도와주는 것에 대해서 주로 관심을 가지고 있다 (Straussner, 1990: DiNitto et al., 1997: 263-264).

(2) 예

고용주·근로자 조직 서비스 모델의 예로서 다음을 들 수 있다 (Straussner, 1990: DiNitto et al., 1997: 263-264).

첫째, 근로자의 피부양자를 낮에 보호하는 프로그램에 대해 기업이나 노동조합이 지원해 주는 것에 대해 자문해 주는 것이 있다.

둘째, 근로자를 위한 복지급여를 협상하고 구상하는 것이 있다.

셋째, 근로자의 가족에게 스트레스를 주는 요인에 주목하면서 교대근무 일정을 조사하는 것이 있다.

넷째, 회사를 이전하는 것과 관련된 정책과 서비스를 개발하는 것이 있다.

다섯째, 고용기회를 동일하게 주는 것과 차별철폐제도(affirmative action)를 구상하고 운영하는 것이 있다.

여섯째, AIDS와 같은 질병을 가지고 있는 근로자와 관련된 정책을 개발하는 것이 있다.

일곱째, 퇴직전(前)·부분퇴직·정규퇴직 정책과 프로그램을 개발하는 것이 있다.

여덟째, 직업안전 및 보건을 증진시키는 것이 있다.

(3) 복지사의 고용방식

고용주·근로자 조직 서비스 모델에서 복지사를 고용하는 방식은 근로자 서비스 모델에서와 같다. 즉 고용주·근로자 조직 서비스 모델에서는 복지사를 인력(人力) 부서의 직원으로 채용하는 내부 방식을 취할 수도 있고, 또는 외부 자문자(outside consultant)로 활용하는 방식을 취할 수도 있다.

(4) 구체적 역할

① 자문자(consultant)

자문자의 역할은 다른 사람이 조직적·인적(人的) 역동성의 여러 측면을 파악하는 능력을 향상하도록 도와주고, 또 이들의 문제해결 기술을 향상시키도록 도와주는 것을 가리킨다.

② 평가자·분석가(evaluator/analyst)

평가자·분석가의 역할은 정보를 수집하여, 조직적·환경적 사태·정책·법령을 평가하고 또 이런 사태·정책·법령이 미치는 영양을 평가하는 것을 가리킨다.

복지사가 평가자·분석가로서의 역할을 수행하는 예를 들면 다음과 같다: 작업장에서의 약물사용 금지법령과 관련하여 회사의 입장을 평가하고, 또한 약물사용 검사를 근로자에게 무작위로 실시할 경우에 회사에 미치는 영향을 평가하는 것이다.

③ 교육자(trainer)

교육자의 역할은 일단(一團)의 조직 구성원이 조직의 문제상황을 알도록 도와주는 것을 가리킨다.

복지사가 교육자로서의 역할을 수행하는 예로 상위자(上位者) 훈련(supervisory training)을 들 수 있다. 성희롱과 관련하여 예를 들면, 상위자 훈련은 상위자가 부하 여성근로자에게 성희롱을 나타내는 행동에 상위자가 민감하게 만드는 효과를 가져올 수 있다.

④ 프로그램 개발자(program developer)

프로그램 개발자의 역할은 사업장의 욕구를 충족시키는 새로운 프로그램을 파악하고 실시하는 것을 가리킨다.

복지사가 프로그램 개발자로서의 역할을 수행하는 예로서, 사원의 모집에 어려움을 겪는 회사의 경우에 지역대학과 회사를 연결하는 산학 프로그램을 개발하는 것을 들 수 있다.

3) 소비자 서비스 모델

(1) 특징

소비자 서비스 모델에서는 소비자의 욕구에 주로 관심을 갖는다. 역사적으로 볼 때, 산업복지 분야에서 일하는 복지사가 관심을 가진 것은 근로자와 그 가족의 문제이었다. 그러나 많은 기업이 자기에게 적합한 여러 사회사업 서비스를 개발해서, 소비자가 가지고 있는 특별 욕구를 충족시켜 주기 시작하였다. 소비자 서비스 모델의 경우,

소비자가 취약계층이거나 또는 위기에 처한 계층일 경우에 적합하다. 전기·수도공급회사, 은행의 신탁부서, 장례관련 회사 등은 고객에게 전문적인 사회사업 서비스를 제공할 수 있다(Straussner, 1990; DiNitto et al., 1997: 264).

소비자원조 모델에서 제공되는 서비스에는 다음과 같은 것이 포함된다.

첫째, 소비자 교육이 있다.

둘째, 소비자가 해당기업의 서비스나 제품에 대한 비용을 지불하는 것을 도와주는 것이 있다.

셋째, 단기 상담이 있다.

넷째, 중재가 있다.

다섯째, 의뢰가 있다.

(2) 예

공익설비(public utilities)를 사용하는 노인 소비자는 육체적·정신적 이유 때문에 사용료를 납부하지 못해서 공익설비가 끊길 수도 있다. 이 경우에, 복지사는 이런 노인 소비자를 파악하여 욕구를 충족시켜주는 프로그램을 개발할 수 있는데, 이런 것이 소비자 서비스 모델의 한 예이다(Straussner, 1990).

(3) 구체적 역할

소비자 서비스 모델에서 복지사가 수행하는 역할로는 상담자, 프로그램 기획자·개발자, 자문자, 옹호자를 들 수 있다(Straussner, 1990).

4) 기업의 사회적 책임 모델

(1) 배경 및 특징

기업의 사회적 책임 모델(지역사회원조 모델)은 기업이 지역사회의 사회적·경제적 복리를 증진하기 위해 기여하도록 도와주는 것과 관련된다. 그리고 기업의 사회적 책임 모델은 기업이 지역사회와 지역주민에게 미치는 영향에 대해서 관심을 갖는다. 최근 들어서 기업이 시민활동이나 인도적 활동에 기여하는 것을 담당할 복지사를 많이 고용하고 있다. 실제로 미국의 경우, 1970년대 말부터 기업이 지역사회에 큰 액수의 돈을 기부함에 따라서, 기업에 복지사가 많이 고용되었다(Straussner, 1990: DiNitto et al., 1997: 264-265).

(2) 복지사의 업무

기업의 사회적 책임 모델에서 복지사가 차지하는 직위(title)와 임무(responsibilities)는 아주 다양하다. 직위의 예로 기부금배정 분석가(charitable allocations analyst), 도시문제 조언자(urban affairs advisor), 기업의 사회적 책임 담당자(CSR director), 지역사회관계 자문자(community relations consultant), 지역사회 서비스 조정자(community services coordinator)를 들 수 있다.

위와 관련하여, 기업의 사회적 책임 모델에서 복지사가 수행하는 업무의 예로 다음과 같은 것을 들 수 있다.

첫째, 지역사회 지도자를 파악하여, 회사와 지역사회 지도자를 연결시키는 일이 있다.

둘째, 지역 단체와 자선단체에서 회사에게 기부를 요청할 경우에 이를 평가하는 일이 있다.

셋째, 지역의 욕구조사를 실시하는 일이 있다.

넷째, 새로운 서비스와 프로그램에 대해 자문을 제공하거나 이런 서비스와 프로그램을 개발하는 일이 있다.

(3) 역할

기업의 사회적 책임 모델에서 복지사가 수행하는 역할로는 지역사회 분석가·기획자(community analyst and planner), 예산 조정자(budget allocator), 프로그램 개발자, 중개자, 옹호자, 협상자(negotiator)를 들 수 있다.

5) 사업장관련 공공정책 모델

(1) 특징

사업장관련 공공정책 모델은 일의 세계에 직접·간접으로 영향을 미치는 공공·국가 정책을 계획하고 파악하고 분석하고 후원하는 것에 주로 관심을 갖는다(Straussner, 1990; DiNitto et al., 1997: 265). 예를 들면 1990년에 제정된 미국 장애인법(Americans with Disability Act)과 1993년에 제정된 가족·질병휴가법(Family and Medical Leave Act)은 사업장에 아주 큰 영향을 미쳤다.

그리고 고용관련 정책과 프로그램이 유발하는 결과를 파악하는 것은 산업복지에서 중요한 활동을 이룬다.

(2) 예

사업장관련 공공정책 모델의 예로 다음과 같은 것을 들 수 있다(Straussner, 1990).

첫째, 사업장과 관련된 다양한 의료 급여와 서비스를 분석하는 것이다.

둘째, 나이가 많은 근로자의 욕구에 영향을 줄 수 있는 여러 공공 정책 안을 분석하는 것이다.

셋째, 정년이 되어서 퇴직한 근로자를 다시 노동시장에 끌어들이는 정책을 후원하는 것이다.

(3) 역할

사업장관련 공공정책 모델에서 복지사가 수행하는 역할로는 정책기획·분석(policy planning and analysis), 프로그램 개발, 옹호, 제휴형성(coalition building), 연락망 만들기(networking)를 들 수 있다.

5. 복지사에게 필요한 기술과 지식

카터(1982)는 산업복지 분야에서 일하는 복지사에게 필요한 기본 지식과 사업장에서 요구되는 지식에 대해 나열하고 있다. 먼저, 산업복지 분야에서 일하는 복지사에게 필요한 기본 지식으로 개별지도(casework), 평가, 상담, 자원파악(knowledge of resources), 의뢰(referral)를 들 수 있다.

그리고 사업장에서 요구되는 지식으로는 다음과 같은 것을 들 수 있다.

① 자문 기술(consultation skills): 근로자를 위하여 상위자, 경영진, 노동조합에 자문하는 기술이 필요하다.

② 체계적·전체적 관점(systematic, holistic view): 근로자, 조직, 가족, 사회환경을 전체적으로 보는 관점이 필요하다.

③ 화학물질 관련 지식(chemical abuse and treatment): 화학물질의 남용·처치와 관련된 행동유형에 어느 정도의 지식이 필요하다.

④ 위기개입 기술(crisis intervention skills): 해당 문제의 형태에 적절하게 위기 개입하는 기술이 필요하다.

⑤ 일의 세계에 대한 이해(understanding of the world of work): 일의 의미, 사업장에서의 사회관계, 경영·노동조합의 동적(動的) 관계, 집단타협에 대한 이해가 필요하다.

⑥ 집단 리더십 기술(group leadership skills): 지지집단, 상담집단, 금연집단 등을 이끌기 위해서 집단 리더십 기술이 필요하다.

⑦ 프로그램 기획·개발 기술(planning and program development skills): 필요한 프로그램을 파악하고, 실시하고, 평가하고, 개선하는 기술이 필요하다.

한편 1970년대 말에 조건슨(1981: 344-345)은 산업복지 분야와 관련된 복지사를 대상으로 조사한 바 있었다. 이 당시에 유효 응답자 120명을 대상으로 하여, 기업과 사업장에서 사회사업실천을 실시하고 있는 복지사들에게 태도적 측면과 관련해서 걸림돌이 되는 것을 물어보았는데, 이 조사에서 복지사와 관련하여 다음과 같은 평이 있었다.

첫째, 사고방식에서 복지사들은 너무 과정(process) 지향적이었다. 이것은 기업인이 제품(product) 지향적인 것과 대조를 이루었다.

둘째, 복지사들은 새로운 실천영역을 시도하기를 꺼려하였다.

셋째, 많은 학계에서 복지사들에게 일의 세계가 미치는 영향을 파악하도록 가르치지 않아 왔거나, 또는 복지사들은 산업경영에 대해서 편견을 가지고 있었다.

넷째, 복지사들은 기업인에게 실질적인 금전적 관점에서 말할 수 없었다. 위에 언급한 네 가지의 평(評)을 통해서, 산업복지 분야에서 일하는 복지사는 전통적인 사회사업·사회복지 지식 이외에도 일의 세계와 사업장의 분위기에 대해서도 많은 지식을 갖추도록 노력해야 함을 보여준다.

그리고 존슨등(1994)은 회사와 관련해 일하는 복지사는 회사의 역사, 전통, 기능, 법령, 여건 등에 대해 잘 알고 있어야 한다고 주장한다.

이런 지식에는 구체적으로 다음과 같은 것이 포함된다: 회사의 연혁, 노사관계의 역사, 회사에서 진행되는 권력·의사결정·의사소통 통로, 새로운 전문집단(예를 들면 엔지니어)과 일하기, 생산직(blue-collar)의 문화와 여성직(pink-collar)의 문화, 지역사회의 자원.

【참고문헌】

Akabas, S. H. 1995. "Occupational Social Work." Pp. 1779-1786 in Encyclopedia of Social Work (19th ed). Washington. D.C.: NASW Press.

DiNitto, D. M. and C. A. McNeece. 1997. Social Work: Issues and Opportunities in a Challenging Profession (2nd ed). Boston, MA: Allyn and Bacon.

Garvin, C. D. and J. E. Tropman. 1992. Social Work in Contemporary Society. Englewood Cliffs, NJ: Prentice-Hall.

Johnson, L. C. and C. L. Schwarz. 1994. Social Welfare: A Response to Human Need (3rd ed). Needham Heights, MA: Allyn and Bacon.

Jorgensen, L. A. B. 1981. "Social Services in Business and Industry." Pp. 337-352 in Handbook of Social Services, edited by Gilbert and Specht. Englewood Cliffs, NJ: Prentice-Hall.

Straussner, S. L. A. 1990. "Occupational Social Work Today: An Overview." Pp. 1-17 in Occupational Social Work Today, edited by S. L. A. Straussner. New York: Haworth.

Zastrow, C. 2000. Introduction to Social Work and Social Welfare (7th ed). Belmont, CA: Brooks/Cole.

제7장 근로자원조 프로그램(Employee Assistance Program)

1. EAP의 필요성과 중요성

1) EAP의 필요성

가빈·트롭먼(Garvin & Tropman, 1992: 74-75)에 따르면, 기업과 관련된 복지 영역은 크게 세 가지로 구분된다. 첫째가 직업에 따라 다니는 부가급여(fringe benefits)이다. 둘째가 회사내에서 사회서비스를 제공하는 경우이다. 셋째가 기업이 영리목적으로 사회복지 분야에 관여하는 경우이다. 위의 세 가지 중에서 사회복지의 전통과 가장 끈끈하게 엮어질 수 있는 영역이 직장에서 제공하는 '사회서비스'이다.

하지만 우리나라의 사회복지계는 직장이 제공하는 '사회서비스' 분야와는 담을 쌓고 지내왔다. 그러나 앞으로는 그럴 수 없는 상황에 이르렀다. 우선 단적인 예로 우리나라에서 직장인이 겪는 스트레스를 들 수 있다. 직무 여건 및 이와 관련된 정신적 스트레스는 근로자 개인과 사업장에 나쁜 영향을 미치고, 더 나아가서 가정과 사회에도 여러 문제를 낳고 있다. 따라서 이제는 더 이상 '근로자 네가 잘 알아서 네가 겪는 스트레스를 잘 헤쳐 나가라'고 근로자 개인에게만 문제를 떠맡길 일이 아니다. 더구나 근로자가 겪는 어려움은 기업에게 엄청난 금전적 손실을 끼치기 때문에, 고용주가 직장인의 어려움을 옆에서 팔짱을 끼고 가만히 보고만 있을 시기는 이미 지났다.

이런 상황에서 직장인에게 도움을 제공할 수 있는 전문 분야의 하나가 사회복지이다. 사회복지의 목적이 어려운 사람에게 전문적 도움의 손길을 주는 것이기 때문이다. 그러므로 이제는 우리나라의 사회복지계도 근로자에게 '사회서비스'를 제공하는 활동에 적극적으로 나서야 한다. 이런 역할을 하는 대표적 프로그램이 미국의 근로자원조 프로그램(employee assistance program: EAP)이다.[3]

2) EAP의 중요성

(1) 가장 관례화된 방법

미국에서 EAP는 직장인과 그 가족에게 서비스를 제공하는데 있어서 가장 관례화된 방법이다. 미국에서 EAP는 1975년경에 시작되었는데, EAP에 대하여 여러 학자들이 평하는 바를 헤아려 보면 미국에서 EAP가 얼마나 중요하고 의의가 있는 제도인지를 알 수 있다.

첫째, EAP가 '산업복지 영역에서 아주 빠르게 확대되고 있고 또 아주 중요한 분야'라고 메이시(Masi, 1982: 11)는 이미 1982년의 저서에서 밝히고 있다.

둘째, 스트라우스너(1988: 53)는 1970년대 · 1980년대에 산업복지 분야에서 가장 빠르게 성장한 영역이 EAP라고 설명하고 있다.

셋째, 플린(Flynn, 1996: 3)은 EAP를 '미국에서 현재 광범위하게 실시되고 있는 아주 최근의 직업관련 급여'로 정리하고 있다.

넷째, 구긴스와 가드프라이(Googins & Godfrey, 1987: 101)는 인

3) 미국에서 근로자원조 프로그램은 'EAP'란 대문자 용어로 자연스럽게 통용되고 있다.

사관리를 제외하고는 EAP가 직장에서 규모가 가장 큰 사회서비스 프로그램이라고 밝히고 있다.

다섯째, 디니토·맥니스(DiNitto & McNeece, 1997: 253-254)는 사업장에서의 사회사업은 산업복지, 직업복지, EAP에서의 활동으로 불려 왔다고 보는데, 이것은 산업복지 분야에서 EAP의 비중이 그만큼 크다는 점을 잘 보여준다.

현재 미국에서는 많은 기업이 EAP를 운영하고 있다. 또한 연방정부의 기관은 EAP를 의무적으로 제공해야 하며, 많은 주·지역정부, 군대, 고등 교육기관에서 EAP를 실시하고 있다(Van Den Berge, 1995: 842). 미국에서 EAP는 그간 두드러지게 발전하였고, 알코올·약물남용관련 서비스를 포함하여 여러 서비스를 제공하면서 관심의 폭을 넓혀가고 있다(Garvin et al., 1992: 74-75, 174, 231).[4]

(2) 복지사 활동영역(고용)의 확대

미국에서는 EAP 모델의 등장과 더불어 산업체에서 복지사를 고용하는 것이 촉진되었다(Masi, 1982: 14). 즉 복지계와 전혀 다를 것으로 보이는 기업에 복지사가 본격적으로 진출하는 계기를 만들어 준 것이 바로 EAP이다. 현재 미국에서는 기업이 근로자의 복리와 건강을 증진하기 위한 EAP 프로그램을 확대하는 경향이 있는데, 1990년대 말에 민간 부문에 근무하는 정규 근로자의 3분의 2정도에게 EAP 서비스가 제공될 것으로 전망된 바 있다(Flynn, 1996: 8). 이에 따라 복지사가 기업에 고용되어 일을 할 수 있는 기회가 늘어날 것으로 전망된다. 미국에서 유명한 시사잡지의 하나인 『*U.S. News and World Report*』는 1993년에 EAP 분야가 1994년의 20대

4) 예를 들면 Merrill Lynch의 EAP에서는 근로자가 직장폭력과 같은 문제를 회사내의 전문상담사와 상담할 수 있다(*USA Today*, 1999).

인기 직종에 들어갈 것이라고 이미 지적한 바 있다(Univ. of Maryland(n.d.)에서 재인용). 미국은 1987년부터 시험을 거치는 EAP 자격증 제도를 도입하였으며, 이에 따라 1990년에 4천 명이 넘는 EAP 전문가가 배출되었다(Van Den Berge, 1995: 842, 844).

2. EAP의 개념과 진전

1) EAP의 개념

미국에서 여러 학자나 기관이 EAP에 대하여 설명하고 있지만, 보편적으로 통일된 정의를 끄집어내지 못하고 있다(Googins et al., 1987: 102). EAP에 대하여 그간 제시된 개념을 몇 가지 예로 들어보면 다음과 같다.

첫째, 미국 사회사업가협회(NASW)는 EAP를 '근로자의 직무 만족이나 생산성에 부정적으로 영향을 줄 수 있는 문제를 근로자가 극복하게끔 도와주기 위하여 고용주가 제공하는 서비스'로 정의 내리고 있다(Barker, 1997: 119).

둘째, Googins 등(1987: 102)은 일반적으로 EAP를 근로자의 직무에 영향을 주거나 영향을 줄 수 있는 문제에 직장이 합당하게 개입하는 일단의 정책과 프로그램절차로 본다고 밝히고 있다.

셋째, 플린(1996: 10)은 EAP를 직무 스트레스, 실직 위험, 알코올 중독, 기타 문제를 잘 해결하지 못하고 있는 근로자를 빨리 파악하기 위하여 고용주가 도입한 일단의 정책과 과정으로 보고 있다.

넷째, 데커 · 스타렛트 · 레드호스(Decker, Starrett, & Redhorse, 1986)는 개인 문제를 가진 근로자에게 사회서비스를 제공하는 프로그램을 EAP로 파악하고 있다.

다섯째, 라마나탄(Ramanathan, 1992: 237)은 EAP를 '문제 근로자를 파악하고 이들이 자기 문제를 해결하도록 격려하고 서비스가 필요한 근로자들에게 상담이나 치료를 이용할 수 있게 할 목적으로 직장조직내에 운영중인 직무관련 프로그램'으로 이해하고 있다.

여섯째, EAP를 실제로 운영하고 있는 미국 보건복지부(DHHS, 1999)는 EAP를 직무수행 능력에 영향을 미칠 수 있는 개인적 문제를 겪는 근로자에게 제공되는 전문상담 서비스라고 정리하고 있다.

위의 각 개념마다 약간의 차이가 있기는 하나, EAP를 직장에서 어려움을 겪는 근로자를 도와주기 위한 서비스·프로그램·정책을 의미한다고 간단히 정리해 볼 수 있다. 물론 위에 제시된 여러 예는 정책적 측면보다는 미시적 측면을 더 많이 강조하고 있음을 알 수 있다.

2) EAP의 진전

(1) 등장배경

① 알코올·약물문제의 심각성과 OAP[5)]

EAP의 전신(前身)은 OAP(occupational alcoholism program)이다. OAP는 알코올문제로 어려움을 겪는 근로자에게 알코올중독 치료를 받게 하거나 단주모임(AA)과 같은 자조(自助)집단에 가입해서 재활하고자 하는 것이었다(Googins et al., 1987: 23). OAP의 중요한 특징으로는 알코올중독 근로자를 처벌적 관점에서가 아니라 긍정적(건설적) 관점에서 치료한다는 점을 꼽을 수 있다(SAMHSA, n.d.).

---

5) 다음에서 설명되듯이, EAP란 용어는 1970년대에 등장하였고 그 이전에는 OAP라고 불리었다. 즉 OAP가 확대된 것이 EAP이다. 그러므로 어떤 학자는 'OA/EAP' 또는 'OAP/EAP'라고 표시하기도 한다.

미국의 경우 어려움에 처한 근로자를 도와주는 일반적인 산업복지 활동은 1800년대 말에 시작되었지만, OAP는 20세기에 들어가서야 펼쳐졌다. 반덴버지(Van Den Berge, 1995: 843-844)는 미국에서 OAP가 발전하게 된 계기를 다음과 같이 정리하고 있다. 첫째, 알코올중독이 직장에 미치는 영향에 대하여 관심이 커졌다. 둘째, 미국에서 제2차 세계대전 때문에 군수물자를 때에 맞추어 생산해야만 하였는데, 이 때 근로자가 교대근무 등의 새로운 근무형태를 경험하게 되고 이에 따라 근로자가 스트레스를 겪게 되었다. 그 결과, 근로자의 이런 어려움을 완화할 필요성이 등장하였다. 셋째, 직장 상위자가 부하의 직무 성과가 떨어지는 것에 근거하여 문제가 있는 근로자를 찾아내는 모델을 프레스놀(Presnall)이 개발하였다. 이것은 EAP/OAP에서 많이 활용되는 타인(상사 · 동료 · 가족)에 의한 의뢰(referral)의 본보기가 되었다.

특히 복지사를 사업장에 고용하게 되는 계기를 만들어 준 것은 알코올의 남용이었다. 기업의 고용주는 알코올문제를 알고 있거나 경험한 적이 있었고, 실제로 근로자가 근무 중에 알코올을 마시거나 알코올 때문에 생긴 사고로 직장을 빠지는 경우에 대해 고용주는 깊은 관심을 가지게 되었다. 사실 미국에서는 1940년대에 근로자의 알코올 · 약물남용이 심각하였고 이것은 비용이 많이 드는 문젯거리로 등장하였다. 그리고 다른 한편으로 알코올중독은 치료가 가능하며 또 알코올관련 재활을 성공적으로 마친 근로자가 다시 직장에서 일할 수 있다는 것이 실증적으로 인정되었고,[6] AA가 알코올중독자를 치료하는데 성공적이라는 사실이 계속 인정되었다.[7]

---

6) 여기에는 1940년대에 실시된 예일알코올연구소(Yale Center for Alcohol Studies)의 활동에 힘입은 바 컸다. 이런 활약 및 기타 계기 때문에 1956년에 미국의약협회는 알코올을 '질병(disease)'으로 인정하였다(Van Den Berge, 1995: 843).

7) OAP를 만들기 위한 계기의 하나는 1935년에 설립된 AA이다(Van Den Berge, 1995:

이런 배경 하에서 고용주는 직장 내에서 알코올·약물남용과 관련된 상담을 제공하고 또 알코올·약물남용 근로자에게 직접 개입하게 되었는데, 이것이 1940년대와 1950년대에 등장한 OAP의 출발이었다(Garvin et al., 1992: 388-389; DiNitto et al., 1997: 266-267; Flynn, 1996: 5; Anderson and Stark, 1988: 39). 미국에서는 '알코올남용 및 알코올중독예방·치료·재활종합법(Comprehensive Alcohol Abuse and Alcoholism Prevention, Treatment, and Rehabilitation Act)'이 제정됨에 따라 OAP가 크게 발전하였다. 이 법의 통과로 국립알코올중독·남용연구소(National Institute on Alcoholism and Alcohol Abuse(NIAAA))가 설립되었고, 이 법안에 따라서 모든 연방기관과 군대는 알코올 프로그램을 의무적으로 갖추게 되었다(Van Den Berge, 1995: 844).[8)]

② 광범위한 문제로의 확대와 EAP

OAP는 알코올·약물문제에만 관심을 가지다가, 1970년대 말에 다른 분야에도 관심을 가지기 시작하였다. 이렇게 관심의 범위를 늘인 이유로 다음과 같은 것을 들 수 있다(Van Den Berge, 1995: 844-845; Garvin et al., 1992: 231). 첫째, 알코올·약물에서 회복중인 근로자도 단기 개입이 필요한 다른 문제(예를 들면 가족·재정·부부문제)에 직면하고 있었다. 둘째, 알코올중독과 관련된 오명(stigma)과 근로자가 알코올을 부정(denial)하는 경향 때문에, 알코올중독과 관련된 산업복지 프로그램을 근로자가 활용하게 하는데 어려운 면이 있었다. 셋째, 근로자의 생산성을 감소시키는 여러 문제에 도움을 주는 광의적 접근이 협의적 접근보다 더 효과적인 것으로 밝혀졌다. 넷째, 고용주가 근로자 교육·훈련의 가치를 깨닫고 또 숙련

---

843).

8) 이 법안은 1972년에 개정되어서 약물남용 치료까지 포함하게 되었다.

근로자를 다른 사람으로 대체하는데 드는 비용이 큼을 알게 됨에 따라, 고용주가 사업장에서 사회서비스를 제공하였다.

따라서 1970년대에 들어서, 알코올·약물남용, 건강문제, 결혼문제, 가족문제, 재정문제 등과 같이 사업장에서 직무에 부정적 영향을 미칠 수 있는 문제들을 근로자가 극복하게 해 주기 위하여 더 포괄적인 성격을 가지는 EAP가 등장·확대되었다(SAMHSA, n.d.; Anderson et al., 1988: 39). 특히 1978년에 NIAAA가 실제로 조사한 결과, 광범위한 문제에 대해서 근로자에게 도움을 주는 것이 가장 성공적임이 밝혀졌고, 그 결과 NIAAA는 EAP란 용어를 만들어 냈고 그 후에 OAP보다 EAP란 용어를 더 홍보하기 시작하였다(Van Den Berge, 1995: 844-845).

EAP는 OAP가 가지고 있는 오명 및 기타 문제점을 극복하고 알코올을 광범위한 맥락에서 접근하였다(Googins et al., 1987: 23-24). 또한 OAP의 모델에서는 재활하여 복귀한 알코올중독자가 알코올중독 치료를 주로 담당하였으나, EAP 모델에서는 복지사 및 다른 전문가가 담당자로 추가되었다(Masi, 1982: 11).

(2) EAP의 진전과 현황

① EAP의 성장과 그 이유

미국에서 EAP는 아주 빠른 속도로 성장하였다. 미국의 경우, 1950년대와 1960년대 말에 OAP/EAP가 100개 미만이었다. 그러다가 1973년에는 약 5백개, 1980년에는 약 4천~5천개, 1981년에 약 8,000개, 1987년에는 약 1만개, 1991년에는 약 2만개로 늘어났다(Ramanathan, 1992: 234; Van Den Berge, 1995: 842; Googins et al., 1987: 101; Anderson et al., 1988: 39).[9)]

---

9) EAP의 정확한 수는 학자마다 추정치가 다르다.

위와 같이 EAP가 빠르게 발전한 이유를 반덴버지(Van Den Berge, 1995: 845)는 다음과 같이 정리하고 있다.

첫째, 알코올·약물중독, 정신병, 스트레스와 관련된 비용이 크다는 사실이 사회적으로 점점 인식되었다.

둘째, 의료와 관련하여 비용이 증가하였고 고용주는 높은 의료비용을 줄이기를 원하였다.

셋째, 알코올중독에 대한 사회적 인식이 바뀌어 알코올중독을 질병으로 간주하는 경우가 많아지고 있고, 알코올중독 근로자가 재활 프로그램에 참여하려는 경향이 커지고 있었다.

넷째, 여성과 소수민족의 노동시장 참여가 증가하고 있는데, 여성과 소수민족은 사회서비스 프로그램을 제공받을 필요성이 더 컸다. 이것은 특히 가정과 직장을 조화시켜야 하는 여성에게 더욱 그러하였다.

한편 기업이 개인지향적 접근인 EAP을 선호하는 이유로 다음과 같은 점을 제시할 수 있다(Arnold, Cooper, & Robertson, 1995: 383).

첫째, EAP는 비용효과적 측면에서 유리한 것으로 나타났다.

둘째, 상담자, 의사, 건강담당자 같은 전문가의 입장에서 볼 때, 조직을 변화시키는 것보다는 개인을 변화시키는 것이 더 부담이 적다고 느낀다.

셋째, 기업의 입장에서 볼 때, 체계적이고 비용이 많이 들 가능성이 높고 또 결과도 확실하지 않은 조직관련 프로그램을 실시하는 것보다는, 개인을 변화시키는 것이 더 용이하고 기업에게 혼란을 적게 준다고 볼 수 있다.

넷째, EAP는 조직이 근로자의 건강과 스트레스를 위해 무엇인가를 하고 있다는 것을 가시적으로 보여줄 수 있는 좋은 수단이다.

이런 점은 기업이 근로자를 위해 근로자에게 무엇인가를 하고 있다는 것을 근로자에게 보여줄 수 있을 뿐만 아니라 외부에게도 보여줄 수 있기 때문에 중요한 의미를 갖는다. 특히 미국과 유럽의 고용주들은 자기 기업에 대한 소송을 두려워하고 있는데, 이런 측면에서 보면 근로자가 EAP을 활용하든 안하든 간에 기업 내에 EAP가 존재한다는 사실 자체는 기업에 대한 법적 소송에 효과적으로 대비하는 수단이 될 수 있다.

② EAP를 도입한 사업장[10)]

미국의 사업장에서 EAP을 제공하는지 여부를 결정짓는데 있어 가장 중요한 요소가 사업장의 규모인데, 대규모 기업이 EAP 서비스를 더 제공하는 경향이 있다. 미국 노동통계청의 1988년도 조사에 따르면, 근로자를 1000명 이상 고용한 사업장은 71%가 EAP를 제공하고 있으나 근로자를 50명 미만 고용하고 있는 사업장은 5%만이 EAP을 제공하고 있었다. 그리고 한 연구에 따르면, 50-99명의 근로자를 고용하고 있는 회사는 15%만이 EAP를 실시하고 있고 750명 이상의 근로자를 고용하고 있는 회사는 52%가 EAP를 실시하고 있었다. 또한 미국 대기업의 80% 이상이 EAP를 실시하고 있었고, 미국 모든 근로자의 31% 이상이 EAP를 제공하는 회사에 근무하고 있었다(SAMHSA, n.d.; Flynn, 1996: 9).

한편 미국에서는 EAP의 제공이 직종에 따라서도 차이가 있었다. 1985년의 미국 보건복지부 조사에 따르면 50명 이상을 고용하고 있는 민간·비농업(nonagricultural) 사업장의 24%가 EAP을 실시하고 있었고, 1995년의 조사에 따르면 모든 민간 사업장의 33%가 EAP을 실시하고 있었다. 그리고 통신·공익설비·운수 부문은 52%가 EAP

10) 여기에서 제시한 통계치는 조사기관·학자마다 서로 정확히 일치하지 않는 경우가 있다.

를 제공하고 있었고, 보험·금융·부동산 부문은 42%가 EAP를 제공하고 있었고, 광업·건설·서비스업 부문은 EAP을 제공하는 경우가 25% 미만이었다(Flynn, 1996: 7-9).

3. EAP의 서비스

1) 제공되는 서비스의 개관

EAP의 개념에서 알 수 있듯이, EAP에는 근로자뿐만 아니라 그 가족도 참여할 수 있다. 따라서 EAP의 핵심은 근로자와 그 가족에게 여러 가지의 임상 서비스를 제공하는데 있다.

이런 서비스의 대표적 예로 약물남용치료, 개인상담, 가족치료, 재정상담이 있다(DiNitto et al., 1997: 256-263). 미국 사회사업가협회에서 간행한 『사회사업사전』에 따르면 EAP에서 제공하는 서비스에는 알코올·약물남용을 위한 상담, 결혼·가족과 관련된 문제의 치료, 경력에 관한 상담, 피부양인 서비스를 위한 의뢰활동이 포함된다(Barker, 1997: 119). 반덴버지(1995: 847-848)는 EAP 담당자가 클라이언트에게 직접 제공하는 주요 서비스로 사정(assessment)과 의뢰상담을 꼽고 있고, 어려움에 처한 근로자와 관련된 내용의 지식을 전달하는 상위자 교육이나 근로자를 위한 점심시간 특강을 EAP에서 제공되는 간접 서비스의 예로 들고 있다. 1990년대 중반에, EAP에서 복리(wellness) 측면이 중요해짐에 따라서 고혈압, 흡연에 의한 폐질환 등을 줄이는 서비스가 추가되었고 또 EAP에 직장내 보육, 직장에서의 노인보호와 같은 것도 포함되었다고 플린(1996: 6)은 지적하고 있다.

플린(1996: 12-13)은 EAP가 공통적으로 가지고 있는 특징을 다음과 같이 늘어 놓는데, 이것은 EAP 서비스의 내용과 관련이 깊다.

첫째, 24시간 내내 EAP 담당자와 전화로 접촉이 가능하다.

둘째, 의뢰 기능이 있다.

셋째, 일반적으로 문제 진단이 5회 이내의 면담으로 결정난다.

넷째, 상위자 · 근로자를 위한 훈련 프로그램이 있다.

다섯째, 의료 · 복리 프로그램을 제공한다(건강과 관련된 자료를 배포하고 강연을 한다).

여섯째, 근로자의 치료가 끝난 후에도 EAP는 해당 근로자에게 더 이상의 개입이 필요한지 여부를 알기 위하여 그 근로자의 적응 상태를 계속해서 모니터한다.

위에서 언급한 EAP 서비스를 정리해 보면 다음과 같다.

첫째, 사정 · 일반상담 · 의뢰와 같은 기본적 서비스가 있다. 여기에는 경력상담과 진로상담도 포함될 수 있다.

둘째, 부부 · 가족관련 상담 및 치료, 알코올 · 약물상담 치료가 있다.

셋째, 피부양인 보호와 관련된 서비스가 있다.

넷째, 의료 · 복리 프로그램이 있다.

다섯째, 교육 · 훈련관련 제도가 있다.

여섯째, 사후에 지속적으로 모니터링하는 것이 있다.

2) 구체적 예

자스트로우(2000: 409-411)는 EAP에서 주로 제공되는 서비스에 대해서 다음과 같이 구체적으로 자세히 설명하고 있다.

(1) 알코올 · 약물남용 상담

EAP는 알코올 · 약물남용에 가장 큰 관심을 가져 왔다. 알코올 · 약물남용에 빠진 근로자는 수행하는 업무의 질이 떨어지게 되고 결근을 하게 되고 지각을 하게 됨으로써, 생산성 면에서 사업장에 큰 손실을 끼친다.

EAP는 알코올·약물남용을 질병(disease)으로 보며, EAP는 알코올·약물의 사용을 줄이는 것보다는 완전히 끊는 것을 강조하는 경향이 있다.

입원치료가 사용되는 경우도 가끔 있으나 통원치료가 더 선호된다. 왜냐하면 통원치료가 비용 면에서 유리하고 또 근로자가 직장을 계속 다니면서 치료를 받을 수 있기 때문이다. 알코올·약물남용 때문에 업무에 지장을 받는 근로자에게는 EAP 담당자가 치료 서비스를 제공하는 것이 관례이다. 이 경우에 치료에 드는 비용은 고용주가 지불하는데, 대개는 의료보험 프로그램을 통한다. 해당 근로자가 치료를 거부하게 되면 해고될 수도 있다.

산업복지 분야에 관심 있는 사람은 알코올·약물남용에 대한 지식을 가지고 있는 것이 바람직하다.

(2) 정서적 문제를 가진 근로자에 대한 상담

EAP는 우울증과 같은 정서적 문제(emotional difficulties)를 겪고 있는 근로자에게도 서비스를 제공한다.

EAP 담당자가 정서적 문제를 가지고 있는 근로자에게 치료 서비스를 제공하는 경우도 있고, 또는 EAP 담당자가 외부 서비스제공자와 연결시켜 줌으로써 EAP 담당자는 중개인(broker) 역할을 하는 경우도 있다.

(3) 가족상담

근로자는 자신의 가족문제를 직장으로 가져올 뿐만 아니라 직장의 문제를 가정으로 가져가서 가족구성원에게 발산한다. 그러므로 배우자와 가족이 관련되어 있는 스트레스에 대하여 EAP는 큰 관심을 갖는다. 특히 아동학대와 가정폭력은 EAP가 관심을 더 많이 가지는 분야이다.

EAP는 가족문제와 관련하여 근로자와 그 가족에게 직접 상담을 제공하거나 다른 서비스제공자에게 의뢰한다.

근로자의 가족문제로 법원이 개입하게 될 경우(예를 들면 배우자 학대의 경우), 법원은 해당 근로자의 고용주에게 이 근로자에 대해서 소견서(evaluation)를 제출해 달라고 요구할 수 있다. 이 때, EAP 담당자가 이런 소견서를 작성하는 경우가 많다.

한편 근로자가 해고되었을 경우에 근로자 가족은 재정적으로 어려움을 겪게 되는 것이 일반적이다. 이 경우, EAP 담당자는 실직을 겪는 근로자가 실업급여를 받을 수 있도록 도와줄 수 있다. 그리고 근로자가 해고를 당하게 되면 알코올에 호소하거나 배우자나 자녀를 학대할 수 있으므로, EAP는 근로자가 실업을 겪는 기간에 이런 어려움을 겪을 경우에 상담서비스를 제공하거나 외부에 의뢰할 수 있다. 근로자가 보육이 필요할 경우, EAP 담당자는 보육 서비스기관에 이 근로자를 연계시키는데 도움을 줌으로써 중개자 역할을 할 수도 있다.

⑷ 경력상담 및 교육

경력상담 및 교육(career counseling and education)의 경우에, EAP는 두 영역에 관여하고 있다. 첫째, 근로자가 자기에게 맞는 경력 목표를 설정하고 이 목표를 달성하도록 도와주는 것이다. 둘째, 근로자가 스트레스관리 기술을 배워서 활용하도록 도와주는 것이다.

EAP는 육체적·정신적 건강을 증진시키는 교육프로그램과 직무기술을 향상시키는 교육프로그램에 근로자가 등록하도록 도와줄 수 있다. 많은 기업은 이런 프로그램을 사업장에서 직접 제공하거나 또는 근로자가 이런 프로그램에 등록하는데 드는 비용을 부담하고 있다.

한편 EAP는 스트레스관리 기술과 관련된 프로그램을 개설하거나 외부에 연결시켜준다. EAP는 업무에 지치거나 심각한 직무 스트레스를 겪는 근로자에게 상담을 제공하거나 외부에 치료서비스를 제공하도록 의뢰할 수 있다.

(5) 재정상담

재정적 어려움을 겪고 있는 근로자에게 원조를 제공하는 EAP가 많아지고 있다.

이런 것 중의 하나가 빚(debt) 상담이다. 빚 상담의 경우, 근로자는 채권자에게 장기간에 걸쳐 빚을 갚는 것과 관련하여 도움을 받는다. 일부 경우에는 법적 압류조치를 통해서 채권자가 근로자의 봉급 일부를 압류할 수 있다. 이 경우에 이 근로자의 빚 문제가 고용주에게도 알려지게 되어, 고용주는 이 근로자를 좋지 않은 근로자로 인식하게되고 더 나아가서 이 근로자를 해고할 수도 있다. EAP 담당자는 봉급을 압류 당한 근로자가 재정문제를 잘 처리하도록 관여할 수 있다.

또 어느 경우에는, EAP는 위자료와 자녀부양비를 배우자에게 지급해야 하는 문제로 어려움을 겪는 근로자에게 재정적으로 계획을 짜도록 도움을 준다.

(6) 퇴직계획

최근에 들어서 근로자는 퇴직계획(retirement planning)에 관심을 많이 가지게 되었다. EAP는 퇴직계획과 관련하여 근로자에게 강연회나 세미나 같은 것을 제공할 수 있다. 여기에서 여러 프로그램이 근로자에게 설명된다.

EAP 담당자는 사업장에서 제공되는 퇴직제도에 대해서 잘 알고 있어야 한다. 그래야만 근로자가 합리적으로 결정을 내리는데 도움을 줄 수 있기 때문이다.

EAP 담당자는 가까운 시일 내에 퇴직할 예정인 근로자에게 도움을 줄 수 있다. 이런 근로자는 미래를 위해 재정적으로 계획을 짜야 할뿐만 아니라, 퇴직 후에 육체적·정신적으로 활동을 잘 하기 위해 무엇을 할 것인가에 대해서도 준비할 필요가 있다.

3) 실지 예

미국의 실제 기관에서 제공하는 EAP 서비스의 예를 두 가지 들어보면 다음과 같다.

첫째, 미국 보건복지부에서 직원 및 그 가족에게 실지로 제공하는 EAP에는 사정, 의뢰, 단기 상담이 포함된다. 또 미국 보건복지부의 EAP는 가족문제·부부문제·약물남용·스트레스·기타 정서적 문제를 겪는 근로자들을 위한 사후관리도 제공한다. 또한 상위자·관리자는 개인문제 때문에 업무와 행동에서 변화를 겪는 근로자를 의뢰하는 것이 적절한지 여부를 결정하기 위하여 보건복지부의 EAP 담당자와 접촉할 수 있다(DHHS, 1999).

둘째, 라마나탄(1992: 235)은 미국의 한 중소도시에 위치한 병원에서의 EAP를 연구하였다. 이 병원의 EAP는 업무능력 감소로 본인 또는 상위자가 의뢰를 한 병원직원들에게 사정, 정보제공과 의뢰, 간단한 상담, 상위자에게서 자문받기의 서비스를 제공하고 있었다.

4. EAP의 효과

1) 알코올·약물남용 및 정신건강 문제에 따른 손실

일반적으로 알코올·약물중독과 스트레스 문제가 해결되지 않을 경우에는, 생산성이 감소하고 결근율이 증가하고 병가(sick leave) 사용이 증가하고 재해가 증가하고 장애관련 비용이 증가하고 의료비가 증가하는 것으로 알려져 있다(Van Den Berge, 1995: 845). 이것을 좀 더 자세히 살펴보면 다음과 같다.

첫째, 알코올남용은 미국에서 아주 큰 문젯거리이다. 미국 노동력의 10%가 알코올중독자로 추정되고 있다(Flynn, 1996: 18-19). 미국의 경우에 알코올·약물중독을 겪고 있는 근로자는 생산성을 감소시키고 의료비를 증가시킴으로써, 사업장에 엄청난 비용의 손실을 끼치는 것으로 알려져 있다. 한 민간기관에 따르면, 알코올중독은 기업의 생산성 면에서 매년 710억 달러의 손실을 주고 있고 의료 면에서 매년 150억 달러의 손실을 주고 있다(On-Call, 1997). 이미 1986년에는 알코올중독에 따른 손실이 1420억 달러로 추정된 바 있다(Van Den Berge, 1995: 845). 그리고 한 조사에 따르면, 알코올·약물에 중독된 근로자는 일반 근로자보다 지각하는 횟수가 3배나 더 많고, 8일 이상의 결근 회수가 2.5배나 더 많고, 의료급여를 3배나 더 많이 사용하고, 산업재해보상을 5배나 더 자주 청구하고, 사고에 3.6배나 더 관여된다(SAMHSA, n.d.).

둘째, 미국의 경우 산업재해의 85%는 스트레스와 관련된 것으로 추정되었다. 산업현장에서의 스트레스는 산업관련 재해와 심장마비를 유발하여 매년 320억 달러의 손실을 입히는 것으로 추정되고 있다. 그리고 정신질환이 작업현장에 미치는 손실은 매년 170억 달러로 추정되고 있다(Van Den Berge, 1995: 845).

2) EAP의 효과

(1) 비용 효과성

미국의 모든 연구는 EAP가 비용 면에서 효과적이라고 밝히고 있다(Flynn, 1996: 20-21; Van Den Berge, 1995: 845; Googins et al., 1987: 106-109). 이는 EAP가 사업장의 생산성을 증가하고 결근율을 감소시키는 등의 영향을 미침으로써, 사업장의 비용을 감소시킴을 의미한다.[11] 또한 EAP 서비스를 제공하면, EAP를 제공하지 않을 경우에 기업 외부에 클라이언트의 부가급여 등으로 나갈 비용이 절약된다(Garvin et al., 1992: 389-390).

1980년대 말에 EAP를 실시한 미국 409개 기업을 대상으로 조사한 바에 따르면, 98%의 기업은 EAP를 실시하는데 드는 비용보다 EAP 실시에 따른 사후 효과가 더 크다고 응답하였다. 예를 들면 1989년에 맥도널-다글러스(McDonnell-Douglas Corporation)의 경우, EAP를 제공받은 근로자는 의료비가 35% 감소하고 결근율도 감소하였다. 결국 이 회사는 EAP에 쓰여진 1달러당 4달러의 비용절감 효과가 있었다. 또 킴벌리-클락(Kimberly-Clark)의 경우, EAP에 참여한 근로자는 결근이 43% 감소하였고 사고도 35% 감소하였다(On-Call. 1997).

특히 EAP는 스트레스나 알코올·약물중독 등 때문에 소요되는 비용을 상당히 줄일 수 있다. 예를 들면 EAP를 통하여 알코올중독 근로자를 재활시켜서 근로자의 결근·병가·사고 등을 감소시킬 수 있고, 이는 결국에 가서 사업장에 비용절감 효과를 가져온다. 한 조사에 따르면 EAP를 잘 운영하여, 알코올중독 근로자가 끼치는 손실을 약 50% 줄일 수 있다(Van Den Berge, 1995: 845). 그리고 미국 우정국(U.S. Postal Service)에서 알코올회복 프로그램을 실시한 결

---

11) 사실, EAP는 근로자를 돕게 되면 이직률·결근율 등이 줄어들어 결국에 가서 업무성과가 더 좋아진다는 점을 전제로 깔고 있다(SAMHSA, n.d.). 실제로 Ramanathan(1992: 236-237)의 연구에서는, EAP 서비스를 받은 후에 직원의 결근율이 상당히 감소되었고 또 일반적으로 EAP 서비스를 받은 직원은 업무성과가 개선되는 경향을 보였다.

과, 75%의 회복율을 기록하였다. 우정국은 EAP로 인하여 186만 달러의 비용절감을 가져왔다(Purnell-Bond, 1997).

(2) 스트레스

라마나탄(1992)이 실제 사례를 가지고 연구한 바에 의하면, 적은 정도나 보통 정도의 스트레스를 겪은 근로자 집단은 EAP를 몇 달 받고 나서도 스트레스가 감소되지 않았다. 그러나 높은 정도의 스트레스를 겪은 근로자 집단은 EAP 서비스를 두 달 받고 난 후에 스트레스가 감소되었다. 여기서 EAP 서비스는 낮은 정도나 보통 정도의 스트레스를 겪는 클라이언트에게는 도움을 주지 않고 높은 정도의 스트레스를 겪는 클라이언트에게만 도움을 주게 됨을 알 수 있다. 하지만 높은 정도의 스트레스를 겪는 클라이언트에게도 스트레스의 감소가 지속적이지는 않다.

따라서 위의 연구 결과만 놓고 본다면, EAP가 스트레스를 감소시키는지 여부는 확실치 않은 듯하다.[12)]

(3) 기타

EAP는 기업 이미지를 좋게 만든다. 무엇보다도 회사내의 기업 이미지를 개선하고, 더 나아가서 회사 밖의 기업 이미지를 개선하여 이윤 증대에 기여한다. 그리고 EAP는 근로자의 사기를 증가시킨다. 또한 EAP는 노동조합과 경영진 사이의 관계를 개선하며 경영진에게도 도움을 준다(Van Den Berge, 1995: 845; Googins et al., 1987: 106-109; Ramanathan, 1992: 237-238).

---

12) EAP의 효과를 조사한 연구에 따르면, EAP가 모든 부문에서 긍정적 결과가 있는 것으로 나타나고 있지는 있다. 예를 들면 EAP는 근로자의 자아감을 상승시키는 데에는 효과가 있으나 직무만족을 증가시키는 데에는 효과가 거의 없었다고 Arnold등(1995: 383-384)은 밝힌 바 있다.

5. 프로그램 구성요소

메이시(Van Den Bergh(1995: 846-847)에서 재인용)는 잘 되고 있는 EAP는 대체로 다음과 같은 11가지 요소(components)를 가지고 있다고 본다.

첫째, 최고경영진의 후원과 운영비용 제공(top-level management support and adequate funding for its operation)이 있다. 사업장에서 EAP를 실시하는 것은 정치적으로 또 상징적으로 중요하다. 대개의 경우, EAP 담당자는 인적 자원과 관련된 상위자나 인사관리와 관련된 상위자에게 보고한다. 노동조합이 결성되어 있는 사업장의 경우 EAP가 성공하기 위해서는 근로자층과 경영진으로부터의 후원이 중요하다.

둘째, 자문위원회(advisory board)가 있다. 자문위원회에는 직원협의회의 대표, 경영진 대표, 근로자 대표, 인력(노동관계 담당자), 회사의 옴부즈먼, 지역사회 서비스 제공자, EAP 담당자가 포함되어야 한다.

자문위원회의 역할은 다음과 같다: ① 자문위원회는 정책을 제안하고 프로그램 방향을 제안할 수 있다; ② 자문위원회는 상부 경영진에게 EAP를 옹호해주는 역할을 할 수 있다.

셋째, 정책 또는 과제 천명(policy or mission statement)이 있다. 정책이나 과제를 천명하는 성명에는 EAP의 목적(purposes), EAP의 과정(예를 들면 자격과 비밀유지), EAP의 절차를 명시해야 하며 또 근로자가 EAP를 이용하는 것을 인정해야 한다.

넷째, 프로그램 계획서(program plan)가 있다. 프로그램 계획서는 매년 평가되고 보완된다. 프로그램 계획서에는 EAP의 구체적 목적

(objectives)과 이 목표를 달성하기 위해 제공되는 서비스가 명시되어 있다. 프로그램 계획서는 연간 예산안과 연계되어 있는 경우가 많다.

다섯째, 프로그램 평가를 위한 자료수집(data-collection mechanismthat facilitates program evaluation)이 있다. 이것은 다음에 대한 자료를 정기적으로 수집해야 한다는 것을 의미한다: ① 제공되는 서비스와 관련하여 자료를 수집해야 한다. 예를 들면 인테이크(intake)의 수, 근로자에게 제공된 EAP 회합(session)의 수, 제공된 훈련 회합(training session)의 수를 들 수 있다; ② EAP의 결과에 대한 자료를 수집해야 한다. 즉 제공된 EAP 서비스와 의뢰에 근로자가 얼마나 만족하는지에 대한 결과 자료를 수집해야 하며, 또한 근로자들이 겪는 문제가 어떻게 변화하고 있는지에 대한 자료도 수집해야 한다.

여섯째, 사례발굴·개발·홍보(outreach, development, and marketing)가 있다. 근로자·상위자·관리자에게 EAP 서비스를 홍보하고 이들이 EAP 서비스를 이용하도록 하기 위해 꾸준히 노력해야 한다. 그리고 근로자·사업장의 변화하는 욕구를 충족시키기 위해 EAP 프로그램을 보완하고 확대해야 한다.

일곱째, 상위자 교육 및 일반근로자 교육(supervisor training and employee education)이 있다: ① 상위자는 문제를 겪는 근로자를 파악하고 개입하는데 익숙해야 하므로, EAP에서 상위자에게 이와 관련된 교육을 제공해야 한다; ② 일반 근로자에게는 복리 프로그램(wellness programs)이 EAP 활동에 효과적인 보완 프로그램의 역할을 한다. 복리 프로그램의 예로는 일과 경력을 조화시키기, 스트레스 다루기, 변화를 대처하기, 위기를 대처하기, 건설적 관계를 이룩하기가 있다.

여덟째, 비밀유지(confidential and secure records)가 있다. 근로자

에게 비밀보장에 대한 확신을 주지 않으면, 많은 근로자는 EAP 서비스를 이용하지 않으려 한다. 그러므로 근로자가 EAP와 관련해 제공한 정보를 조심스럽게 보호해야 하며, 이 정보를 해당 근로자의 서면(書面)동의 없이 다른 사람에게 절대로 제공해서는 안된다.

아홉째, 꾸준한 자원개발(ongoing resource development in the organization and the community)이 있다. 꾸준한 자원개발과 관련하여 다음의 두 가지에 관심을 가져야 한다: ① 조직내에서의 자원개발이 있다. 그러므로 내부방식 EAP는 사업장 관계자들과 광범위한 관계를 맺고 있어야 한다. 이와 관련된 사업장 관계자에는 근로자협의체와 자조(自助)집단뿐 아니라, 인력 담당자, 차별철폐(affirmative action) 담당자, 산업보건안전 담당자, 직업재활 담당자도 포함된다; ② 지역사회내에서의 자원개발이 있다. 그러므로 내부방식 EAP의 경우, 해당 근로자에게 치료와 외부 사회서비스 제공을 적절하게 의뢰할 수 있게끔 지역사회기관 및 지역사회집단과도 관계를 유지해야 한다.

열째, 위기 개입이 필요한 특별 상황에서의 원조 제공(ability to provide assistance to groups of employees or to the entire company in special circumstances in which crisis intervention is called for)이 있다. 사업장 폭력·중(重)재해와 관련된 충격(trauma), 일시해고와 관련된 충격, 부서 재조직화(departmental reorganization)와 관련된 충격을 치료하기 위해 EAP 담당자가 개입해야 할 경우에, EAP 담당자는 근로자집단이나 회사전체에 원조를 제공할 능력이 있어야 한다.

열한째, 전문적 사정과 적절한 의뢰(competent assessment and appropriate referral)가 있다. EAP 담당자가 해당 근로자를 사정(査定)한 후에 이 근로자가 가지고 있는 문제가 조속히 해결될 수 없을 것 같은 경우에는, EAP 담당자는 이 근로자를 광범위한 서비스에 의뢰할 채비를 갖추어야만 한다.

6. EAP 제공의 방식

1) 방식의 분류

스트라우스너(1990: 7-8)는 산업복지의 서비스 제공과 관련하여 다음과 같이 분류한다.

첫째, 복지사를 누가 고용하느냐에 따른 구분이다. 이 경우에 복지사를 노동조합, 경영진, 노동조합과 경영진, 근로자 모임체가 고용할 수 있다.

둘째, 개별기업 · 조직이냐 컨소시엄이냐의 구분이다. 즉 한 사업장(기업)이 산업복지 프로그램과 서비스를 제공할 수도 있고, 또는 여러 사업장(기업)이 자원을 공동으로 모여서 복지 프로그램을 제공할 수도 있다.

셋째, 외부방식과 내부방식의 구분이다.[13)]

그러나 EAP의 경우, 학자들마다 서비스 제공방법에 대한 분류에서 약간의 차이가 있다. 예를 들면 메이시(1984: 79-80)는 OA/EAP 모델을 내부방식(in-house program), 외부방식(contracts), 컨소시엄방식(consortiums), 노동조합제공방식(union)으로 구분하며, SAMHSA(n.d.)는 내부방식, 외부방식, 노동조합방식(labor union model), 전문조직방식(professional association program), 컨소시엄방식(consortium)의 다섯 가지로 구분한다. 그리고 반덴버지(1995: 845-846)는 EAP 서비스를 전달하는 방식을 내부방식, 외부방식, 컨소시엄(consortium)방식, 전문조직(association)방식의 네 가지로 나눈다.

그러나 학자들의 이런 분류는 스트라우스너의 분류와 개괄적으로

---

13) 내부방식과 외부방식은 아래에 자세히 설명된다.

일치한다고 볼 수 있다. 다만 스트라우스너가 세 개의 차원으로 나누어서 따로 따로 분류하는 반면에, 다른 학자들은 차원의 구분이 없이 섞어서 분류한 것일 뿐이다.

여러 학자들간에 공통적으로 의견이 일치하는 것은 EAP 서비스의 제공방식을 내부방식(in-house or internal model)과 외부방식(contractual(external or vendor) model)으로 구분하는 것이다.

바커(Barker, 1995: 119)도 EAP 서비스는 회사 내부에서 제공하는 방식으로 운영될 수도 있고 또는 외부 제공자를 통하여 계약방식으로 운영될 수도 있다고 봄으로써 2분류법을 채택하고 있다.

2) 내부방식과 외부방식

(1) 내부방식

내부방식의 특징과 장단점을 살펴보면 다음과 같다(Masi, 1982: 79-80; SAMHSA, n.d.; DiNitto et al., 1997: 256-263; Van Den Berge, 1995: 845-848; Anderson et al., 1988: 40; On-Call, 1997; Flynn, 1996: 16).

내부방식에서는 EAP가 인사 부서나 의무 부서나 사회서비스 부서에 위치한다. 내부방식에서는 서비스를 요청하는 근로자에 대한 사정을 EAP 담당자가 수행하며, 근로자에게 필요한 서비스를 EAP에서 직접 제공하든가 또는 사정을 한 후에 근로자를 지역자원에 의뢰하여 상담·치료를 제공한다.[14] 복지사가 EAP에 고용되어 있으면

14) Flynn(1996: 16)은 내부방식에서는 의뢰가 회사내 의뢰로만 제약된다고 밝히고 있다. 한편 미국 보건복지부는 내부방식을 채택하고 있는데, 여기에서는 EAP 서비스를 받는 근로자는 어떤 비용도 지불하지 않는다. 만약에 외부기관으로부터 의뢰가 필요하다면 근로자가 이 서비스에 대한 비용을 지불한다. 이 경우에 EAP 담당자는 의료보험으로 치료되는 의뢰를 선택하거나 근로자의 재정여건에 맞는 의뢰를 선택하기 위하

근로자에게 지속적인 상담을 효과적으로 제공할 수 있다.

내부방식에는 한 명 이상의 EAP 담당자가 있는데, EAP 담당자는 사업장에 고용된 직원이다. 그리고 내부방식의 EAP 담당자는 근로자 복리와 관계된 문제를 다루는 위원회의 구성원이 되는 것이 관례이다.

내부방식의 서비스는 사업장 현장이나 사업장과 가까운 곳에서 제공된다. 내부방식은 고용주가 기업의 즉각적이고 독특한 욕구에 맞는 서비스를 제공하도록 설계할 수 있다는 데에 장점이 있다. 또 내부방식에서는 EAP 담당자가 기업문화와 기업의 역동적 측면을 피부로 잘 느낄 수 있어서 EAP 담당자가 기업 차원의 개입, 기업의 정책결정, 근로자 옹호 등에 더 관여할 수 있다. 그러나 내부방식은 비밀보장에서 불리하고, 오명이 따를 수 있고, 근로자 클라이언트당 비용이 많이 든다는 점이 단점으로 지적되고 있다.

내부방식은 대부분의 OAP가 채택한 방식이다. 예를 들면 1970년대 미국에서 실시된 대부분의 EAP는 이 방식을 사용하였다.

(2) 외부방식

외부방식의 특징을 살펴보면 다음과 같다(Masi, 1982: 81-82; SAMHSA, n.d.; DiNitto et al., 1997: 256-263; Van Den Berge, 1995: 845-846; Anderson et al., 1988: 40; On-Call, 1997; Flynn, 1996: 15-16).

외부방식은 최소한의 회사직원만 고용하며, 계약을 맺은 외부기관이 사정을 포함한 대부분의 서비스를 제공한다. 외부방식에서는 대학·복지기관·병원 등과 계약한다. EAP 담당자는 사례를 선별하여 근로자가 처한 문제에 가장 적합한 서비스 형태에 의뢰를 한다.

여 근로자와 자세히 상의한다(DHHS, 1999).

외부방식에서는 필요한 서비스를 사업장 현장(on-site)에서 제공할 수도 있고 현장이 아닌 외부 장소(off-site)에서 제공할 수도 있다. 비밀보장이 중요한 사업장은 현장 밖에서 제공하는 방법을 선호한다.

외부방식의 장점으로는 다음을 들 수 있다: 비밀보장에서 유리하며, 여러 사업장에서 클라이언트를 확보할 수 있으므로 비용이 적게 들며,[15] 서비스에 대한 책임성이 크며, EAP 담당자와 최고 경영진 사이의 의사소통이 빈번하며, 서비스의 시작이 빠르며, 경험이 더 많은 직원을 고용할 수 있다.

소기업은 자체의 EAP을 가지는 것이 비용 효과성이 적거나 현실적으로 불가능하기 때문에 외부방식을 채택하는 경우가 많지만, 회사는 직접 기업과 관련된 업무만 맡고 치료 같은 것은 기업 외부에 맡긴다는 취지에서 대기업도 외부방식을 채택하기도 한다. 외부방식은 근래에 크게 증가해 왔는데, 그 이유는 외부방식이 규모가 작은 회사에 알맞기 때문이다. 1990년대 중반의 경우, 미국 전체 EAP의 80% 정도가 외부방식을 채택하고 있는 것으로 알려져 있다.

(3) 내부방식과 외부방식의 비교

미국 New York 지역에서 실시되고 있는 내부방식의 EAP와 외부방식의 EAP을 실제로 비교한 연구에서, 스트라우스너(1988)는 내부방식과 외부방식의 장단점을 실증적으로 잘 지적하고 있다.

---

15) 1995년 현재, 외부방식의 EAP에서 근로자 일인당 드는 비용은 연간 18달러인데 비해서 내부방식에서는 근로자 일인당 연간 22달러가 소요된다. 물론 비용은 지역마다 다르다(Flynn, 1996: 15-16). 그러나 Straussner(1988: 53)의 조사에서는 외부방식이 내부방식에 비해서 비용이 더 많이 드는 것으로 나타났다. 따라서 비용문제는 아직 일관된 결론이 나지 않은 것으로 보인다.

<표 7-1> 내부방식과 외부방식의 장점

관점	내부 EAP 방식	외부 EAP 방식
최고 경영진	○ 비용이 적다 ○ 통제를 할 수 있다 ○ 알코올중독 근로자의 파악이 쉽다 ○ 상위자·의료진에 의한 내부의뢰가 많다 ○ 노동조합이 긍정적으로본다	○ 책임성이 크다 ○ 법적 문제에 휘말릴 가능성이 적다 ○ 프로그램을 빨리 시작하고 원활히 진행한다
근로자	○ 옹호를 잘 할 수 있다 ○ 남성·하층직원·소수민족 근로자가 많이 이용한다 ○ 직접 상담이 많다 ○ intake 면담이 공식적이고 자세하다 ○ 추적 처리가 낫다	○ 쉽게 접근할 수 있다 ○ 비밀보장이 잘 된다 ○ 자기의뢰가 많다 ○ 전문성이 높다 ○ 가족구성원이 잘 이용할 수 있다 ○ 의뢰자원의 선택이 자유롭다 ○ 고위층 근로자가 많이 이용한다
EAP 담당자	○ 전문적·개인적 자유가 많다 ○ 추가 정보에 쉽게 접근할 수 있다 ○ 권위가 크다	○ 전문적·개인적 지원이 많다 ○ 직무 스트레스가 적다 ○ 근로자나 가족에게의 위협가능성이 적다 ○ 이동 기회가 많다

출처: 스트라우스너(1988: 54).

스트라우스너는 각 방식의 장단점을 최고경영진, 근로자(서비스 사용자), EAP 담당자의 관점에서 비교·분석하고 있다 (<표 7-1>

참조).[16] EAP 담당자의 관점도 중요하다고 보는 것은 EAP 담당자가 겪는 문제점이 EAP 서비스의 전달과 프로그램의 진행에 영향을 미치기 때문이다.

스트라우스너는 분석 결과를 다음과 같이 종합적으로 요약한다: 경영진에게는 내부방식이 장점이 있는 것으로 보인다. 근로자측에게는 분명한 결론에 다다르기 어렵고, 다만 직면하는 문제의 성격과 클라이언트의 인구적 측면에 좌우된다. EAP 담당자측에게는 어느 쪽에도 분명한 장점이 없다.

3) 기타 방식

(1) 컨소시엄방식

컨소시엄방식은 중소기업이 사용하는 경우가 많다. 이 방식에서는 여러 사업장이 한 조직을 이루어서 외부 제공자에게 저렴한 비용으로 EAP 서비스를 제공하도록 요구한다. 컨소시엄방식은 개인 사업장이 독자적으로 자기 나름의 EAP을 도입하는 것이 어려울 때 사용된다(Masi, 1982: 79-80; SAMHSA, n.d.).

16) EAP의 내부방식과 외부방식을 최고경영진의 관점에서 Straussner(1988)가 비교하는 것을 일부만 예로 들면 다음과 같다: 첫째, 최고경영진에게는 내부방식이냐 외부방식이냐를 결정하는데 있어서 비용은 아주 중요하다. 외부방식이 내부방식보다 개인당 비용이 더 많이 소요되었다. 따라서 비용만 고려한다면, 최고경영진은 외부방식보다는 내부방식을 선호한다. 둘째, 최고경영진은 회사 욕구에 적응되는 서비스에 가장 관심을 갖는다. 그러므로 이런 관점에서 본다면 최고경영진에게는 내부방식이 더 적합하다. 셋째, 내부방식은 경영진이 서비스를 통제하기 쉽고 또 EAP 담당자를 통제하기 쉽다. 그러나 외부방식에서는 EAP 담당자가 정기적으로 더 자주 경영진과 대화를 할 수 있고 또 전산 처리된 자료관리 등에서 유리하다. 한 마디로 말해서, 내부방식이 통제에 유리하다면 외부방식은 책임성(accountability)에서 유리하다.

(2) 노동조합방식

노동조합방식에서는 노동조합이 담당 주체가 되며, 노동조합측에서 노동조합에 소속된 회원에게 EAP 서비스를 제공한다. 노동조합이 EAP을 직접 운영하는 경우도 있고 경영진과 협조하여 공동으로 운영하는 경우도 있다. 노동조합방식에서 제공되는 주요 서비스는 의뢰이다(Masi, 1982: 79-80; SAMHSA, n.d.).

(3) 전문조직방식

전문조직방식은 직종관련 조직에 소속된 기업에게 적절하다. 예를 들면 복지사협의회나 의약협회를 들 수 있다. 이 방식의 장점은 EAP 담당자가 클라이언트의 독특한 직업적·전문적 특성을 잘 알 수 있다는 데에 있다. 전문조직방식에서는 회원이 원조를 청하는 것을 장려하기 위하여 자격취소 조항을 포함시킨다(Van Den Berge, 1995: 845-846; SAMHSA, n.d.).

7. EAP의 향후 유의점

1) 거시적 측면의 고려

지금까지의 EAP에서는 거시적 측면이 소홀히 취급되었다. 일부 EAP에서 근로자 개인뿐 아니라 근로자를 둘러싸고 있는 환경 요인도 고려하는 경우가 있기는 하나,[17] 구긴스·데이빗슨(Googins & Davidson, 1993: 477)도 언급하듯이 아직까지 EAP가 광범위한 환경에 초점을 두고 있다고 보기는 어렵다. 즉 직장과 환경은 변하지 않

---

17) EAP 담당자는 광의의 회사정책에 관여하기도 한다. 예를 들면 기업연금 정책과 구조조정이 미치는 영향과 같은 것이 있다(Flynn, 1996: 10-11).

으니까 개인의 행동·생활양식을 바꾸든지 또는 개인이 스트레스를 잘 관리할 수 있도록 하자는 식이 EAP에서 취하는 접근의 주류를 이룬다. EAP가 이렇게 단기적이고 개인적으로 접근하다보니 EAP 서비스의 많은 부분이 심리적 상담에 치중되고 있다(Arnold, Cooper, and Robertson, 1995: 382-383).

클라이언트는 자신의 문제가 개인 환경을 뛰어 넘는 것이거나 직무와 관련되어 있는 것이라고 설명할 때조차, 상담사들은 클라이언트 문제를 개인적 관점에서만 보는 경우가 많다고 라마나탄(1992: 238)은 지적한다. 예를 들면 한 연구에서는 클라이언트의 44%만이 자신의 문제가 개인 문제라고 생각하였으나, 상담사들은 클라이언트의 76%가 개인 문제를 가지고 있는 것으로 간주하였다. 이 경우에 다음과 같은 두 문제가 발생할 수 있다. 첫째, 복지사들은 실제 문제의 핵심인 환경적 측면보다는 개인적 측면에 초점을 더 두게 되고, 이에 따라 복지사들은 근로자의 문제를 유발시키고 경감시키는데 있어서 환경적 측면이 가지는 역할을 무시할 위험성이 있다. 둘째, 복지사들이 단기적 개인 상담을 제고하는데 관심을 갖거나 근로자를 직장 외부의 치료기관으로 의뢰하는 데만 관심을 주로 가질 수 있다.

구긴스등(1993: 477-478)은 기존의 EAP가 개인적 측면에 과도하게 초점을 두고 있는 이유로 다음과 같은 점을 제시하고 있다.

첫째, 생산성 측면의 측정(예를 들면 결근율)에 초점을 둠으로써 개인지향적 EAP가 주된 부류를 이루어왔다.

둘째, 그간 전통적으로 EAP가 알코올로 어려움을 겪는 근로자를 파악하고 재활시키는데 큰 관심을 가져왔기 때문에 EAP가 개인에만 초점을 두어 온 측면이 많았다.

셋째, 의료모델(medical model)에 근거하였다. 의료모델은 개인치료에 초점을 두는데, 보험회사나 약물남용치료와 관련된 업계도 개인치료에 초점을 두어왔다.[18]

넷째, AA의 전통과 관련이 있다. AA는 알코올중독의 사회적・문화적・조직적 측면에 대해서는 고려하지 않는 경향이 있었다.

다섯째, EAP가 회사조직의 저항・반대를 걱정한 탓이다. 직장의 조직은 새로운 관심사를 거부하는 경향이 있다. 이에 따라 개인의 변화에 초점을 두게되고, 이러다 보니 조직이 수용 가능한 변화만 추구하는 경향이 있었다.

여섯째, 사회사업가・심리학자・간호사・알코올상담사의 교육 배경 자체가 미시와 관련이 깊었고, 이에 따라 개인문제에만 주된 관심을 갖는 하는 측면이 있다.

그리고 라마나탄(1992: 237-238)은 EAP 모델을 현대 산업복지 분야에서의 주도 모델로 보고 있는데, 그는 EAP 모델이 클라이언트 개인의 문제와 클라이언트에게 바로 근접한 환경에만 초점을 두게 하고 그 반면에 사업장의 광범위한 구조적 환경여건을 무시하는 경향을 지니고 있음을 지적한다.

한편 복지사는 다음의 세 가지 측면을 고려하여야 한다고 맥카티・스텍(McCarthy & Steck, 1990: 21)은 주장한다. 첫째가 환경적 측면으로서 물리적 여건이나 회사외부의 가치 등을 말한다. 둘째가 조직자체가 가지고 있는 기업 측면이다. 셋째가 개인 근로자에게만 해당되는 개인적 측면이다. 이 세 가지 측면은 서로 영향을 주고받으므로 이런 역동적 측면을 잘 고려해야 한다. 사실, EAP가 통상적으로 다루고 있는 개인 문제는 그 근본적 근거를 거시적 환경에서 찾을 수 있는 경우가 많다. 그러므로 근로자의 어려움을 감소시키기 위해서는 EAP가 개인적 수준과 조직적 수준 모두에 초점을 두도록

18) 이와 비슷한 것이 장애인복지에서도 나타난다. 장애인이 겪는 경제적 및 사회적 어려움을 설명하는데 있어서 그간의 모델은 '개인적 의료모델(individual medical model)'이었다. Barnes(1996)는 장애인에 대한 '제도적' 차별이 존재하는 배경의 하나를 위와 같은 모델에서 찾으면서, 대신에 '사회적 모델(social model)'에 근거할 것을 주장한다.

복지사가 관심을 가져야 한다. 이렇게 해야 만이, 복지사가 문제의 잘못을 클라이언트에게만 돌리는 경향에서 벗어날 수 있다.

특히 EAP의 클라이언트는 기업의 개개 근로자일 수도 있고 기업 그 자체일 수도 있다는 맥카티등(1990: 20)의 지적을 귀담아 들을 만하다. 라이스(Rice, 1999: 193-194, 214)도 EAP를 근로자 개인에 초점을 두는 접근으로 보면서, EAP 식의 접근은 근로자가 겪는 직무 스트레스가 근로자 개인의 문제이고 또 근로자 개인의 과실에 기인한다는 잘못된 인식을 심어준다고 비판하고 있다.

EAP가 기업환경을 바꾸려면 EAP가 개인에 초점을 두는 접근에서 조직·회사에 초점을 두는 접근으로 방향을 바꾸는 것이 더 나을 수도 있음을 구긴스등(1993: 479)은 지적한다. 따라서 앞으로 EAP는 미시적 측면뿐 아니라 거시적·중도적(meso) 측면에도 관심을 가질 필요가 있다.

2) 통제적·억압적 측면

EAP에서 큰 쟁점이 될 수 있는 것은 직장에서 제공되는 사회서비스의 수혜자가 과연 누구인가 하는 점이다. 즉 클라이언트 개인이 EAP의 수혜자인가 또는 회사가 EAP의 수혜자인가 하는 문제가 등장하는데, 이것은 EAP가 통제적·억압적 성격을 가질 수도 있음을 보여준다. 어느 경우에는 EAP를 제공하는 주(主) 목적이 클라이언트 개인보다는 회사를 위하는 식으로 전개될 수 있기 때문이다. 이 경우에 근로자와 그 가족을 위한다는 EAP(더 나아가서는 산업복지) 고유의 취지에 어긋나게 된다. 라마나탄(1992)은 이런 점이 문헌상으로는 제기되었으나 경험적으로는 연구되지 않았음을 지적하고 있다.

이와 관련된 예를 몇 가지 들어보면 다음과 같다.

첫째, 일반적으로 스트레스를 적게 받는 근로자가 스트레스를 많이 받는 근로자보다 그 직장에서 일하기를 계속하려는 경향이 더 크다. 그런데 라마나탄(1992: 237-238)의 연구에 의하면, EAP 서비스를 받은 근로자는 그 회사에 머물려는 의도가 더 줄어들었는데, 이것은 EAP가 스트레스를 감소시키지 않았거나 또는 EAP가 작업환경을 개선시키지 않은 점에서 그 이유의 일부를 찾을 수 있다. 이 경우에 복지사는 그 근로자의 스트레스를 감소시켜 주어야 하는 것인지 또는 그 근로자가 직장을 떠나게 하는 것을 도와주어야 하는 것인지의 갈등적 상황에 처하게 된다. 만약에 복지사가 근로자를 그 직장에 머무르게 하는 것에 과도한 관심을 갖는다면 EAP는 고용주에게 이용당한다는 측면이 내포될 수 있다.

둘째, 라마나탄(1992)은 개인 스트레스와 생산성이 서로 관련되어 있기는 하지만, EAP는 개인 스트레스를 감소시킴이 없이 근로자의 생산성을 증가시킨다고 주장한다. 이 경우에 EAP는 개인 근로자보다는 고용주에게 유리한 측면으로만 작용될 소지가 있다. 따라서 이 경우에 복지사는 근로자의 생산성이 증가할 경우에 근로자의 스트레스를 감소하는 것도 중요한가의 문제도 따져 보아야 한다.

셋째, 상위자가 의뢰를 요청한 부하 클라이언트의 업무성과가 개선되었다는 점을 근거로 하여, EAP 서비스가 근로자의 동기를 유발하였다고 긍정적으로 평가할 수 있다. 그러나 다른 관점에서 볼 경우, 이런 근로자는 자기가 EAP에 참가해서 업무성과를 개선시켜야만 그 직장에서 불이익을 당하지 않을 것이라는 사실을 피부 깊숙이 느꼈기 때문에 동기가 증가되었을 수도 있다. 이 경우에는 근로자가 EAP를 통해서 오히려 위협을 받는 상황에 처할 수도 있고, 이것은 EAP의 억압적 측면을 보여주는 사례로 제시될 수 있다.

미국에서 초창기에 실시된 산업복지 프로그램의 목적은 근로자를 생산적이게 하고 회사에 충성하게 하려는 의도가 많았고, 또한 초창기의 산업복지 프로그램은 노동조합화에 대응하는 방법으로 간주되었다(Van Den Berge, 1995: 842-843). 현대의 EAP에도 이런 통제적·억압적 측면이 그대로 끼여들 수 있음에 늘 유의하여야 한다.

3) 효과성의 입증

지금까지 EAP는 근로자의 문제를 조기에 발견하여 치료하게 되면 근로자와 회사에 이익이 된다는 전제하에서 운영되어 왔다. 이것은 그럴싸한 말로 보이지만 고용주가 이 말을 인정하기 위해서는 EAP가 효과적이라는 것이 '실증적으로' 증명되어야 한다. 따라서 여기에서 EAP의 비용 효과성을 재는 문제가 등장한다. 지금까지 EAP가 어떤 기업의 결근율을 감소시켜 수백만 달러를 절감시켜 주었다고 주장을 하지만, 이에 대한 구체적인 자료를 제시하라고 요구를 받게 되면 EAP 담당자들은 엄격한 조사설계에 근거한 자료를 제시하지 못하는 경우가 많았다고 덱커등(1986: 391)은 지적한다.[19)]

EAP의 효과성에 대한 평가가 중요한 배경으로서 덱커등은 다음을 꼽는다.

첫째, EAP의 효과성을 실증적으로 증명하는 자료가 제시되지 않는다면 EAP는 사라져 버릴 가능성이 높다. EAP는 앞으로 복지사들이 사업장에 고용되어 일을 하게 되는데 중요한 프로그램이 될 것으로 전망되기 때문에 EAP의 효과성에 대한 연구는 더욱 절실하다.

둘째, 근로자에게 제공되는 기업복지 혜택이 감소될 가능성이 크기 때문이다.

셋째, 기업들은 자기들이 과연 이윤 추구를 하는 사업을 하는 곳

---

19) 일년 이상 실시된 EAP에 대하여 체계적인 자료수집 방법을 가지고 조사하여 비용절감 효과를 보여주게 되면, 기업 목표와 인간주의적 목표를 효과적으로 통합할 수 있다고 Decker등(1986: 392-393)은 주장한다.

인지 또는 근로자의 정신건강을 도와주는 사업을 하는 곳인지에 대하여 심각하게 따져보기 시작하고 있다.

넷째, 회사・노동조합・근로자는 EAP에 투자한 시간・비용・인적자원에 대해서 자기들이 정당한 대가를 받고 있는지를 알 권리가 있다.

실제로, 기업들은 근로자가 가지고 있는 의료적・행동적 문제가 기업에게 손실을 줄 수 있다는 것을 점점 알게 되었고, 이에 따라 근로자의 신상과 관련하여 비밀보장을 해 주면서 EAP가 얼마나 효과적인지를 구체적 비용으로 보여줄 필요성이 커지고 있다(Decker et al., 1986: 391-392).

한편 EAP는 정신의료와 약물남용급여의 통제적 관리에서 점점 중심적 역할을 수행하고 있다(Jacqueline and Schiff, 1990: 57-58). 1990년대 후반부에 EAP에 영향을 준 주요 요소로 관리식 정신의료(managed mental health care)를 꼽을 수 있다는 점을 고려하면, 외부방식의 EAP보다 내부방식의 EAP가 이런 경향의 영향을 더 받을 것으로 보인다. 비용문제에 민감한 기업은 내부방식의 EAP 대신에 관리식 정신의료 프로그램의 한 부분으로 EAP 서비스를 제공할 것이기 때문이다(Van Den Berge, 1995: 848).

한 마디로, 사업장이 비용에 대해서 더욱 민감해지고 있기 때문에 효과성을 헤아려 보는 것은 EAP에서 중요하다. EAP가 계속 존속하려면 기업이 EAP의 운영에 소요되는 비용을 지불해야 하는데, 기업의 입장에서는 EAP 서비스가 그만한 5가치가 있다고 판단되어야만 소요 비용을 계속 지불할 것이기 때문이다. 그러므로 앞으로 EAP의 비용효과성에 대한 체계적 실증연구가 더 적극적으로 실시되어야 한다.

4) 비밀보장

EAP에서는 비밀이 보장된다는 점을 앤더슨등(1988: 39-40)은 EAP의 장점으로 크게 강조한다. 그러나 실제는 EAP에서 비밀을 100% 보장하기 어려운 측면이 있고, 이에 따라 EAP를 평가하는데 있어서 비밀보장 문제는 딜레마를 주는 요인으로 작용할 수 있다.

덱커등(1986: 392)은 연구자가 EAP의 평가를 위하여 근로자의 업무성과와 관련된 전반적 통계치를 요구할 경우에 비밀보장은 큰 문제가 아니라고 주장한다.[20] 하지만 EAP 서비스를 받는 근로자가 직장에서 불리한 처지에 놓여있을 경우에는, 근로자의 입장에서 비밀보장 문제는 아주 중요한 의미를 갖는다.

미국 보건복지부의 EAP 안내는 '아주 예외적인 경우를 제외하고는 EAP 담당자와의 접촉내용은 비밀보장이 완전히 유지된다'는 식으로 소개하고 있다(DHHS, 1999). 그러나 거꾸로 이것은 '아주 예외적인 경우'에는 비밀이 보장되지 않을 수 있다는 점을 보여준다. 문제는 아주 예외적인 상황인지의 여부를 클라이언트가 아닌 복지사가 판단할 경우가 많다는 점이다. 따라서 향후에는 EAP 운영에 있어서 비밀보장 문제를 클라이언트의 관점에서 신중히 판단하여야 한다.

5) 기타 유의점

(1) EAP의 보편화

아직까지는 EAP의 혜택을 전체 근로자가 다 받는 것이 아니다.

20) Decker등(1986: 392)은 대부분의 근로자는 자료 공개에 부정적이지 않으며 오히려 자료를 구하는 문제는 클라이언트 근로자보다 기업의 상담사에게 더 있다고 보고 있다. 만약에 클라이언트가 자료 공개를 꺼려한다면 개인 근로자의 자료보다는 소속 부서 전체의 통계치를 얻어서 대치할 수 있다.

따라서 EAP를 고급 부가급여로 볼 것인지 아니면 모든 근로자의 권리로 볼 것인지의 문제가 등장한다. 직업복지의 경우에 기업 규모 등에 따라서 부익부 빈익빈이 있다는 지적이 자주 제기되어 왔는데,[21] 이런 점은 EAP에도 그대로 적용된다. 그러므로 EAP의 보편화에도 관심을 가져야 한다.

(2) 실직자와 근무지 이동자에 대한 관심

EAP는 실직이나 기업의 구조조정에 관심을 가지는 경우가 가끔 있지만(Flynn, 1996: 6-7), 직장에 다니다가 일시 해고된 근로자에 대해서는 EAP가 큰 역할을 못해 왔다는 지적이 있다. 이 분야는 오히려 노동조합이나 민간기구가 많이 담당해 왔다(Foster and Schore, 1990: 84). 그러나 구조조정이 자주 생기고 지식 주기가 짧아지는 현대에 들어서서 일시해고자가 많아질 가능성이 크다. 따라서 고용이 개인 생활에서 차지하는 비중이 큼을 고려하면, 일시해고자 문제는 EAP가 관심을 많이 가져야 할 분야로 판단된다.

그리고 직장내에서 지리적으로 이동한 근로자를 위한 EAP는 드문 편이고, 실지 이런 EAP가 있다고 해도 아직 체계적으로 서비스를 제공하는 편은 아니다. 직장내에서 지리적으로 이동한 근로자는 인사 부서를 통해서 서비스가 제공되는데 이사와 관련된 비용을 지원하는 것과 주로 관련된다(Anderson et al., 1988). 직장의 이동은 스트레스를 유발하며, 이렇게 발생한 스트레스는 약물남용이나 부부갈등 등과 같은 어려움을 불러일으킬 수 있다. 그러므로 앞으로 기업 내에서의 지리적 이동 기회가 많은 점을 고려하면, 지리적으로 이동한 근로자를 위한 EAP 서비스에 대해서도 관심을 가져야 한다. 예를 들면 미국의 콘트롤 데이터사(Control Data Corporation)는 직

21) 예를 들면 Bryson(1992: 136-139)을 볼 것.

장내에서 지리적으로 이동한 근로자에게 금전지원 이외의 서비스도 제공하고 있다. 또한 스탠더드 오일 오브 오하이오(Standard Oil of Ohio)는 직장내에서 지리적으로 이동한 근로자의 배우자에게 이사간 지역에서 직장을 찾아주는 프로그램을 운영하고 있다. 이 경우, 일하는 부인(남편)이 남편(부인)의 직장이동으로 일자리를 그만두어야 하기 때문에 생기는 부부 갈등 등을 전부 또는 일부 해결할 수 있다(Anderson et al., 1988: 40).

⑶ 담당 영역에 대한 지침의 설정

알코올이나 스트레스와 같은 경우, 회사내의 의료 부서와 복지사가 고용된 부서 사이에 담당 영역과 관련된 갈등이 생길 수 있다. 또 EAP 서비스의 어떤 영역은 사회복지학, 심리학, 간호학, 경영학 등의 전공자끼리 '영역 따먹기' 싸움이 일어날 수도 있다. '밥그릇 싸움'의 성격을 지닐 이런 갈등에 대해서도 어느 정도 지침을 마련하는 것이 필요하다.

8. 우리나라에의 적용성

미국의 EAP는 성장속도, 규모, 실시 사업장 등의 측면에서 그간 두드러진 발전을 해 온 산업복지 분야이다. 앞으로 노동인력의 다양성, 기업의 구조조정 및 조직개편 때문에 근로자는 어려움을 더 겪게 될 것으로 보이므로, 복지사가 EAP을 통하여 근로자의 여러 문제를 해결해 주는데 도움을 줄 수 있는 기회가 더 늘어날 것으로 전망된다.[22)]

---

22) 어느 학자는 새로운 EAP는 금융업계에서 가장 많이 나타날 것으로 전망한다. 대규모 구조조정 및 기업합병 등이 개인에게 영향을 미칠 가능성이 높은 부문이기 때문이다

이제 우리나라도 미국 EAP의 진전을 적극적으로 주시하여야 할 때가 왔다. 특히 EAP는 복지사를 사업장에 고용하게 하는 중요한 계기가 되어왔고, 또 EAP는 앞으로 복지사의 취업 및 활동과 관련하여 중요한 무대가 될 것이라는데 큰 의의가 있기 때문에 더욱 유념하여 미국의 EAP를 살펴 볼 필요가 있다.

우리나라와 미국은 산업화의 배경이 같지 않고, 우리나라는 미국에 비해서 산업화 과정이 늦게 시작되었다. 그러나 우리나라의 현 산업구조와 현황이 선진국의 상황과 유사하므로 미국의 EAP는 우리나라의 상황에서 적합성이 크다고 볼 수 있다. 플린(1996: 3-4)은 우리나라가 아직은 EAP를 실시하고 있지 않으나, 우리나라에서 중산층 · 사무직 · 노동조합가입 근로자가 증가하고 있고, 알코올 · 약물이 사회문제로 취급되기 시작하고 있고, 세계경쟁으로 스트레스를 많이 받으므로 우리나라에서 EAP를 도입할 필요성이 있음을 이미 지적한 바 있다.

무엇보다도 우리나라는 유교문화적 특성으로 인하여 직장에서의 상하관계가 서구에 비해 권위적 구조로 유지되는 측면이 많기 때문에, 서구 근로자에 비해 스트레스를 더 겪게 되고 알코올 등에 호소하는 경향이 크다. 그러므로 근로자의 알코올남용 · 스트레스 · 정신건강을 위한 EAP 프로그램을 사업장에 우선 적극적으로 도입하여야 한다. 특히 우리나라에서 술 소비량이 유난히 많은 점과 미국에서 알코올남용 근로자에게 관심을 가진 것이 EAP의 토대를 이룬 점을 감안하면, 우리나라도 앞으로 직장인의 알코올 문제에 대해서 심각한 관심을 보여야 할 때이다. 우리나라에서 남성의 알코올문제는 가정에서의 여성폭력 문제와 밀접한 연결이 있어 보이기에, 이와 관련된 EAP를 도입하는 작업이 더욱 절실하다.

(Flynn, 1996: 10).

당장에 EAP를 우리나라 사업장에 도입하기 어려우면 우선 간단한 것부터 꾸준히 도입하는 것이 바람직할 것으로 보인다. 미국의 경우 부하의 정신적 증상 및 알코올·약물관련 증상을 파악하는 훈련을 정기적으로 받은 상사가 많은 회사일수록 그렇지 않은 회사보다 EAP 의뢰가 아주 더 많았는데(Flynn, 1996: 22), 이것은 우리나라의 실정과 관련하여 좋은 시사점을 던져준다. 우리나라에서 EAP을 당장 실시하기 어려우면, 상위자 훈련과 같은 프로그램을 실시해 보는 것도 좋은 방법의 하나일 것이다. 이런 교육의 효과와 호응도가 좋으면 이와 비슷한 제도를 확대하여 실시하고, 결국에 가서 EAP을 적극적으로 정착시키면 될 것이다.

【참고문헌】

성규탁 편저. [1987] 1992. 『산업복지론 : 근로자와 기업을 위한 서비스와 프로그램』 서울: 박영사.

Anderson, C. and C. Stark. 1988. "Psychosocial Problems of Job Relocation: Preventive Role in Industry." Social Work 33(1): 38-41.

Arnold, J., C. L. Cooper, and I. T. Robertson. 1995. Work Psychology: Understanding Human Behavior in the Workplace (2nd ed). London: Pitman.

Barker, R. L. ed. 1995. The Social Work Dictionary (3rd ed). Washington D.C.: NASW Press.

Barnes, C. 1996. "Institutional Discrimination against Disabled People and the Campaign for Anti-discrimination Legislation." Pp. 95-112 in Critical Social Policy, A Reader: Social Policy and Social Relations, edited by D. Taylor. London: Sage.

Bryson, L. 1992. Welfare and the State: Who Benefits? London: MacMillan.

Carter, I. 1982. "Social Services in Business and Industry." Pp. 252-263 in The Social Services: An Introduction, edited by H. W. Johnson. Itasca, IL: Peacock.

Decker, J. T., R. Starrett, and J. Redhorse. 1986. "Evaluating the Cost-Effectiveness of Employee Assistance Programs." Social Work 31(5): 391-393.

Department of Health and Human Services. 1999. "Employee

Assistance Program: Frequently Asked Questions" http://waisgate. hhs.gov/cgi-bin/waisgate.

DiNitto, D. M. and C. A. McNeece. 1997. Social Work: Issues and Opportunities in a Challenging Profession (2nd ed). Boston, MA: Allyn and Bacon.

Flynn, M. S. 1996. "Employee Assistance Programs in the United States: Overview of Issues and Trends." 『사회복지논총』 2권: 3-23.

Foster, B. and L. Schore. 1990. "Job Loss and the Occupational Social Worker." Pp. 77-97 in Occupational Social Work Today, edited by S. L. A. Straussner. New York: Haworth.

Garvin, C. D. and J. E. Tropman. 1992. Social Work in Contemporary Society. Englewood Cliffs, NJ: Prentice-Hall.

Googins, B. and B. N. Davidson. 1993. "The Organization as Client: Broadening the Concept of Employee Assistance Programs." Social Work 38(4): 477-484.

Googins, B. and J. Godfrey. 1987. Occupational Social Work. Englewood Cliffs, NJ: Prentice-Hall.

Jacqueline, B. W. and J. Schiff. 1990. "Managed Mental Health Care for Employees: Roles for Social Workers." Pp. 53-66 in Occupational Social Work Today, edited by S. L. A. Straussner. New York: Haworth.

Masi, D. A. 1982. Human Services in Industry. Lexington, MA: Lexington Books.

McCarthy, D. E. and S. B. Steck. 1990. "Social Work in Private Industry: Assessing the Corporate Culture." Pp. 19-35 in Occupational Social Work Today, edited by S. L. A. Straussner. New York: Haworth.

On-Call. 1997. "24 hr. Confidential Phone Counselling Employee Assistance Program." http://www.on-call.org/more.html.

Rice. P. L. 1999. Stress and Health (3rd ed). Pacific Grove, CA: Brooks/Cole.

Purnell-Bond, C.. 1997. "Have You Seen Your EAP Today? An Overview of Employee Assistance in the 90s." Counseling Toda [On Line] 39(7) Jan.

Ramanathan, C. S. 1992. "EAP's Response to Personal Stress and Productivity: Implications for Occupational Social Work." Social Work 37(3): 234-239.

Straussner, S. L. A 1988. "Comparison of In-House and ContractedOut Employee Assistance Programs." Social Work 33(1): 53-55.

Straussner, S. L. A. 1990. "Occupational Social Work Today: An Overview." Pp. 1-17 in Occupational Social Work Today, edited by S. L. A. Straussner. New York: Haworth.

SAMHSA(Substance Abuse and Mental Health Services Administration) (of DHHS), The. n.d. "Employee Assistance Programs." http://www.health.org/pubs/PRIMER/eployee.htm.

USA Today. 1999 (Nov. 9). "Shootings Renew Focus on Violence in the Workplace." http://usatoday.elibrary.com/s/usatoday.....

University of Maryland. n.d. "School of Social Work." http://www.int-r.net/masi/univ.html.

Van Den Berge, N. 1995. "Employee Assistance Programs." Pp. 842-849 in Encyclopedia of Social Work (19th ed). Washington. D.C.: NASW Press.

Zastrow, C. 2000. Introduction to Social Work and Social Welfare (7th ed). Belmont, CA: Brooks/Cole.

제8장 실업자를 위한 서비스

1. 배경

고용은 개인 생활에서 아주 중요한 의미를 가진다. 안정된 직장은 물질적 복리뿐만 아니라 정신적 복리와도 밀접한 관련을 맺고 있기 때문이다. 그간 국가의 실업대책은 일자리 찾기와 생계 도와주기와 같은 물질적 문제에 치중해 온 측면이 많았는데, 국가는 당장에 발등의 불을 꺼야 하는 입장이리만큼 그럴 수밖에 없을 것으로 여겨진다. 하지만 실업이 장기화되고 침체의 구름이 쉽게 거두어질 것 같지 않은 상황에서는 실업자의 마음은 크게 손상되기 마련이고, 이렇게 손상된 마음은 향후의 재기능력에 영향을 미친다. 설사 실업자가 다시 일어선다 하더라도 예전에 실업자의 마음에 새겨진 상처가 재기의 효율성을 떨어뜨릴 가능성이 크다.[23]

또한 실업은 당사자뿐만 아니라, 가족, 지역, 남은 근로자의 정신

---

37) 실업(또는 고용)과 관련된 불안감은 경영진이라고 예외가 아니다. 아시아 9개국과 호주를 포함하여 총 10개국의 경영진을 대상으로 개인적인 고용만족도를 조사한 결과, 응답자의 평균 57%가 자기의 고용이 안정하다고 느끼고 있는 것으로 나타났다. 그러나 이중에서 한국은 고용안정에 가장 걱정을 하는 나라로 나타났다. 즉 한국 응답자의 78%가 고용안정에 대하여 걱정하고 있었다. 일본의 경영진은 52%, 타이완의 경영진은 43%가 고용안정에 대해 걱정하고 있었고, 호주의 경영진은 14%만이 고용안정에 대해 걱정하고 있었다 (아래의 <표> 참조) (*Far Eastern Economic Review*, 2000년 2월 17일).

<표> 개인의 직업안정에 대해 걱정하는 정도 [아시아 중역진, 단위: %]

건강에도 부정적 영향을 미칠 소지가 크다. 따라서 장기적으로 볼 때, 비(非)물질적 측면(특히 정서적 측면)도 중요하게 부각되어야 할 필요가 있다. 한국의 실업문제를 취재한 한 외국잡지는 기사의 부제를 "〔경제위기의 현실 속에서〕 한국인은 실직의 심리적 버거움(psychological burdens of joblessness)에 대해서 잘 대처하지 못함을 알게된다"고 달아놓음으로써(Lee, 1998: 58), 정신보건적 측면에도 초점을 두는 것이 중요함을 잘 지적하고 있다.

2. 실업의 영향

1) 개인에게 미치는 영향

(1) 전반적 손실

실업은 여러 차원의 중요성을 가지는 현상이므로, 취업 중에 있던 사람이 일단 실업 상태에 빠지게 되면 실업자는 여러 가지를 잃게된다.

Foster & Schore(1990: 79-82)는 근로자가 직장을 상실하면 다음

국가	아주 걱정	걱정	걱정하지 않음
인도네시아	45.4	27.3	27.3
한국	22.2	55.6	22.2
일본	14.3	38.1	47.6
싱가포르	14.3	35.7	50
타이완	14.3	28.6	57.1
말레이시아	11.1	22.2	66.7
타일랜드	40	-	60
홍콩	33.3	-	66.7
필리핀	33.3	-	66.7
호주	14.3	-	85.7

출처: *FEER*(2000년 2월 7일: 30).

과 같은 열세 가지를 상실하게 됨을 지적한다: 임금과 급여, 안정감, 직장가족(work family: 직장에서의 비공식적 관계망을 가리킴), 일상구조(structure of the day), 일하는 사람과 제공자로서의 역할, 생산감, 생활의 통제, 신뢰 능력, 미국식 꿈, 자긍심과 권위, 가정에서의 역할, 자존심, 사회적 지위.

그리고 오미어러(O'Meara, Masi(1987: 63)에서 재인용))는 퇴직이 다음과 같은 문제를 가져올 수 있다고 지적한다: 재정, 알코올, 주택, 부부, 법, 고독감, 권위 상실, 정체성 상실, 제2의 경력, 건강약화, 목적 부재(不在), 죽음에 대한 두려움.

위의 논의는 편의상 크게 물질적 측면과 정신적(비물질적) 측면으로 나누어 볼 수 있을 것 같다. 물론 두 가지 측면은 서로 연관되어 있다.

(2) 물질적 측면

무엇보다도 실업에 들어가면 빈곤에 빠지는 경우가 많다. 이런 사실은 실업이 증가하면 공공부조 수급자도 증가하는 경향을 보이는 선진국의 사례에서 바로 알 수 있다(Gordon [1988] 1994: 28-29).

근로자가 실업을 겪게 되면 재정적으로 어려움을 크게 겪게 되고, 이에 따라 실직을 당하기 전에는 무관하였던 생활주변 사건이 이제는 실업자와 그 가족들에게 어려움을 주게 된다. 예를 들면 당장 돈이 부족하기 때문에 자녀의 교육기회(특히 대학진학의 기회)가 줄어들고 자기 집이 없어질 수 있고 아파도 병원을 찾지 못할 수가 있다(Peter, 1997: 135; Foster et al., 1990: 81-82).

(3) 정서적 측면

① 실업자의 반응단계

LG종합기술원의 커뮤니카토피아연구소(동아일보(1998년 3월 27일)

에서 재인용)는 실직 이전부터 실직 이후까지의 고용상태를 기준으로 하여 심리변화의 다섯 단계를 제시한다 (<표 8-1> 참조). 처음에는 막연하게 긍정적 생각을 가지다가 구조조정 등의 단계에 들어가면 실직 불안감을 겪으면서 큰 좌절을 맛본다. 실직 이후에는 기대감을 가지고 취업자리를 구해 보나 좌절을 맛보면서 자포자기 상태에 빠지게 된다.

<표 8-1> 고용변화에 따른 심리단계

단계	고용 변화	반응 예	좌절 시기
1. 막연한 낙관 (모면심리)	불황	· 우리 회사는 괜찮겠지 · 설마 나는 대상이 아니겠지	· 1차 좌절: 2단계와 3단계 사이
2. 불안, 공포	임금삭감, 구조조정	나도 감원대상이 될지 몰라	
3. 분노, 배신감	실직	배신감, 분노	
4. 막연한 낙관 (해방,위안감)	실직후 1-2개월	망중한의 재취업 시도	· 2차 좌절: 4단계와 5단계 사이
5. 체념	실업 지속	절망, 체념	

출처: LG종합기술원(동아일보(1998년 3월 27일)에서 재인용)의 글과 그림을 토대로 하여 작성.

한편 아놀드 · 쿠퍼 · 로버트슨(Arnold, Cooper, & Robertson, 1995: 374)은 실업자가 실직 이후에 반응하는 단계에 대한 모델의 하나로 단계 모델(stage model)을 소개하고 있다(<표 8-2> 참조). 처음이 충격단계로서, 실업을 겪는 사람은 충격적으로 반응한다. 즉 실업자는 놀라거나 분노하고 심지어는 여유 시간이 있다는 안도감을 느끼기도 한다. 그 다음 단계가 낙관 단계로서, 실업자는 자신이 직장을 새로 구할 수 있다고 믿으며 집안둘레의 일을 하는데 시간을 보내는 경우가 많다. 그 다음이 비관 단계로서, 직장을 구하려고 해보나 번번이 실패하는 단계이다. 그 다음이 체념적 단계로서, 희망이 없다고 느끼며 실업을 숙명 탓으로 돌리며, 새로운 직장을 구하려는 시도를 하지 않는다.

이 단계 모델은 사람들이 실업에 대해 어떻게 반응하느냐를 비교적 분명하게 설명하고 있다. 그러나 단계 모델은 한 단계에서 다음 단계로 언제 진행되며 그리고 왜 진행되는지에 대해서는 분명하게 보여주지 못하는 단점이 있다. 단계 모델은 <표 8-1>의 실직 이후 단계와 유사하다.

<표 8-2> 실업자의 반응 모델(예)

단 계	특 징
1. 충격 단계	놀라움, 분노, 안도의 정서적 반응
2. 낙관 단계	직장을 잡을 것이라 생각(집안 정리 등에 시간을 자주 보냄)
3. 비관 단계	구직이 매번 실패
4. 체념 단계	무력감 느낌, 구직 포기

출처: 아놀드등(1995: 374)에 소개된 내용을 재정리.

② 실업자의 육체적 질병

실업이란 사회적 사건이 실업자 개인의 육체적 건강에 부정적 영향을 끼침은 누구나 다 아는 사실이다. 대체로 다음의 세 가지가 많이 지적되고 있다(Arnold et al., 1995: 374; Foster et al., 1990: 82; Young, 1989: 92-95).

첫째, 실업자는 비(非)실업자보다 육체적 질병에 걸릴 가능성이 더 높다. 둘째, 실업자의 수명이 짧아진다는 사실은 여러 연구에서 드러나고 있다. 특히 실업은 심장질환과 알코올남용에 의한 사망의 가능성을 증가시키는 것으로 알려져 있다. 셋째, 실업자는 자살의 가능성이 높다.[24)]

③ 실업자의 정신적 질병(스트레스)

실업률이 높을 때에는 실업과 관련된 정신적 질병(특히 스트레스)은 큰 문제가 된다. 플라이어 · 페인(Fryer & Payne, Arnold et al. (1995: 374)에서 재인용)에 의하면, 실업은 개인행복, 생활만족, 자긍심, 심리적 복리를 감소시킨다. 또한 실업에 따른 정신적 질병은 육체적 질병의 발생율을 증가시킨다. 예를 들면 실업은 스트레스를 증가시켜 이에 따른 질병(감기, 피로, 고혈압, 불면증 등)에 대한 면역을 떨어뜨린다(Cockerham, 1992: 69-71; Foster et al., 1990: 82).

사실, 실업은 정신건강문제의 발생과 가장 밀접한 관련이 있는 것으로 조사된 바도 있다. 특히 사업장 밖에서 사회적 관계나 사회적 접촉을 거의 하지 않았던 근로자에게는 실업이 더욱 더 큰 영향을 미칠 수 있다(Peter, 1997: 135).

④ 해고당하지 않은 사람의 정신건강

실업은 실업자뿐만 아니라, 직장에서 해고되지 않은 사람에게도 불안감을 가져온다. 이것은 정신과에서 말하는 '외상후 스트레스 증후군'과 비슷한 것이다. 이 증후군의 단계는 <표 3>과 같이 제시할 수 있다.

---

24) 우리나라가 소위 IMF 시대를 맞이하고 있을 당시인 1998년에, 서울의 직장인 458명을 대상으로 조사한 결과 응답자의 4분의 1이 경제난 등의 이유 때문에 1번 이상 자살하고 싶은 충동을 가진 적이 있다고 답변하였다(허정무, 1998).

<표 8-3> 미해고자의 정신적 특징

단계	정신적 특징	증 세
1단계	혼 돈	불안함과 죄스러움에 시달리면서 떠도는 소문에 민감하게 반응함
2단계	억 압	정신적 고통을 억압하고 피하려고 하고, 외양상으로는 평온을 유지함
3단계	황무지	자기자신에 대한 멸시감이 커져서 '부정형 인간형'이 되어 감

출처: 한겨레신문(1998년 12월 2일)의 내용을 정리.

2) 가정에 미치는 영향

실업은 가족에게도 심각한 타격을 날리는 모양새를 만든다. 포스터 등(1990: 81-82)은 가장(家長)의 실직은 가족구성원의 역할과 기대를 무너뜨리기 때문에, 가장의 실직은 실제로는 가족의 모든 구성원이 실업을 당하는 것과 마찬가지라고 주장한다.

첫째, 실업의 충격을 완화시키기 위해서 처음에는 모든 가족이 서로 노력하지만, 이것도 어느 정도의 시간이 지나면 막다른 골목에 부닥치게 된다. 이런 상황은 가족(특히 부인)에게 엄청난 스트레스를 준다. 남자가 집에 있고 여자가 일을 할 경우처럼 가장의 역할이 바뀌는 경우에는, 부부가 다 스트레스를 받게 된다. 또 부부가 둘 다 집에 있을 경우에도, 혼자 집에 있는 것이 습관화되어 온 부인은 스트레스를 겪게 되는 것으로 알려져 있다(LG종합기술원; Young, 1989: 92-97).

둘째, 실업자는 가정폭력에 빠질 가능성이 크다. 실업자는 좌절감을 자기에게 가까운 사람에게 분출하는 경향이 있기 때문이다. 따라서 실업은 부부싸움 또는 가정폭력을 유발하여, 나중에는 부부파탄 또는 더 나아가서 가정와해로 결말이 날 수도 있다. 특히 실업에 따르는 스트레스로 인하여 실업자는 약물남용에 대한 충동이 높아지고, 분노를 불합리적으로 표출하고, 가정폭력에 쉽게 호소할 가능성이 다른 사람에 비해서 높다. 그리고 실업이 이혼의 가능성을 높인다는 점은 많이 지적되고 있고, 이 경우에 아동이 가장 크게 피해를 본다(Foster et al., 1990: 82; Young, 1989: 92-97).

셋째, 근로자가 실업을 겪게되면 부부관계의 질도 떨어지게 되어, 실직을 당한 근로자는 배우자의 지지를 덜 얻게 된다(Peter, 1997: 135).

우리나라의 한 연구는 실직 가정의 문제점을 생계 위협, 가족의 정서불안·가족갈등, 가족 해체, 아동 방임의 네 가지로 정리하고 있는데(춘의복지관, 1998), 이는 지금까지 언급한 내용과 일치한다.

3. 실업자에 대한 원조와 복지사의 역할

1) 정서적 측면의 중요성

실업률이 증가하면 정부의 수입이 줄어들고, 이에 따라 사회복지서비스의 제공이 더 어려워지거나 복지서비스의 질이 떨어지게 된다. 그리고 정부는 물질적 측면에만 초점을 두게 되어서 정서적 측면에는 관심을 가질 여유가 없게 된다.

실업자에 대한 물질적 측면의 개입은 생계보장, 일자리 제공, 직업훈련으로 크게 나눌 수 있는데, 이 물질적 측면도 정서적(정신보건적) 측면과도 많이 연결되어 있다. 단적인 예를 들면, 실업자에게 생계에 필요한 돈을 주는 것도 중요하지만 실업자의 심리적·정서적 측면을 고려하여 '품위 있게' 주는 것도 아주 중요하다.[25]

또 미국의 많은 기업은 퇴직전 상담 프로그램을 열어놓고 있으나(Masi, 1982: 63-66), 우리나라는 이런 것이 전혀 없는 실정이다. 우리나라의 기업도 회사를 떠나는 사람들을 위한 프로그램을 운영해야 되겠지만 현실적으로는 그런 여건이 안되는 것 같다.

2) 복지사 일반적 역할

(1) 복지사의 유의사항

복지사가 실직과 관련하여 근로자를 도와줄 때, 그 대상이 누구이든간에 복지사는 다음에 유의해야 한다고 포스터등(1990: 92-95)은 지적한다.

첫째, 복지사는 실직을 심각한 문제로 취급하여야 하며, 이에 따라 복지사는 구체적인 서비스를 해당 근로자에게 제공함과 동시에, 복지사는 근로자 개인과 근로자 집단을 현명하게 단계적으로 돕고 또 근로자의 슬픔을 이겨내도록 현명하게 도와주어야 한다. 복지사가 개입하고 있는 대상은 위기와 충격 등을 겪고 있기 때문이다. 이 경우, 복지사는 근로자가 자신이 나아가게 될 길을 깨달으며, 근로자가 문제를 분석하며, 근로자가 체계적인 결정을 내릴 수 있도록 도와줄 수 있다.

둘째, 복지사는 실직 근로자가 겪는 위기는 해당 근로자만의 문제가 아니라 해당 근로자의 가족, 해당 근로자가 소속한 직장, 해당 근로자가 살고 있는 지역사회 등에 광범위하고 장기적으로 영향을 미칠 수 있다는 사실을 인식해야 한다.

셋째, 복지사는 사업장 속에 형성되어 있는 고유 문화를 잘 깨달아야 한다.

---

25) 물질적 측면은 주로 사회보장과 관련되는 영역이므로 본 장에서는 취급하지 않는다 (자세한 것은 노병일([1999] 2000: 213-237)을 참조할 것).

(2) 실직자가 겪는 감정과 이에 따른 복지사의 역할

근로자가 실직(해고)을 당할 경우에 해당 근로자가 겪는 감정을 다루는 것이 근로자의 실직과 관련하여 가장 중요한 문제이다.

포스터등(1990: 92-93)은 실직과 관련된 감정으로 다음과 같은 것을 제시하고 있다.

첫째, 노여움(anger)이 있다. 일반적으로 사람들은 노여움을 좋지 않은 것으로 보았고, 이에 따라 노여움을 통제해야 한다고 보았다. 그러나 포스터등(1990)은 실직 근로자의 노여움이 제대로 표출되지 않으면, 노여움은 해당 근로자에게 심각한 부정적 영향을 줄 수 있고 또 해당 근로자가 효과적으로 행동하는데 걸림돌이 될 수 있다고 주장한다. 그러므로 해당 근로자에게 적절한 정도의 노여움을 인정하는 것이 근로자의 정서 안정에 도움이 될 수 있음을 복지사는 알아야 한다.

둘째, 두려움(fear)과 불안(anxiety)이 있다. 근로자가 실직이란 사건을 겪으면, 해당 근로자는 심리적 불안정을 느끼게 되며 또한 삶의 재조정(life readjustment) 작업이 필요하게 된다. 사실, 일반적으로 실업자는 미래에 대해서 불투명하므로 두려움과 불안을 느낄 수 밖에 없다. 앞의 노여움에서와 마찬가지로, 실직자가 가지는 이런 두려움과 불안을 인정하여 실직자가 이런 두려움과 불안을 직접 대처하도록 하여야 한다. 이와 관련하여, 복지사는 “일자리는 원하기만 하면 있는 거야”라는 식으로 생각하여 실직자 개인에게 비난의 화살을 돌리지 말아야 한다. 아무리 경제가 발전하여도 일자리를 못 구하거나 해고되는 사람은 존재하기 마련이기 때문이다.

셋째, 부인(否認)(denial)이 있다. 부인은 정면으로 다루어져야 한다. 예를 들면 공장이 문을 닫기 전에, 근로자들은 공장을 계속 가동시키거나 또는 회사를 계속 운영하기 위해 뭔가 조치가 있을 것이라고 생각하기 쉽다. 회사에서 대규모 실업의 사태가 발생할 것 같으면, 여러 소문이 떠돌고 근로자는 이런 소문을 비판 없이 받아들인다. 또한 근로자는 이용할 수 있는 서비스와 급여를 이용하려 들지 않는다. 사실, 근로자가 부인을 하는 것은 근로자가 보이지 않는 스트레스를 겪고 있다는 의미이다. 그러므로 복지사는 이런 경향을 파악해서 근로자가 스트레스를 극복하도록 도와주어야 한다.

3) 해고자를 위한 서비스

직장에서 해고가 될 예정인 근로자를 대상으로 하는 서비스(transition services)를 사업장내의 담당자가 제공할 수도 있지만, 대개는 민간 자문자, 노동조합, 민간기관이 제공한다(Foster et al., 1990: 84). 앞으로 경제 영역에서 고용안정이 예전 같지 않음에 따라서 이런 서비스에 대한 수요가 증가할 것으로 보인다. 미국의 경우, 근로자를 위한 대표적인 산업복지 프로그램으로 근로자원조 프로그램(EAP)이 있으나, 전통적으로 EAP는 해고예정 근로자를 위한 서비스와 관련해서는 적극적으로 역할을 수행하지 않았다.

<표 8-4> 심리 평가: 해고자 평가서

해고자 평가 (자질 · 지지망)	
귀하가 직장을 그만두게 되었을 때 귀하가 도움받을 수 있는 사람은 누구입니까?	
이름	도움의 종류
________________	____________________
________________	____________________
귀하가 현재 겪고 있는 어려움은 무엇입니까?	
____	
____	

귀하가 실직된 후에 귀하 가족에게 어떤 변화가 있었습니까?

____

____

귀하는 전에 직업 상담을 받은 적이 있습니까?

____

귀하가 최종학교에 다녔을 때,
　귀하는 무엇을 하고 싶었습니까? ______________________
　귀하가 좋아하였던 과목은 무엇이었습니까? ________________
귀하 생애에서 귀하가 가장 자랑스러워하는 것은 무엇입니까?

____

____

귀하가 다음에 하고 싶은 업무는 무엇입니까?

____

____

귀하가 지금까지 받은 교육/훈련은 무엇입니까:
_____ 사내 교육
_____ 도제 교육
_____ 회사내 학교
_____ 대학교　　　_____ 이수 학점 수?　____ 2년제?　____ 4년제?
_____ 대학원
위 이외에 귀하가 받은 교육은 무엇입니까?

____

귀하의 취미는 무엇입니까? ______________________________

출처: 포스터등(1990: 86).

<표 8-5> 심리 평가: 비정규 근로자의 근무경력 조사서

비정규 근로자의 근무경력 조사서

한 종이에 한 근무회사만 기재하십시오 (최근 회사부터 먼저 시작)

근무 경험:
　회사 이름: ______________________________
　주소: ______________________________
　고용 현황: 시작 ______________ 끝 ______________

최종 임금 ____

직장 그만 둔 이유: ________________________________

직장에서의 주요 임무, 부서명, 근무시작일을 쓰시오:

____

____

그 이전의 주요 임무, 부서명, 근무시작일

____

____

그 이전의 주요 임무, 부서명, 근무시작일

____

____

그 이전의 주요 임무, 부서명, 근무시작일

____

____

노동조합명 및 주소:

____

귀하는 부당취급에 대한 불만이 있습니까?

____

귀하가 전 직장에서 받은 복지혜택과 그 복지혜택의 만기일은?

______ 의료보험 (본인) (만기일) ____________

______ 의료보험 (가족) ____________

______ 치과 · 안경 ____________

______ 약 조제 ____________

______ 연금 ____________

______ 아동보호 · 노인보호 ____________

______ 근로자 주식 ____________

______ 추가 실업급여 ____________

______ 산업재해 보험 ____________

______ 기타 ____________

출처: 포스터등(1990: 87).

<표 6> 심리 평가: 정규 근로자의 근무경력 조사서

정규 근로자의 근무경력 조사서

한 종이에 한 근무회사만 기재하십시오 (최근 회사부터 먼저 시작)

근무 경험:

회사 이름: ______________________________

주소: ______________________________

고용 현황: 시작 ______________ 끝 ______________

최종 임금 ______________________________

직장 그만 둔 이유: ______________________________

직장에서의 주요 임무, 부서명, 근무시작일을 쓰시오:

____

____

그 이전의 주요 임무, 부서명, 근무시작일

____

____

그 이전의 주요 임무, 부서명, 근무시작일

____

____

그 이전의 주요 임무, 부서명, 근무시작일

____

____

귀하는 이전에 정리해고, 구조조정을 겪어 본 적이 있습니까?

____

귀하가 직장에서 받은 복지혜택과 그 복지혜택의 만기일은?

______ 의료보험 (본인) (만기일) ____________

______ 의료보험 (가족) ____________

______ 치과 · 안경 ____________

______ 약 조제 ____________

______ 연금 ____________

______ 아동보호 · 노인보호 ____________

______ 대학 학비 제공 ____________

______ 회사 대출 ____________

______ 근로자 주식 ____________

______ 추가 실업급여 ____________

______ 산업재해 보험 ____________

______ 직무개발센터 사용 ____________

______ 기타 ____________

출처: 포스터등(1990: 88).

해고예정 근로자를 대상으로 서비스를 제공하는 복지사는 해당 근로자가 이용할 수 있는 급여에 대해서 알고 있어야 하며 또 이 급여가 해당 근로자를 도와주기 위해 어떻게 사용될 것인가에 대해서도 알고 있어야 한다. 이러기 위해서는 해당 근로자를 대상으로 심리 평가(psychological work-assessment)를 해 보는 것이 필요하다. 심리 평가서의 예는 <표 8-4> <표 8-5> <표 8-6>에 제시되어 있다.

한편 생산직 근로자의 절대 다수와 많은 사무직 근로자에게는 직접적인 급여가 거의 없는 편이다. 경쟁이 치열하고 수시로 변하는 현재의 노동시장의 상황을 고려해 볼 경우, 이런 근로자들이 직장에서 해고되면 새로운 일자리를 찾는데 아주 불리한 위치에 처해 있게 된다. 왜냐하면 대다수의 근로자는 수년간 직장을 구해보려고 시도를 해보지 않았던 사람들이며, 또한 현재 필요한 기술이 10년~20년 전에 필요한 기술과는 아주 다르기 때문이다.

미국의 경우, 민간산업위원회(Private Industry Council) 및 지역대학 등에서 근로자를 위해서 일자리찾기 기술, 면접법 훈련, 이력서 작성법, 구직신청서 작성법 등과 관련하여 서비스를 제공한다. 또 일부 프로그램에서는 근로자에게 지지·토론집단, 교통편의, 아동보호, 특수 사회서비스에의 의뢰 등을 제공하고 있다. 이런 분야에서 복지사는 큰 역할을 수행할 수 있다(Foster et al., 1990: 89-90).

그리고 합병과 기업분산화와 비용고려가 커짐에 따라 중간층을 감소하려는 노력이 등장하는데, 이런 것을 층없애기(delayering)하고 부른다. 층없애기를 하는 회사의 경우, 중년층의 중간관리자는 특히 불확실한 미래에 직면하게 된다. 이들 중의 일부는 장기 실업을 겪게 되어서 오랫동안 직장을 구하느라고 쫓아다녀야 한다. 그러므로 복지사는 이런 측면을 잘 파악하여 해당 근로자에게 지속적인 지원과 실제적인 도움을 주어야 한다. 우울증, 가족폭력, 약물중독과 같은 실직관련 문제점은 복지사가 적절하게 개입함으로써 방지될 수도 있다(Foster et al., 1990: 91-92).

4) 대규모 실직시의 복지사 역할

(1) 개관

대규모 실직사태가 발생할 경우에 복지사가 수행할 역할을 개괄적으로 정리하면 다음과 같다(Foster et al., 1990: 85).

첫째, 자문과 옹호(consulting and advocacy)가 있다. 여기에는 다음과 같은 것이 포함된다: 구조조정 관련 위원회에 참가하여 자문과 조언을 제공한다; 실직 이전에 근로자에게 사전에 충분한 시간을 두고 예고를 주도록 하며, 노사간에 솔직한 대화가 진행되도록 한다; 경영자・인사관리자・노동조합간부가 새로운 변화에 준비하도록 한다; 해고된 근로자를 위해 지역기관・노동조합과 함께 옹호한다; 해고되지 않고 남은 근로자에게도 주목한다; 법적 권리에 대해서 고용주・근로자집단・노동조합간부를 대상으로 교육한다.

둘째, 교육과 훈련을 제공하는 것이 있다. 예를 들면 스트레스 관리, 인생의 계획, 재정 관리 등에 대한 자료를 만들고 배포한다.

셋째, 개인과 가족에게 상담을 제공하는 것이 있다.

넷째, 지지집단(support groups)을 구성하고 활성화시키는 것이 있다. 예를 들면 자조집단을 구성하는 것이다.

다섯째, 지역사회 관계(community relations)가 있다. 예를 들면 고용주・지역기관・노동조합・다른 집단이 힘을 합쳐서 고용을 유지하도록 돕거나 실업이 지역사회에 미치는 영향을 완화하도록 도와준다.

여섯째, 법적・사회적 행동(legislative and social action)이 있다. 예를 들면 지역사회와 정부기관이 실직자에게 일할 기회를 제공하고 지속적으로 서비스를 제공하도록 장려한다.

(2) 회사차원에서 할 일

대규모 실업이 생길 것 같을 경우에, 복지사는 서비스를 제공하는 것 이외에 회사 차원에서 다음의 두 가지를 고려해야 한다(Foster et al., 1990: 83-84). 첫째, 대규모 실업을 감행하는 회사를 클라이언트로 간주한다. 둘째, 대규모 실업과 관련하여 회사가 장기적 계획을 짜는 것을 돕는데 관여한다.

이와 관련하여 복지사는 다음과 같은 일을 할 수 있다. 첫째, 규모를 축소하는 회사에게 가급적 초기부터 조언이나 자문을 제공하는 것이다. 둘째, 해고 이전부터 해고 이후까지 실직자나 실직대상자를 도와주는 것이다.

이상적(理想的)으로 볼 경우, 복지사는 직원을 해고할 때에 경영자나 관리자가 다음을 가급적 준수하도록 권장한다.

첫째, 대상 근로자에게 사전에 충분한 시간을 두고 통보한다. 즉 근로자가 실직에 대비할 시간을 충분히 주도록 한다.

둘째, 근로자가 공정함을 느끼게 해 준다.

셋째, 경영진이 모든 직원에게 분명히, 정직하게, 수시로, 충분히 설명한다.

넷째, 해고 과정에 모든 근로자가 완전히 개입하도록 한다.

다섯째, 관리자와 인사담당자가 취할 행동과 전략에 대해 준비한다.

여섯째, 비용감소, 자리 감축, 서비스 제공 등에 융통성 있게 대처한다.

일곱째, 실직을 당하는 근로자와 실직을 당하지 않는 근로자 모두에게 과도 서비스(transition services)를 제공한다.

그러나 위에 언급한 이상적 조치가 실제로는 지켜지지 않는 경우가 많다. 대개의 경우, 관리자는 마지막까지도 위에 언급한대로 행동하지 않는다. 무엇보다도, 관리자도 마음이 편하지 못하니까 실직자를 잘 다루지 못한다. 또한 관리자는 실직 사실을 미리 통보할 경우에 근로자가 파업 등의 행동에 들어갈 것을 염려하기 때문에, 근로자에게 해고 사실을 사전에 충분한 시간 여유를 두고 통보하지 않으려 하는 경향이 많다. 이에 따라서, 실직을 겪는 당사자가 해고를 결정하는 과정에 관여하는 경우는 드물다. 그 결과, 실직을 당하는 근로자는 감정 상태가 더 악화된다.

(3) 당사자·가족에 대한 개입

무엇보다도 실업은 적응력을 떨어뜨린다. 우리나라는 직장에 큰 비중을 두는 문화이고 그간 평생고용의 개념이 확산되어 있었기에 실업이 적응 회복에 주는 부정적 영향이 아주 클 것으로 보인다.[26] 따라서 실업자가 적응력을 키우도록 지속적으로 도와주는 것이 무엇보다도 중요하다. 실업자가 직장에 나중에 복귀한다해도 자존심이나 자긍심이 완전히 회복되기 어려운 경우가 많기 때문에, 적응 향상을 위해서 당사자에게 심리적 상담과 미시적 개입을 더욱 더 제공해 주어야 한다. 예를 들면 집단토론 같은 프로그램을 통하여 실업자가

---

26) Holmes & Rahr이 개발한 사회재적응 평가 척도(social readjustment rating scale)는 43개 항목으로 구성되어 있는데, 이중 해고는 여덟번째로 삶에 부정적 영향을 주는 사건으로 간주하고 있다. 순위는 배우자 사망(100), 이혼(73), 별거(65), 교도소 수감(63), 가까운 가족구성원 사망(63), 질병(63), 결혼(50), 해고(47)이다(Masi, 1982: 57-58). 그러나 우리나라 정서로 볼 때 이런 순위는 틀린 것 같다. (Holmes등의 척도는 생활에서 겪는 사건에서의 '양'에만 초점을 둔 결과, 그 '질'을 무시하는 경향이 있다고 비판을 받는다. 따라서 이 척도가 미국에는 잘 맞을지 모르나 문화적으로 상이한 나라나 집단에게는 들어맞지 않을 소지도 크다(Cockerham, 1992: 78-80)). 실제로 우리나라 정부 연구소의 한 연구원은 "실업자가 되는 충격은 부모나 자식의 죽음이 주는 충격만큼이나 심각하다"고 지적한 바 있다(Lee, 1998: 61). 즉 위의 사회재적응 평가척도상의 첫 번째에 해당된다는 말이다.

여러 가지 대안을 잘 알 수 있는 계기를 만들어 주어야 하며, 또한 집단회합 등을 통하여 실업자들이 부인, 분노, 두려움, 걱정 등을 직면할 수 있게 하는 정서적 지지망을 형성하도록 도와주어야 한다(Foster et al., 1990).

또한 앞에서도 이미 언급된 바와 같이, 근로자 개인의 실업은 해당 근로자의 가족 전체의 실업으로 보아야 한다. 실업자에게는 상담과 같은 서비스가 가능한 경우가 많으나 실직 가정의 구성원은 실상 이런 종류의 서비스를 이용하기 어려운 경우가 아주 많다. 그러므로 실업자 당사자뿐만 아니라 실업자 가족 전체에 초점을 두고서 복지서비스를 제공하여야 한다(Foster et al., 1990: 81-82). 즉 서비스 제공 대상을 실업자 개인뿐만이 아니라 실직자 가족 전체에 두는 접근을 취해야 한다.

그리고 실업에 따르게 마련인 경제적 부족은 배우자에게도 큰 심리적 충격을 준다. 또 실업은 가정폭력의 증대를 가져온다.[27] 따라서 실업자뿐만 아니라 그 배우자에게도 심리적 안정을 꾀하는 개별 상담이나 집단 상담 같은 서비스를 제공하는 것이 바람직하다. 특히 집단 상담을 통하여 지금 겪는 문제가 자기들만이 겪는 문제가 아님을 느끼도록 하면서, 실업자와 그 가족이 새로운 현실에 맞게 의식을 바꾸어서 긍정적인 생각을 가지도록 하는 것이 필요하다.

5) 해고되지 않은 근로자에 대한 개입

실업자에 대한 관심이 우선 급하기 때문에 소홀히 취급되고 있는 부분이 있다. 그것은 실업을 당하지 않고 그대로 직장에 남아있는

27) 예컨대, 우리 나라의 경우에 실업으로 인하여 가정폭력과 가정해체가 증가하고 있음이 실지 통계자료로 보여지고 있다(한겨레신문, 1998년 10월 9일). 실지로, 미국의 공황기에 가정에서의 폭력 빈도가 많았다고 한다(이훈구, 1998).

사람에 대한 관심이다. 실업은 떠난 자들뿐만 아니라 살아남은 자들에게까지 큰 아픔을 던져주기 때문이다. 이들과 관련된 정신적 지지망은 첫째로 살아남은 자들끼리의 지지망과 둘째로 살아남은 자를 통한 지지망의 두 가지를 고려해 볼 수 있다.

첫째, 동료가 해고나 실직 당하는 것을 보고서 해고나 실직이 되지 않은 사람들도 불안을 느낀다.[28] 더구나, 잘 조정되지 않은 실업사태는 해고당하지 않은 사람들에게 죄의식, 적대감, 냉소감 등을 유발한다(Foster et al., 1990: 82-83). 이것은 결국에 가서는 살아남은 자들의 직무수행과 가정생활에 좋지 않은 영향을 미친다. 따라서 살아남은 자들도 추슬러 주는 지혜와 프로그램이 필요하다. 특히 자기들끼리 모여 자기들의 속마음을 터놓고 얘기하게 하여 정서적 공감대를 강화하는 것이 필요하다.[29] 이런 일을 현재의 기업이 하기 어려울 경우에는 지역내 민간자원의 자문이나 도움을 받는 것이 바람직하다.

둘째, 무엇보다도, 살아남은 자들은 지역사회의 복지기관이나 시민단체에 속해있는 복지사의 중재를 통해서 실업자를 위한 지지망을 만드는 데 도움이 될 수 있다. 살아남은 자들 역시 실업의 쓰라림이 어떤지를 누구보다도 잘 알기 때문에, 이들은 더 현실적으로 실업자의 심리적 측면을 다독거려 줄 수 있고 또 이에 대한 동기를 가지고

28) 우리 나라의 한 정신병원의 조사에 의하면, 정리해고가 완료되었거나 진행중인 대기업 5군데의 사무직 근로자의 약 80%가 '구조조정 뒤 정신의 황무지화 현상'을 겪고 있었다(한겨레신문, 1998년 12월 2일).

29) '남은 자들의 씻김 여행'이라는 제목의 다음 기사는 이런 프로그램의 배경과 예상효과를 잘 그리고 있다(동아일보, 1998년 3월 26일): "떠난 사람은 떠난 사람. 남은 사람들이라도 마음을 추스르자며 토요일 느지막이 '서울'을 떠나 충북 제천 거문골 민박집에서 가진 부서 야유회. 인적없는 곳으로 가자고 수소문해서 고른 곳.... 불타는 장작옆 맨바닥에 앉아 술을 마셨다... 가슴속 저 밑바닥에 숨어있던 절망들이 실려 나온다... 다들 나만큼 아팠구나. 그래 마음껏 울자. 그러나 언제까지 눈물로만 보낼쏘냐. 헤어짐의 괴로움과 아픔을 재회의 기쁨과 즐거움으로 승화할 수 있도록 튼튼한 일터를 만들자..."

있다. 그러므로 체면 관계로 도움을 청하기를 꺼리고 부끄러워하는 실업자들에게 장기적이고 안정된 지지망을 형성하는데 도움을 줄 수 있다.[30]

【참고문헌】

노병일. [1999] 2000. 『사회보장론』. 서울: 대학출판사.

정희상. 1998. "르포: 서울 노숙자 25시." 『시사저널』 10월 8일: 18-26.

춘의복지관. 1998. "파랑새 보금자리 운동: 실직가정 지원을 위한 실태조사 결과분석." 『춘의소식』 98년 여름: 4-5.

허정무, 1998. "IMF무력감, 자살충동." 『세상사람들』 3월호: 20-23.

Arnold, J., C. L. Cooper and I. T. Robertson. 1995. Work Psychology: Understanding Human Behavior in the Workplace (2nd ed). London: Pitman.

Cockerham, W. C. 1992. Medical Sociology (5th ed). Englewood Cliffs, NJ: Prentice Hall.

Eyles, J. and J. Donovan. 1990. The Social Effects of Health Policy. Hant, UK: Avebury.

Foster, B. and L. Schore. 1990. "Job Loss and the Occupational Social Worker." Pp. 77-97 in Occupational Social Work Today, edited by S. L. A. Straussner. New York:

30) 예를 들면 우리나라 일부 직장인들이 해고자에게 새 일자리를 마련하기 위하여 발벗고 나서는 '구직 · 생계돕기 우정의 품앗이'에 나선 바가 있었다(중앙일보, 1998년 7월 1일).

Haworth.

Gordon, M. [1988] 1994. Social Security Policies in Industrial Countries. New York: Cambridge Univ. Press.

Lee, C. 1998. "Down and Out." Far Eastern Economic Review June 4: 58-62.

Masi, D. A. 1982. Human Services in Industry. Lexington, MA: Lexington Books.

Ploug, N. and J. Kvist. 1996. Social Security in Europe: Development or Dismantlement? The Hague, Netherlands: Kluwer.

Woodroffe, C., M. Glickman, M. Barker, and C. Power. 1993. Children, Teenagers and Health: The Key Data. Buckingham, UK: Open Univ. Press.

Young, P. 1989. Mastering Social Welfare (2nd ed). London: MacMillan.

제9장 근로자의 정신건강

1. 근로자의 정신건강

1) 정신건강의 중요성

과거사회에서는 가족생활과 여가시간을 강조하였고, 이에 따라 복지사는 일(work)이 치료적 가치가 있음을 소홀히 하였다. 이에 비해 현대사회에서는 일이 개인의 생활에 긍정적이고 중요한 것으로 간주되고 있다.

그러나 일은 스트레스를 유발할 수도 있고 이것이 심해지면 정신질환을 유발할 수도 있다. 실제로 미국 근로자의 경우, 지난 20년간에 비해서 현재는 더 많은 일을 더 오래 하고 있다. 이에 따라 근로자들은 예전에 비해서 심리적·육체적·행동적 문제를 겪을 가능성이 더 커졌다. 그리고 노동 강도가 커지고 오랫동안 일을 함에 따라서 사회관계와 가족관계가 악화되고 있다. 이미 미국 국립직업안전보건원은 1988년에 10대 직업병·산업재해의 하나로 심리적 장애(psychological disorders)를 꼽은 바 있다(McGuire, 1999).

대부분의 사람에게 일이 무엇보다도 중요한 활동임을 감안하면, 사업장에서 정신건강을 보살필 수 있도록 할 필요성이 커지고 있다. 미국에서는 국립직업안전보건원의 위와 같은 연구 결과가 나온 이래에, 근로자가 겪는 심리적이고 개인적인 문제에 많은 관심을 기울이기 시작하였다(Masi, 1982: 50; McGuire, 1999).

한편 근로자가 겪는 정신건강 문제는 기업주에게도 다음과 같이 부정적 영향을 미친다. 첫째, 근로자의 정신질환 때문에 육체적 질병이 생겨서, 회사를 그만두는 사람과 장애로 퇴직하는 사람의 수가 불필요하게 많을 수 있다. 이 경우 고용주는 비용 면에서 피해를 보게 된다. 둘째, 근로자의 정신질환 때문에 최종 제품의 질이 떨어질 수 있다. 이것 역시 고용주에게 비용 면에서 손실을 준다. 셋째, 근로자의 정신질환 때문에 근로자의 사기가 낮아지고 노동관련 문제가 심각하게 등장할 수도 있다. 이것 역시 고용주에게 비용 면에서 피해를 준다(Masi, 1982: 52). 그러므로 근로자의 정신건강 문제는 기업주도 깊은 관심을 가져야 할 주제이다.

2) 정신건강 서비스 전달 모델

메이시(1982: 53-54)는 사업장에서의 정신건강 서비스 전달(mental heath service delivery)과 관련하여 새로운 모델을 제시한다. 메이시의 모델은 복지사가 사업장에서 사회복지실천을 제공하는데 있어 다음의 일곱 가지 측면을 감안해야 한다고 주장한다.

첫째, 근로자의 업무실적이 영향을 받는 상황에서 상위자는 중요한 역할을 수행한다. 복지사는 상위자와 외부 치료사(있을 경우) 사이의 연결고리일 뿐만 아니라 상위자와 근로자 사이의 연결고리이기도 하다. 사업장의 복지사는 상위자와 의논할 수 있으며, 필요할 경우 상위자를 근로자의 치료과정에 관여하도록 할 수도 있다.

그러나 상위자가 너무 감정적으로 관여해서 근로자의 성과를 객관적으로 볼 수 없는 경우도 자주 있다. 상위자는 근로자의 업무실적이 좋지 않은 것에 대해 상위자 자신에게 책임을 돌리는 경우가 자주 있다. 또 이와는 반대로 상위자가 아주 실망을 해서 아주 화가

날 때도 있다. 상위자가 근로자의 치료에 관여하는 것은 부부 중에서 한 명이 적응하는 데 어려움을 겪을 경우에 다른 배우자가 수행하는 역할과 비슷하다. 위와 같이 상위자가 자기 자신이 책임이 있다고 생각하거나 또는 상위자가 실망해서 아주 화가 나는 경우는 상위자와 근로자 사이의 관계에 장애물로 작용한다.

복지사는 근로자에 대해 상담자의 역할을 할뿐만 아니라 상위자를 위한 상담자의 역할도 한다. 이렇게 함으로써 복지사는 근로자 자신이 근로자의 실적에 대해서 책임이 있다는 점을 상위자가 알도록 도와주고 또 복지사의 역할이 근로자를 진단하고 의뢰하는 것이라는 점을 상위자가 알도록 도와준다.

지역사회의 치료사는 사업장에 대한 불신 때문에 사업장에는 관여하려 하지 않는 경우가 자주 있다. 지역사회의 치료사가 갖는 이런 불신은 사업장에서는 비밀보장의 문제가 있고 또 근로자가 제공한 정보가 근로자에게 불리하게 작용할 수 있다는 점에 근거를 두고 있는 경우가 많다. 상위자가 위의 지역사회의 치료사처럼 정신건강 전문가를 믿지 않는다면 이런 상위자는 지역사회 치료사와 접촉을 시도하지도 않을 것이다. 이런 경우에 사업장의 복지사는 연결고리 역할을 하여 근로자가 사업장에서 근로자로서의 자기 역할을 수행하면서 치료하도록 도와줄 수 있는데, 복지사가 가지는 이런 지지적(supportive) 역할은 아주 중요한 것으로 알려지고 있다. 어떤 근로자는 자기 문제를 치료하는데 수년의 기간이 필요한데, 복지사가 사업장의 여건을 이해하면서 공평하게 지지적 역할을 할 경우에, 이런 근로자는 사업장에서 근로자로서의 역할을 수행하면서 치료를 받을 수 있다.

둘째, 복지사는 근로자가 겪는 문제를 근로자가 좀 더 광범위한 시각에서 볼 수 있도록 도와주는 기술을 개발해야 한다. 복지사는 사업장 내부에 있고 또 다른 사람이 말하는 바를 들어줄 수 있고 또

조직 내에서 여기저기 찾아다닐 수 있고 또 조직이 돌아가는 바를 알 수 있고 또 근로자가 겪는 문제를 경험한 바 있다. 이에 따라 복지사는 다음과 같은 일을 할 수 있다: 복지사는 근로자의 입장에서 그 문제를 볼 수 있다; 복지사는 상위자가 볼 수도 있는 방식으로 그 문제를 볼 수 있다; 복지사는 사업장의 맥락과 연관시켜서 그 문제와 근로자가 관련이 있게 할 수 있다.

셋째, 근로자가 사업장에서 복지사를 찾아가는 것은 클라이언트가 지역사회에서 복지사를 찾아가는 것과 그 형태에서 다르다. 사업장에서는 근로자가 복지사를 더 쉽게 만날 수 있기 때문이다. 사업장에서 근로자와 복지사는 정규적으로 약속을 정하여 만날 수 있을지라도, 복지사와 근로자는 사업장이라는 같은 장소에서 생활하기 때문에 사업장의 다른 장소(예를 들면 식당)에서 서로 우연히 만날 수도 있다. 더욱이 복지사는 지리적으로 가까이 있으며 또한 근로자가 도움이 필요할 경우 복지사는 근로자에게 간단한 도움을 줄 수 있다. 사업장은 복지사와 근로자에게 잘 구조화된 모임 장소이기도 하지만, 사업장은 복지사와 근로자가 비공식으로 또는 우연히 만날 수 있는 장소이기도 한다.

넷째, 사업장에서 복지사가 존재하는 이유는 위기에 치료를 제공(crisis therapy)하고자 하는 것이다. 사업장내에서 일하는 복지사는 현장에서 발생하는 급박한 상황을 처리할 수 있다. 이런 점은 경영진과 근로자에게 안도감을 줄 수 있다.

다섯째, 복지사는 여성에게 상담을 제공할 수 있어야 한다. 직장 여성은 자녀와 가족이 있는 경우가 많고, 이에 따라 직장 여성은 저녁이나 주말에 지역사회에서 약속한 것을 지키기가 매우 어려울 수 있다. 그러므로 사업장에서 일하는 복지사는 직장 여성에게 도움을 줄 수 있고 또 직장 여성이 정신건강 서비스를 받도록 해 줄 수 있다.

여섯째, 근로자가 도움이 필요할 경우 도움을 찾을 수 있다는 것을 고용주는 근로자에게 보여 주어야 한다. 근로자가 고용된 조직은 정신건강 문제를 겪고 있는 근로자에게 관심을 보여 주어야 하며 이런 근로자가 상담자를 만날 수 있도록 도와주려는 자세를 가져야 한다. 고용주가 근로자에 대해 가지는 이런 신뢰감을 고용주는 복지사에게 위임한다.

상담 프로그램이 근로자를 보살피고 근로자의 말을 잘 경청하고 근로자가 말한 바에 비밀유지를 잘 해준다고 소문이 나게되면, 근로자의 자기의뢰(self-referrals)가 생겨난다.

일곱째, 복지사는 근로자가 처한 여건을 이행하는데 있어서 지역사회의 개념을 활용하고 그것을 사업장에 적용하여야 한다. 복지사는 사업장내에서 벌어지는 역할, 가치, 관계, 상호작용 유형을 파악하여 사업장이란 지역사회가 지리적 지역사회와 어떻게 다른지를 알아야 한다. 또 복지사는 조직에 대해서 알고 있어야 하며 또한 그 조직의 권위·의사소통 체계도 알고 있어야 한다. 그리고 복지사는 사업장내에서 근로자가 가시적으로 접근할 수 있어야 한다. 한편 사업장이란 지역사회(work community)의 구성원은 근로자이기 때문에, 또 사업장이란 지역사회의 목표가 생산이기 때문에, 또 경영진·근로자의 대표가 사업장이란 지역사회의 권력을 가지고 있기 때문에 사업장이란 지역사회는 독특하다. 복지사는 사업장이란 지역사회가 가지는 이런 독특성을 알 필요가 있다.

3) 정신건강 상담의 차원

메이시(1982: 56)는 정신건강 상담(mental-health counseling)과 관련하여 세 가지의 차원을 제시하고 있다.

첫째, 개인과 관련되는 차원이 있다. 즉 복지사는 개인을 도와줄 수 있다. 근로자는 진단과 치료가 필요한 신경적·정신적 특징을 가지고 있을 수 있다. 이럴 경우에 복지사는 이런 근로자를 도와줄 수 있다.

둘째, 개인 외부의 문제(즉 사회 문제)와 관련되는 차원이 있다. 이런 문제의 예로서 부부문제, 배우자폭력 문제, 아동학대 문제, 성폭행 문제를 들 수 있다.

셋째, 개인의 일시적 복리에 영향을 미치는 조건과 관련되는 차원이 있다. 이런 예로서 법적 상담과 재정 원조를 들 수 있다.

4) 정신건강에 대한 경영진의 의식

기업은 생산성을 효과적으로 추구하는 것이 목적이다. 따라서 근로자의 정신건강을 증진시키는 것이 기업의 의무는 아니다. 즉 경영진이 기업의 정책을 결정하는데 있어서 생산성, 생산비용, 경제적 요소가 중요하며, 경영진의 입장에서 볼 때 기업은 복지기관이 아니다. 그러므로 기업은 경쟁적인 환경에서 활동하고 있기 때문에, 기업의 생존을 유지하기 위해서는 생산적 효율성의 어떤 일부도 희생할 수 없다.

따라서 정신건강 영역과 관련하여, 경영진이 근로자에게 산업복지 서비스를 성공적으로 전달하느냐를 결정하는데 있어서 중요한 점은 경영진이 근로자의 정신건강에 대해서 어떻게 생각하느냐 여부이다. 기업이 근로자의 심리적 복리를 포함한 비(非)경제적 가치를 실현하는데 관심을 가지는 것은, 근로자의 심리적 복리가 기업의 생산적 효율성을 전반적으로 유지하고 증가시키는 것에 부정적 영향을 미치지 않을 경우에만 가능하다(Jorgensen. 1981: 340-341).

2. 직무 스트레스

1) 직무 스트레스에 대한 관심의 필요성

현대인은 모든 영역에서 스트레스를 겪고 있다. 인간이 사는 생활에 늘 유쾌한 일만 생길 수는 없기 때문에 모든 사람에게 스트레스는 자연스럽고 불가피한 현상으로 따라 다닌다. 그러나 근로자에게는 직장에서의 스트레스가 추가로 따라 다닌다. 예를 들면 미국 근로자의 1/4-1/3이 심한 직무 스트레스를 겪고 있으며, 근로자가 하루 일을 끝나고 나면 기진맥진되는 것으로 알려져 있다(McGuire, 1999). 특히 최근에 들어서, 직장 스트레스는 정신건강과 관련하여 가장 관심을 끄는 분야의 하나가 되었다(DiNitto and McNeece, 1997: 270-271).

이에 따라 복지사는 근로자가 겪는 스트레스를 방지하고 관리해 주는 데에 관심을 가지지 않을 수 없다. 이미 메이시(1982)는 스트레스 상담(stress counseling)은 복지사가 관여할 가능성이 큰 분야라고 지적한 바 있다. 또한 Arnold, Cooper, & Robertson(1995: 375)은 "사업장에서의 스트레스는 21세기의 흑사병이 되어가고 있다"고 분석한다. 그러므로 Arnold등은 국제경쟁이 심해짐에 따라 사업장에서 근로자가 겪는 스트레스는 증가할 것 같으며, 이에 따라 앞으로 인간개발과 관련된 전문가(예를 들면 스트레스 상담자)와 같은 사람이 사업장에 점점 더 진출할 것으로 예상하고 있다.

실제로 직장 스트레스가 증가됨에 따라, 근로자의 복리를 위하여 스트레스 관리 프로그램을 제공하는 기업이 많이 생겨났다. 그리고 어떤 기업은 스트레스를 효과적으로 다루는 방법을 가르치는 교육

과정을 개설하기도 한다(DiNitto et al., 1997: 270-271).

(1) 직장 스트레스의 불가피성

스트레스가 없는 직업은 존재하지 않는다. 모든 업무는 책임(responsibilities)·문제(problems)·요구(demands)·압력(pressures)을 수반하기 때문이다. 따라서 모든 근로자는 직장 생활을 하는데 있어서 스트레스를 직장생활의 일부분으로 간주해야 한다(Masi, 1982; WWA, 1996).

현대에 들어서 직무 스트레스가 광범위하게 퍼져있는 이유로 특히 다음과 같은 점을 들 수 있다(Job Stress Help, 1999).

첫째, 경제가 세계화됨에 따라서 24시간 일하는 문화로 바뀌었고, 이에 따라서 개인 근로자는 봉급은 차이가 없는데도 더 열심히 더 오랫동안 일을 해야 하는 상황에 처해 있다.

둘째, 기술의 발달(특히 정보통신기술의 발달) 때문에 생산성·업무처리속도·효율성 면에서 더 높은 기대를 가지게 되었고, 이에 따라 근로자는 최고 수준의 업무능력을 가지고 일해야 하도록 압박을 받게 된다.

이런 상황에서는 근로자와 그 가족뿐만 아니라 고용주에게도 스트레스가 가해진다.

스트레스는 근로자의 모든 층이 다 겪는다(Masi, 1982). 상부 경영진은 스트레스를 많이 받는다. 특히, 중요한 결정을 내려야 할 경우에 경영진이 겪는 스트레스는 커진다. 그리고 서기직 근로자는 직무자율성이 없어서 스트레스를 겪는다. 또한 생산직 근로자는 직무가 너무 단순하거나 직무가 너무 빨리 진행되기 때문에 스트레스를 겪는다.

(2) 사회와 기업에의 비용 초래

직장에서의 스트레스는 직장 소속원과 조직에게 큰 비용부담을 유발하므로, 스트레스가 개인과 사업장에 미치는 부정적 영향을 최소화하도록 스트레스를 관리하는 것이 필요하다(Arnold et al., 1995: 381; Rice, 1999: 194-195; Masi, 1982)

근로자가 겪는 스트레스는 기업과 사회에 큰 비용손실을 미친다.

첫째, 직무 스트레스는 사업장에 크게 비용손실을 유발한다. 직무 스트레스는 사업장에서 직무와 관련하여 발생하는 재해와 치명적 사고의 원인으로도 알려져 있다. 근로자의 직무 스트레스 때문에 손실로 처리되는 비용이 기업의 연간 수입의 약10%를 차지하는 것으로 밝혀진 바도 있다.

둘째, 직무와 관련된 스트레스는 사회에도 큰 비용손실을 초래한다. 예를 들면 미국의 경우, 1977년에 약 100-200억 달러가 스트레스에 의한 사회적 비용으로 추산된 바 있다.

(3) 법적 의무

어느 국가는 직업안전보건과 관계된 법령에 근로자의 스트레스를 방지하고 관리하는 것을 명시하기도 한다. 예를 들면 호주의 Work-safe Western Australia(1996)는 『직무관련 스트레스 안내서(A Guide to Work-Related Stress)』을 간행하면서, 이 안내서를 따르는 것이 의무사항은 아니지만 이 안내서를 따르면 1984년에 제정된 직업안전보건법(Occupational Safety and Health Act)을 충분하게 준수하게 될 것이라고 밝히고 있다.

또한 스트레스와 스트레스로 인한 장애가 법적 소송에서 문제로 등장하는 경우가 많아짐에 따라, 근로자의 스트레스와 관련하여 복지사가 해야 할 일이 더 복잡해져가고 있다(DiNitto et al., 1997: 270-271).

2) 스트레스의 개념

(1) 스트레스의 일반적 개념

스트레스에 대해서는 여러 학문 분야에서 논의가 있어 왔다. 스트레스에 대한 개념 또는 정의를 일부 살펴보면 다음과 같다.

첫째, 미국사회사업가협회는 스트레스를 "유기체(organism)가 정상적으로 기능하는 것을 방해하여 어떤 내부 긴장과 갈등을 유발하는 영향"이라고 정의하고 있다. 즉 인간이 심리적으로 겪는 스트레스는 걱정(anxiety)을 유발하는 외부 환경적 요구나 내적 갈등을 가리킨다(Barker, 1995: 367).

둘째, 메이시(1982)는 스트레스를 일반적 개념과 의학적 개념으로 나누어서 정의하고 있다. 메이시는 일반적 수준에서 스트레스를 '불유쾌한 자극에 신체가 반응하는 것(a reaction by the body to a stimulus that is unpleasant)'으로 정의하고 있다. 그러나 의학적 개념으로 볼 경우, 스트레스는 개인이 환경에서 요구하는 바를 더 이상 충족시킬 수 없을 때 개인이 보이는 행동을 가리킨다.

셋째, WWA(1996)는 스트레스를 '과도한 욕구·압력·기대에 대하여 인간이 보이는 반응(the reaction in people to excessive demands, pressures and expectations)'으로 정의내리고 있다.

넷째, 아놀드등(1995: 358-359)은 스트레스의 개념과 관련해서 세 견해가 있어왔다고 정리한다.

① 스트레스를 외부자극(outside stimulus)으로 보는 개념이다. 이것은 외부의 힘(환경적 힘)이 개인에게 압력을 가해서 스트레스를 형성한다고 본다

② 스트레스를 어려움에 대한 개인의 반응으로 보는 개념이 있다. 이런 관점을 취한 대표적 학자가 캐넌(Cannon)이다. 캐넌은 1930년대에 실시한 연구에서, 외부의 힘이 단순히 단기적으로

영향을 미치는 것이라기보다는, 외부의 힘은 실제로 질병을 유발할 수 있고 사람은 이런 외부적 힘을 피하고자하는 경향이 있다는 것을 밝혀냈다

③ 스트레스를 개인과 그 개인이 처한 환경사이의 상호작용으로 보는 견해가 있다. 이것은 개인과 특정 환경이 서로 잘 조화를 이루지 못함으로써 스트레스가 유발된다고 본다.

(2) 직무 스트레스

라이스(1999: 194)는 직무 스트레스는 직무와 관련하여 근로자의 처리능력을 초과하여 요구하는 것이라고 정의하고 있다.

한편 잡 스트레스 헬프(Job Stress Help, 1999)의 경우, 직무 스트레스는 사업장내의 여건 때문에 생기는 것으로서 근로자의 업무실적과 근로자의 전반적 복리에 부정적으로 영향을 끼치는 만성적인 질병 상태를 말한다.

3) 스트레스의 기능

(1) 스트레스와 유스트레스

스트레스와 디스트레스(distress)를 서로 바꾸어 쓸 수 있는 용어로 사용하는 사람이 많다. 스트레스란 나쁜 것이라는 생각에서 오는 것이다.

Seyle는 디스트레스와 유스트레스(eustress)로 구분한다.

첫째, 스트레스를 디스트레스로 보는 견해가 있는데, 이 경우 스트레스의 개념은 부정적 의미를 가진다. 즉 디스트레스는 해를 주거나 불쾌한 스트레스이다. 이럴 경우에 스트레스는 걱정·불안·동요의 상태와 같은 의미를 가진다. 디스트레스는 부정적이고 고통스럽고 피해야 할 것 같은 심리적 경험을 낳는다.

둘째, 스트레스를 유스트레스로 보는 견해가 있는데, 유스트레스는 유쾌하고 만족스러운 경험에서 나온다. 예를 들면 무대에서 공연을 할 경우에 느끼는 스트레스가 유스트레스이다. 유스트레스는 긍정적인 스트레스이다. 유스트레스는 인식능력을 증진시키고, 정신적 자각을 증진시키고, 인지적·행동적 능력이 뛰어나게 만드는 경우가 자주 있다. 유스트레스는 하나의 도전을 나타내며, 이것은 개인이나 전문적·개인적 성장을 위해서도 추구되고 사용되어야 할 스트레스이다(Rice, 1999: 4-5).

⑵ 스트레스의 순기능과 역기능

① 순기능

앞의 유스트레스에서 보듯이, 모든 스트레스가 다 나쁜 것은 아니다. 어떤 경우에는 근로자가 겪어야 하는 도전이나 어려움이 동기유발을 계속 시켜주기 때문이다. 따라서 적절한 스트레스는 근로자에게 좋은 기능을 할 수도 있다(WWA, 1996).

노포크(Norfolk, Masi(1982)에서 재인용)는 스트레스가 실제로 생명을 연장한다고 주장한다. 노포크는 미국 대통령들이 부통령들 또는 패배한 대통령 후보자들보다 평균적으로 더 오래 살았다는 자료를 제시하면서 자기의 주장을 뒷받침하고 있다.

② 역기능

스트레스가 순기능을 가지고 있는 것은 사실이지만, 스트레스를 감당할 수 있는 인간의 능력은 한계가 있기 때문에 과도하고 무리한 스트레스는 근로자에게 해를 끼치게 된다. 예를 들면 근로자에게 가해진 과도한 스트레스 때문에 근로자의 생산성이 떨어지고 근로자의 건강이 악화될 수 있다(WWA, 1996).

4) 스트레스의 원인

개인 사이에 존재하는 차이 때문에, 스트레스를 유발할 것 같은 특정 활동을 지적하는 것은 쉬운 작업이 아니다. 예를 들면 어떤 근로자에게는 스트레스로 작용하는 요인이 다른 근로자에게는 하나의 도전 기회로 작용할 수 있다(WWA, 1996).

(1) 일반적 스트레스 원인

사업장에서 근로자에게 스트레스를 유발하는 것(stressor)으로서 다음을 들 수 있다(DiNitto et al., 1997: 270-271; Sleek, 1999).

첫째, 지리적 이동이 있다. 이 경우, 개인은 직무와 관련하여 지리적으로 자주 이동한다. 지리적 이동은 군대 같은 조직이 특히 심하다고 볼 수 있다.

둘째, 자기가 지니고 있는 능력이나 교육수준에 비해서 너무 높은 직책을 가지고 있는 경우이다.

셋째, 자기 능력에 비해 낮은 직책을 가지고 있어서 좌절감을 느끼고, 이에 따라 스트레스를 겪는 경우이다.

넷째, 할 일이 너무 많아서 모두 다 다룰 수 없는 경우이다.

다섯째, 직무 목적이 분명하지 않아서 생기는 역할 모호성(role ambiguity)이 있다.

여섯째, 역할 갈등(role conflict)이 있다.

(2) 실업(고용불안)관련 스트레스 요인

스트레스를 유발하는 요인으로 고용불안을 들 수 있다. 근로자들이 더 열심히 일을 하고 있지만, 많은 근로자들은 해고에 대해서 불안해하고 있다. 1990년대에 걸쳐 실직을 겁내는 사람의 수가 두 배로 증가하였다. 근로자가 직무를 잘 수행하고 있는 경우나 또는 '아주' 잘 수행하고 있는 경우에조차 대부분의 근로자들은 실직에 대해서 관심을 가지고 있다.

경기가 좋지 않을 경우에는 직장을 잃을 가능성이 높기 때문에 스트레스를 많이 겪는다. 특히 특정 지역에서 불경기가 오랫동안 지속될 경우에 근로자들은 고용·승진과 관련하여 스트레스를 많이 겪는다.

더구나 현대에 들어서 기업의 구조조정과 경기침체가 심해짐에 따라서 실직의 두려움이 더 커진다. 직무 스트레스가 증가하는 것은 미국 기업이 구조조정을 하는 것과도 어느 정도 관련이 있다고 이미 조사된 바 있다(DiNitto et al., 1997: 270-271; Sleek, 1999; McGuire, 1999).

5) 스트레스의 영향

(1) 조직에게 미치는 영향

직무 스트레스는 조직이 정상적으로 운영되는 것을 방해하며, 근로자의 직무실적과 생산성을 떨어뜨리며, 기업의 이윤을 감소시킨다 (Rice, 1999: 193-194). Rice(1999: 198-208)는 직무 스트레스를 주는 주요 요인과 그 결과를 <표 9-1>과 같이 정리하고 있다.

(2) 개인에게 미치는 영향

직무 스트레스는 근로자에게 세 가지의 영향을 미친다(Rice, 1999: 193-194).

첫째, 근로자 개인의 신체적 건강을 악화시켜 건강 문제를 야기한다. 근로자에게 건강과 관계된 문제는 어떤 특정한 병이 생겨서 등장하기보다는, 근로자가 조용히 그리고 서서히 건강을 잃음에 따라 생길 수도 있다.

<표 9-1> 직무 스트레스를 주는 주요 요인과 그 결과

직무 스트레스를 주는 요인	기여 요인	가능한 결과
직무조건	양적인 직무과다 질적인 직무과다 조립라인 히스테리아 (사물이 아닌) 사람에 관한 결정 물리적 위협 교대 업무 기술관련 스트레스	육체적·정신적 피로 소진 초조(불안)와 긴장의 증가
역할갈등	역할 모호 성편견과 성역할 편견 성희롱	불안과 긴장의 증가 직무성과의 저하
인간관련 요인	직장·사회 지지제도의 빈약 정치적 라이벌 질투 분노 경영진의 근로자에 대한 무관심	긴장의 증가 혈압의 증가 직무 불만족 생산성 저하
경력개발	너무 더딘 승진 너무 빠른 승진 고용안정 야망의 좌절	자긍심 상실 초조와 분노의 증가 직무 불만족
조직구조	경직되고 비인간적 구조 정치적 투쟁 부적절한 감독이나 훈련 의사결정에의 미참여	동기와 생산성의 감소 직무 불만족
집과 직장의 관계	집(직장)문제가 직장(가정)에 영향 미침 배우자로부터 지지 없음 부부간 갈등 가정과 일을 같이 하겠다는 스트레스	정신적 갈등과 피로의 증가 동기와 생산성의 감소 부부갈등의 증가

출처: 라이스(1999: 199).

둘째, 직무 스트레스를 겪는 근로자는 심리적 어려움을 겪는다. 일반적으로 근로자가 직무에 대해서 만족을 하지 못하며 이와 관련하여 부정적인 정서를 가지고 있을 경우에, 그 근로자는 심리적 어려움을 겪는 것이 일반적이다.

셋째, 근로자가 건강 문제를 겪고 심리적 어려움을 겪음에 따라, 근로자의 행동에 변화가 온다. 근로자의 행동이 변화되면 사업장에서의 생산성에 부정적 영향을 미치며, 또 이 근로자가 사업장 밖에서 생활하는 양식에도 부정적 영향을 미친다.

그러나 직무 스트레스의 증상은 사람의 성격, 발생 상황, 스트레스 요인을 경험하는 기간, 스트레스의 강도에 따라 다르다(Job Stress Help, 1999).

① 생리적 측면

스트레스를 겪게 되면 피가 빨리 순환하고, 호흡이 빨라지고, 아드레날린이 혈관 속에 들어가는 증상을 보인다. 이럴 경우에 스트레스를 겪는 근로자가 균형을 찾지 못하게 되면 질병이 생긴다(Masi, 1982).

② 신체적·정신적 측면

근로자가 스트레스를 겪는 기간이 길어지면 심각한 질병이 나타날 수 있다. 또한 스트레스를 오랜 기간 겪는 근로자는 약물남용과 우울증에 빠질 수 있다. 또한 스트레스는 업무수행에서 근로자를 기진맥진하게 만든다. 근로자가 직무 스트레스를 받으면 장애가 되거나 일을 할 수 없게 되는 경우도 있다(Job Stress Help, 1999; DiNitto et al., 1997: 270-271; Rice, 1999: 195).

심리적 영역에서 직무 스트레스를 겪을 때 가장 나타날 것이라고 예측하는 것이 직무 불만족(job dissatisfaction)이다. 직무 불만족을 느끼게 될 경우, 근로자는 직장에 가려는 생각을 덜 하게되며, 직장에 근무하는 동안에도 일을 잘하려는 생각을 덜 하게되며, 그 직장에 붙어있을 생각을 덜 하게된다.

또한 직무 불만족 이외에 직무 스트레스의 증상으로서 자주 거론되는 것이 불안, 긴장, 분노, 분개이다. 어떤 사람은 직장에서 어려움을 너무나 크게 겪어서 심리적으로 스트레스를 받게되고 서서히 약화되어 간다. 이것은 근로자가 직무 스트레스를 잘 대처하려고 노력을 하였으나 실패한 경우에 일어날 수 있다. 만약에 근로자에게 이런 상황이 자주 생기게 되면, 이 근로자는 학습 무력감(learned helplessness)을 겪을 수 있다. 근로자가 학습 무력감을 겪게 되면 이 근로자는 자기가 어떤 일을 할 능력이 있어도 그것을 하지 않게 된다.

③ 정리

아놀드등(1995: 360)은 스트레스의 신체적·행동적 증상을 <표 9-2>와 같이 정리하고 있다.

6) 조직내 스트레스의 징후

WWA(1996)은 사업장에서 다음과 같은 증상이 이전에는 없다가 새로 나타날 경우에 그 사업장은 스트레스 문제를 겪고 있는 것으로 판단한다. WWA는 조직내에서 스트레스 문제와 관련되었을 징조는 다음의 네 영역에서 나타난다고 본다.

(1) 직무성과 영역

직무성과(performance at work)와 관련된 영역에서 스트레스를알아차릴 수 있다. 직무성과 영역에서는 다음과 같은 징조를 보고서 스트레스와 관련된 문제가 있음을 알 수 있다.

첫째, 분명한 이유 없이 생산성이 떨어진다.

둘째, 불량율(error rates)이 증가하고 폐기물(wastage)이 증가한다.

셋째, 일의 흐름이 나빠지고 일의 일정이 나빠진다.

넷째, 마감일이 지켜지지 않는다.

다섯째, 의사결정 기준이 좋지 않거나 존재하지 않는다.

<표 9-2> 스트레스의 신체적 · 행동적 증상

스트레스의 신체적 증상	스트레스의 행동적 증상
○ 식욕을 잃는다. ○ 음식을 찾는다. ○ 소화불량이나 가슴앓이를 자주 한다. ○ 변비가 있거나 설사를 한다. ○ 불면증이 있다 ○ 늘 피곤하다. ○ 특별한 이유 없이 땀을 흘린다. ○ 신경경련이 있다. ○ 손톱을 문다. ○ 골치가 아프다. ○ 근육 경련이 있다. ○ 메스꺼움을 느낀다. ○ 숨이 가쁘다. ○ 발작을 한다. ○ 자주 울거나 울고 싶어 한다. ○ 성행위를 할 수 없거나(남성), 불감증이 있다(여성). ○ 안절부절못하면서 앉아 있다. ○ 혈압이 높다.	○ 사람에게 늘 짜증을 낸다. ○ 해결할 수 없다고 느낀다. ○ 인생의 흥미를 잃는다. ○ 질병에 대해 늘 또는 반복해서 두려움을 갖는다. ○ 실패자라고 느낀다. ○ 자신이 나쁘다고 보거나 자신을 혐오한다. ○ 의사결정을 내리는데 어려움을 겪는다. ○ 못생겼다고 생각한다. ○ 다른 사람에 대해 흥미를 잃는다. ○ 억압된 분노를 알게 된다. ○ 진짜 감정을 보여줄 수 없게 된다. ○ 자신을 다른 사람이 적대감을 표시하는 대상으로 생각한다. ○ 유머 감각을 잃는다. ○ 무시된다고 느낀다. ○ 미래를 두려워한다. ○ 개인이나 부모로서 실패해 왔다고 느낀다. ○ 믿을 사람이 아무도 없다고 느낀다. ○ 집중하는데 어려움을 겪는다. ○ 다른 일을 시작하기도 전에 현재하고 있는 일을 끝낼 수 없게된다. ○ 개방된 또는 고립된 공간을 아주 두려워하고, 또 혼자 있기를 아주 두려워한다.

출처: 아놀드등(1995: 360).

(2) 근로자 사기

근로자 사기(employee morale)와 관련된 영역에서 스트레스를 알아차릴 수 있다. 근로자 사기 영역에서는 다음과 같은 징조를 보고서 스트레스와 관련된 문제가 있음을 알 수 있다.

첫째, 근로자의 동기가 줄어들고, 근로자가 조직에 관여하는 것이 줄어든다.

둘째, 근로자가 일하는 시간을 늘여도 생산성이 개선되지 않는다.

셋째, 사업장 내부에서 태업(sabotage)이 발생한다.

(3) 직장 관계

직장 관계(relationships at work)와 관련된 영역에서 스트레스를 알아차릴 수 있다. 직장 관계 영역에서는 다음과 같은 징조를 보고서 스트레스와 관련된 문제가 있음을 알 수 있다.

첫째, 단결심을 유지하기가 힘들다.

둘째, 동료근로자 사이에 갈등이 증가하며, 결정을 내리기가 더 어려워진다.

셋째, 직무 지시를 더 자세히 구체적으로 해 달라고 요구한다.

넷째, 노사관계가 악화된다.

(4) 장기 질병결근

장기 질병결근(sickness absenteeism)과 관련된 영역에서 스트레스를 알아차릴 수 있다. 장기 질병결근 영역에서는 다음과 같은 징조를 보고서 스트레스와 관련된 문제가 있음을 알 수 있다. 첫째, 모호한 질병이 증가한다. 둘째, 일하다가 쉬는 시간이 증가한다. 셋째, 지각과 조퇴의 횟수가 더 많아진다.

7) 직무 스트레스의 관리

(1) 개입 수준

사업장에서 근로자가 겪는 스트레스를 다루는 것과 관련하여 카힐・랜즈버기스・쉬놀Cahill, Landsbergis, & Schnall, 1995)은 다음의 두 가지 사항에 유의해야 한다고 주장한다.

첫째, 직무 스트레스의 원인은 여러 가지가 있으므로 직무 스트레스를 해결하는 방법에도 여러 가지가 있을 수밖에 없다.

둘째, 근로자에게만 개입하는 것으로는 직무 스트레스의 문제를 해결할 수 없다. 즉 근로자에게 변화가 일어나는 것 외에 소집단과 조직 전체(조직구조)에도 변화가 일어나야 한다.

한편 스트레스 관리를 위한 개입 수준으로 세 가지가 구분되기도 한다. 1차 수준의 개입은 조직에서 스트레스가 되는 원인을 줄이는 것이다. 2차 수준의 개입은 스트레스관리 교육을 제공하는 것이다. 3차 수준의 개입은 건강을 증진시키고 사업장에서 상담을 제공하는 것이다 (<표 9-3> 참조) (Arnold et al., 1995: 381-382).

대부분 사업장의 경우, 2차 수준의 개입이나 3차 수준의 개입을 실시하고 있다. 건강증진 또는 건강교육 프로그램은 질병을 유발하거나 건강에 좋지 않은 영향을 미치는 행동적 위험요소를 조정하는 것을 목표로 삼고 있다. 그리고 건강진단(health screening)은 현 건강실태를 진단하고 발견하는데 있다. 미국의 경우, 많은 기업이 스트레스관리 프로그램이나 건강증진 프로그램을 운영하고 있다.

(2) 개입방법

사업장에서의 스트레스를 관리하는 개입방법은 개인지향적 접근과 조직지향적 접근의 두 가지로 나누어 볼 수 있다. 근로자가 겪는 직무 스트레스를 해결하기 위해서는 개인지향적 접근과 조직지향적 접근 모두가 다 필요하다(Rice, 1999: 193-194, 214; Arnold et al., 1995: 382-383).

<표 9-3> 스트레스 관리 개입과 결과의 수준

초점 영역	개입	결과
개인	긴장완화 기술 인지(認知) 처리 전략 생물학적 환류(biofeedback) 명상 운동 EAP 시간관리	분위기 상태(우울증, 불안) 정신이 영향을 주는 불만 주관적으로 경험하는 스트레스 생리적 요소(혈압, 근육긴장) 수면불안 인생만족
개인과 조직의 경계	직장에서의 관계 개인과 환경의 조화 역할문제 참여와 자율성	직무 스트레스 직무만족 소진 생산성과 실적 결근 이직 의료의 활용과 청구
조직	조직구조 채용과 배치 교육 직무의 물리적·환경적 특징 건강에 대한 관심과 자원 직무순환	생산성 이직 결근 의료청구 성공적인 채용과 붙들어 두기

출처: 아놀드등(1995: 382).

첫째, 개인지향적 개입방법은 사업장에서 근로자에게 스트레스를 주는 요인을 근로자가 잘 다룰 수 있도록 도와주는 것이다. 개인지향적 개입방법은 근로자의 행동을 바꾸고 근로자의 생활양식·스트레스관리 능력을 개선함으로써 근로자가 환경에 적응하는 능력을 높여주는 방식을 취하고 있다.

그러나 개인지향적 개입방법은 1회용 반창고 또는 접종식 치료법(Band-Aid or inoculation treatment)이라고 불리는 경우가 많다. 이 접근법은 근로자가 근무하는 조직과 그 환경은 변하지 않을 테니까, 근로자가 조직과 환경에 더 잘 적응할 수 있게 해주는 방법을 배워야 한다는 전제를 깔고 있다. 개인지향적 개입방법은 EAP의 형태로 나타나고 있다.

둘째, 조직지향적 개입방법은 사업장에서 스트레스를 유발하는 근원을 제거하려고 시도하는 것이다. 조직적 개입과 변화가 없는 상태에서 개인이 직무 스트레스를 관리하고 해결하는 기술을 활용하는 것은, 직무 스트레스를 겪는 근로자가 현재의 위기에서 다음의 위기까지 버티는 것만을 도와주는 꼴일 뿐이다.

그러나 그간 사업장에서 강조하는 것은 근로자가 스트레스를 관리하거나 줄이는 방법을 가르치는 점만 강조해온 경우가 많았다. 즉 개인적 수준만 강조해 온 경우가 많았다. EAP의 경우도 근로자가 스트레스를 겪는 것은 근로자 자신에 문제가 있기 때문이라고 가정하고, 이에 따라 조직내에 존재하는 스트레스 원인을 별로 강조하지 않아 왔다.

(3) 개인적 차원에서의 스트레스

관리직무 스트레스를 개인적 차원에서 관리하는 방법이나 기술에 대해서 여러 연구와 방안이 제시되어 왔다. 라이스(1999: 215)는 개인적 차원에서 직무 스트레스를 관리하는 일반적 지침으로 그간 제시된 것을 다음과 같이 정리하고 있다.

첫째, 적절한 영양과 적절한 운동을 통하여 좋은 신체적 건강을 유지한다.

둘째, 자신의 장점, 단점, 성공한 것, 실패한 것 모두를 가진 그 상태대로의 자기 자신을 받아 들인다. 그리고 자신이 긍정적인 자긍심을 갖기 위해 모든 것에 다 유능할 필요가 없음을 인식한다.

셋째, 자신이 아주 솔직하게 말할 수 있는 믿을만하고 친한 친구를 만든다. 만약 강한 사회적 지지망이 없다면 강한 사회적 지지망을 만들도록 노력한다. 이 경우에 양에 초점을 둘 것이 아니라 질에 초점을 둔다.

넷째, 직무 스트레스의 원인을 다루기 위해 긍정적이고 건설적으로 행동한다. 이것은 EAP나 지역대학에서 직무 스트레스를 다루는 새 방법을 배우는 것과 같은 것이 포함된다.

다섯째, 직장사람들과는 별개의 사회 생활을 유지한다. 이것은 직장에서 친구를 사귀지 말라는 의미가 아니라, 직장 문제가 거론되지 않는 자신의 사회 생활을 가져야 한다는 것을 의미한다.

여섯째, 직장 밖에서 창조적 활동을 한다. 예를 들면 개인의 성장을 위하여 취미 생활을 한다.

일곱째, 자기자신만의 시간을 갖는다. 얼마동안 조용히 홀로 지내는 것은 이기적인 것이 아니다. 명상이나 문제해결을 위하여 이런 기간을 활용할 수 있다.

여덟째, 의미 있는 일을 한다. 아홉째, 개인이 가진 스트레스 문제를 해결하는데 있어서 과학적 방법을 활용한다.

(4) 사업장의 스트레스를 다루는 단계

아놀드등(1995: 386-388)은 근로자가 사업장에서 겪는 스트레스를 다루는 단계로 다음의 다섯 단계를 제시한다.

첫째, 문제가 존재한다는 사실을 알아채고 인정한다.

둘째, 문제·스트레스 요인을 파악한다.

셋째, 문제·스트레스 요인을 서로에게 유익한 해결책을 제공해주는 방식으로 바꿔본다.

넷째, 문제·스트레스 요인이 바꾸어질 수 없을 경우, 문제를 다루는 방법을 찾아본다.

다섯째, 결과를 주시하고 검토한다.

각 단계를 구체적으로 살펴보면 다음과 같다.

① 첫째 단계

이 단계는 문제가 존재한다는 것을 알아채고 인정하는 단계이다.

근로자가 문제를 가지고 있다는 것을 인정하는 것은 그 문제를 해결하는데 있어서 중요한 첫 단계이다. 따라서 근로자와 조직은 스트레스라는 것이 직장생활의 특징이며 언젠가는 개인 지위에 상관없이 겪게 된다는 점을 알아야 한다. 더욱이 스트레스를 겪는다는 것이 그 사람의 무능(無能)을 보여주는 것을 반드시 의미하는 것이 아님을 알아야 한다.

근로자 개인의 경우, 스트레스 증상을 빨리 알아채는 것이 중요하다. 또한 조직의 경우, 스트레스를 겪고 있는 근로자를 처벌하기보다는 공개적으로 지지하는 분위기를 만들어주려고 하는 것이 중요하다.

사업장은 이직률, 질병자료, 결근자료, 불량품율·사고율, 보험청구, 지각, 직무 만족도, 사업장에서의 관계를 주시함으로써, 근로자의 스트레스를 알아낼 수 있다. 또한 상위자와 경영진이 부하 근로자의 스트레스에 더 잘 반응하기 위하여, 상위자와 경영진에게 스트레스 증상 파악방법과 기본적 상담기술을 교육시켜줄 수 있다.

② 둘째와 셋째 단계

이 단계는 문제 요인과 스트레스 요인을 파악하여 이 요인을 제거하고 변화를 시도하는 단계이다.

㈎ 개인차원의 경우: 근로자가 스트레스 일기(stress diary)를 일정 기간(예를 들면 4주) 작성해 봄으로써 근로자는 스트레스를 파악할 수 있다. 즉 근로자에게 어려움을 준 사건, 상황의 유형, 관련 인

물을 매일 적음으로써, 해당 근로자에게 스트레스를 주는 요인의 유형과 개인의 문제 영역을 알아낼 수 있다. 매일 적는 기록에다가 근로자가 그 상황에 대처한 내용, 그 대처가 장기적·단기적으로 성공하였는지 여부, 나중에 생각하니 더 나은 방법으로 대처할 수는 없었는지 여부도 함께 적어두면 도움이 될 수 있다. 이런 정보를 기초로 하여 근로자에게 스트레스를 주는 근원을 제거하거나 조정하기 위한 행동계획을 만들 수 있다. 예를 들면 상위자가 직장에서 근로자에게 좋지 않게 대할 경우, 이 근로자는 그 상위자와 맞부닥쳐 보거나 그 상위자를 회피할 수 있고 또는 이 근로자는 다른 부서에 자리가 있는지 알아 볼 수 있다. 만약 해당 근로자에게 이런 것이 불가능할 경우, 근로자는 이런 상황을 현실로 인정하고 이런 상황을 대처하는 방법을 배워야만 한다.

㈏ 조직차원의 경우: 근로자를 대상으로 조사하거나 또는 조직차원에서 스트레스를 조사하여, 근로자의 육체적·정신적 건강상태를 평가하고 조직 전체나 부서·집단수준에서 야기되는 스트레스 요인을 파악할 수 있다. 스트레스의 요인이 다르면 조직차원에서 이 스트레스를 해결하는 방법도 달라진다.

③ 넷째 단계

이 단계는 문제·스트레스 요인의 변화가 불가능할 경우, 문제를 대처하는 방법을 찾는 단계이다.

어느 경우에는 개인이나 조직도 제거할 수 없거나 변화시킬 수 없는 스트레스 요인이 있다. 이런 스트레스 요인을 대처해야 하는데, 2차·3차 수준의 개입방법이 결정적 역할을 할 수 있다. 그리고 사업장에 영향을 주는 스트레스는 직무환경에서뿐만 아니라 직장 밖에서도 올 수 있다. 예를 들면 근로자의 재정문제, 배우자·자녀 사망, 부부간 갈등 같은 개인문제는 스트레스를 유발할 수 있는데, 이런 스트레스를 가진 근로자는 직장에서도 이런 개인문제 때문에 스트레스를 받는 경우가 자주 있다. 이 경우, 3차 수준의 개입방법(예를 들면 상담서비스의 제공)이 직무와 관련되지 않은 스트레스를 다루는데 아주 효과적일 수 있다.

④ 다섯째 단계

이 단계는 스트레스관리 결과를 주시하고 검토하는 단계이다. 즉 이 단계는 스트레스를 관리하기 위한 프로그램을 실시해 본 결과를 평가하는 것이다.

8) 복지사의 역할

(1) 상담 · 교육 · 욕구조사

복지사는 근로자의 스트레스 관리와 관련하여 다음과 같은 역할을 할 수 있다(Masi, 1982; WWA, 1996).

첫째, 상담과 관련된 역할이 있다. 즉 스트레스 때문에 심장병, 고혈압, 위궤양, 불면증을 겪는 근로자를 상담한다.

둘째, 스트레스 관리 및 예방과 관련된 역할이 있다. 예를 들면 스트레스에 관하여 근로자를 교육하여 근로자가 스트레스에 대해 알도록 하여 근로자가 자기 스스로 스트레스를 잘 관리하도록 한다. 또한 생산직 관리자를 교육시켜서 부하 근로자가 가진 문제를 효과적으로 다루도록 해 준다.

셋째, 근로자를 대상으로 정기적으로 설문 조사하여 근로자의 의견을 환류(feedback)하는 역할이 있다.

(2) 사업장에 자문

① 일반적 자문

스트레스 관리와 관련하여 사업장에서 할 수 있는 일을 자문 또는 조언한다. 무엇보다도, 편하고 생산적인 사업장 분위기를 조성하도록 권장한다.

특히 근로자의 스트레스를 줄이거나 해소하기 위해서 다음과 같은 것을 권고할 수 있다: 사업장에 체육시설을 설치하거나, 근로자에게 규칙적으로 휴가를 제공하거나, 사업장에 상담실이나 스트레스 감소 클리닉을 운영한다(Masi, 1982; WWA, 1996).

② 직무만족과 관련된 자문

무엇보다도 근로자의 직무 만족도(job satisfaction)가 적으면 근로자의 스트레스가 증가한다. 그러므로 근로자의 직무 만족을 증가시키는 방법에 관심을 기울여야 한다.

직무 만족을 증가시키는 방법에는 여러 가지가 있다(Zastrow, 2000: 396). 우선 가장 먼저 해야 할 일은 근로자가 무엇에 대해서 불만을 가지고 있는지를 정확히 알아내는 것이다. 그래야만 불만이 있는 영역을 변화시켜서 불만을 줄일 수 있기 때문이다. 불만을 가지고 있는 영역은 업종에 따라 다를 수도 있다. 예를 들면 광부는 안전에 가장 관심을 가질 수 있고, 조립공은 하는 일이 따분해서 반복적인 일에 가장 불만을 가질 수 있고, 최저임금만을 급료로 제공하는 사업장의 근로자는 임금에 대해 가장 불만을 가질 수 있다.

직무 만족도를 증가시키는 방법으로서 여러 가지를 변화시켜 볼 수 있다. 그 중에서 일부를 예로 들면 다음과 같다(Zastrow, 2000: 396). 즉 복지사는 다음이 이루어지도록 경영진에게 건의하거나 자문을 할 수 있다.

첫째, 근로자가 자신의 일을 도전적이고 흥미롭게 할 수 있는 방법을 찾는 것이다.

둘째, 승진이나 업무에서 더 잘 나갈 수 있는 기회를 제공하는 것이다.

셋째, 해당 부문과 관련하여 사내 교육을 제공하는 것이다. 예를 들면 스트레스를 많이 겪는 업무에 종사하는 근로자에게는 스트레스

관리 프로그램을 제공한다.

넷째, 급료와 부가급여를 인상하는 것이다.

다섯째, 근로자를 의사결정 과정에 참여시키는 것이다.

여섯째, 친목회를 통해 집단의 사기를 증가시키도록 도와주는 것이다.

일곱째, 근무여건이 더 즐겁도록 회사의 시설을 개선하는 것이다.

여덟째, 이윤 나누기(profit-sharing) 프로그램을 통해서 근로자에게 이윤을 더 제공하는 것이다.

아홉째, 근로자가 크게 공헌한 것을 인정하는 보상제도를 만드는 것이다.

열째, 근로자가 고용안정감을 갖는 정책을 세우는 것이다.

열한째, 근로자가 자기 일정에 대해 어느 정도 통제할 수 있게 하는 것이다. 예를 들면 가변근무제(flexitime)를 실시하는 방법이 있다.

열두째, 근무환경에서 사고가 일어나지 않도록 하는 것이다.

열셋째, 승진자를 부서 내부에서 고르는 정책을 실시하고, 교육 프로그램을 실시하고, 승진·교육에서 기회가 동등하게 주어지는 인사정책을 실시하고, 좋은 편의시설을 구비하도록 하는 것이다.

9) 스트레스의 측정: Holmes & Rahe의 사회재적응 평가 척도

홈스·라히(Holmes & Rahe, Blonna(1996: 21-22)에서 재인용)는 1967년에 사회재적응 평가 척도(social readjustment rating scale)를 개발하였는데, 이것을 근로자의 스트레스를 측정하는데 사용할 수 있다 (<표 9-4> 참조). 이 척도에는 삶의 사건(life event) 43가지가 열거되어 있다.

<표 9-4> 홈스·라히의 사회재적응 평가 척도

삶의 사건	점수	삶의 사건	점수
1. 배우자의 사망	100	23. 자녀의 출가	29
2. 이혼	73	24. 처가·시댁 식구와의 관계	29
3. 별거	65	25. 화려한 개인적 성취	28
4. 교도소 수감기간	63	26. 배우자의 구직이나 실직	26
5. 가까운 가족성원의 사망	63	27. 입학이나 졸업	26
6. 중상이나 질병	53	28. 생활여건의 변화	25
7. 결혼	50	29. 개인적 습관의 수정	24
8. 직장에서의 해고	47	30. 상급자의 문제	23
9. 부부 화합	45	31. 작업시간이나 조건의 변화	20
10. 퇴직	45	32. 거주지의 변화	20
11. 가족구성원의 건강상의 변화	45	33. 학교의 변화	20
12. 임신	40	34. 오락활동의 변화	19
13. 성적 어려움	39	35. 교회활동의 변화	19
14. 새로운 가족성원의 증가	39	36. 사회활동의 변화	18
15. 직업 재적응	39	37. 10000달러 이하의 저당이나 대여	17
16. 재정 사정의 변화	38	38. 수면습관의 변화	16
17. 친구의 사망	37	39. 가족친목모임 수의 변화	15
18. 다른 작업계열로의 전근	36	40. 식사습관의 변화	15
19. 부부 싸움의 증가	35	41. 휴가	13
20. 10000달러 이상의 저당 설정	31	42. 크리스마스	12
21. 대부금이나 저당의 권리상실	30	43. 사소한 법규위반	11
22. 작업책임상의 변화	29		

출처: 블로너(1996: 21-22).

근로자는 자신에게 해당하는 삶의 사건을 모두 고른 후에, 각 사건에 해당하는 점수(mean value)를 더해서 합계를 내면 된다. 이 점수가 300점 이상이면 건강 문제를 겪을 위험이 높고, 150점 이상 300점 미만이면 2년 이내에 심각한 건강상 변화를 겪을 가능성이 50%이고, 150점 미만이면 2년 이내에 심각한 건강상 변화를 겪을 가능성이 33%이다.

3. 근로자의 우울증

1) 우울증에 대한 관심의 필요성

우울증(depression)은 아주 많은 사람들에게 어려움을 던져 주고 있다. 역사상으로 유명한 인물 중에는 오랫동안 우울증을 겪어 온 사람이 많다. 예를 들면 차이코프스키, 또스토에프스키, 링컨, 프로이드가 자기 생애에서 오랫동안 우울증을 겪은 것으로 알려져 있다(Levithal, 1999: 315). 우울증으로 고통받는 사람은 현재에도 여전히 많다. 예를 들면 미국인 3명중 1명 꼴로 전 생애에 걸쳐서 심각한 우울증 때문에 병원에서 치료를 받아야만 할 가능성이 있는 것으로 알려져 있다. 구체적으로 미국의 경우 매년 1900만명이 넘는 성인이 우울증을 겪고 있다(NIMH, 1999b; Rice, 1999: 110).

일반인의 경우, 가장 생산적인 나이인 25-44세에 우울증을 겪는 경우가 많다. 그리고 근로자의 경우, 미국에서는 20명의 근로자 중에서 1명 꼴로 우울증을 겪고 있는 것으로 밝혀지고 있다. 직업이 무엇이든 또는 그 직업의 전문성이 어느 정도가 되든 간에 우울증을 겪지 않을 수는 없다. 과거에는 유능하였던 근로자도 현재에는 우울증을 겪을 수 있다. 무엇보다도 사업장이 성공하려면 근로자 모두가

사업장에 기여해야 하기 때문에, 사업장에서 한 근로자가 우울증을 겪는 것이 무시될 수 없다. 특히 우울증은 일시적인 것이 아니고 중요한 질병이기 때문에, 사업장에서도 우울증에 깊은 관심을 가져야 한다.

한편 우울증의 원인으로 여러 가지가 지적되고 있다. 삶에서 외상(外傷)을 주는 사건을 겪고 난 후에 우울증에 빠지게 되는 경우가 많다. 그러나 우울증을 겪는 사람의 80%가 넘는 비율은 조속히 그리고 효과적으로 치료될 수 있다. 따라서 중요한 것은 우울증의 증상을 조기에 발견해서 그에 적절한 치료를 받는 것이다. 우울증은 개인적인 단점을 나타내는 것도 아니며, 우울증 치료는 일반적으로 근무시간을 많이 빼앗아 버리지 않으며, 우울증은 돈이 많이 드는 입원을 필요로 하지도 않는다.

그러나 미국의 국립정신보건원에 따르면, 실제로 우울증을 겪는 사람의 3분의 2는 필요한 치료를 받고 있지 않는 실정이다. 그러므로 우울증을 겪고 있는 사람들 중의 많은 경우는 쓸데없이 어려움을 겪고 있다. 즉 우울증을 겪고 있는 사람은 당황하거나, 또는 나약한 것으로 인식될까 두려워하거나, 또는 우울증이 치료할 수 있는 병임을 알지 못하기 때문에, 쓸데없이 고통을 겪고있는 셈이다(NIMH, 1999a; NIMH, 1999b; Blonna, 1996: 185).

2) 우울증의 개념

한국 사회복지협의회(1993: 204)에서는 우울증을 “의기 상실한 기분으로 정신운동저하, 불면증, 체중감소를 수반한 정신적 증후군”으로 보면서, 우울증에는 ‘죄악감과 망상적 색채가 강한 신체증상’이 뒤따르는 경우도 있음을 지적하고 있다.

그리고 미국 사회사업가협회는 우울증을 “슬픔, 실망, 자포자기,

미래 비관, 활동·생산성 저하, 수면 방해나 심한 피곤, 비(非)충만감·자기소멸감·절망감으로 자주 특징지어지는 일단(一團)의 감정적 반응"으로 정의하고 있다(Barker, 1995: 97). 브리타니커(Britannica, 1999) 백과사전의 경우도 우울증을 미국 사회사업가와 거의 같은 의미로 보고 있다.

따라서 우울증은 인간 생활에서 비관적으로 보이는 현상을 특징으로 가지고 있는 마음 상태라고 볼 수 있다.

3) 우울증의 증상과 파악

사람은 누구나 시시때때로 기분이 우울해지거나 슬퍼진다. 그러나 사람이 2주일 이상 우울하거나 슬픔을 심하게 겪는다면 이것은 임상 우울증의 징조일 수 있고, 이 경우에 적절한 치료를 받아야 한다(NIMH, 1999b).

미국 국립정신보건원은 <표 9-5>에 언급된 증상이 2주일이 넘는 기간동안 다섯 가지 이상 계속되거나 직장이나 가족에게 해를 끼치게 될 경우에는 체계적 진단을 받을 것을 권고한다. 이 진단에는 신체를 완전히 검사해 보고 또한 질병에 관한 가족력(家族歷)을 조사해 보는 것도 포함된다(NIMH, 1999a).

한편 사업장의 경우 다음과 같은 증상을 통해서 우울증을 파악할 수 있는 경우가 많다고 미국 국립정신보건원은 제시하고 있다.

첫째, 생산성이 감소한다.

둘째, 사기가 저하된다.

셋째, 협동하지 않게된다.

넷째, 안전위험과 사고가 생긴다.

다섯째, 결근이 생긴다.

여섯째, 늘 피곤하다고 자주 이야기한다.

일곱째, 알 수 없는 고통과 통증에 대해 불평한다. 여덟째, 알코올과 약물을 남용한다.

<표 9-5> 우울증의 증상

증　　　상
○슬프거나 공허하거나 걱정스러운 분위기가 계속된다. ○일상 활동에 대한 관심이나 즐거움을 잃어 버린다. ○활력이 감소하며 피곤하거나 늘어진다. ○잠자는데 어려움을 겪는다. ○먹는데 어려움을 겪는다. ○집중・기억・의사결정 하는데 어려움을 겪는다. ○희망이 없게 느껴지고 비관적이 된다. ○죄의식・가치없음・무기력을 느낀다. ○죽음이나 자살을 생각한다. 자살을 시도한다. ○조급해진다. ○심하게 운다. ○질병이나 고통이 계속된다.

출처: NIMH(1999a).

이상의 증상 중에서 다섯 가지 이상이 2주일이 넘게 지속된다면 철저한 진단이 필요하다(NIMH, 1999b).

4) 우울증의 영향

우울증은 근로자 개인에게 고통을 줄뿐만 아니라 사업장에게도 큰 부담을 줄 수 있다. 그러므로 우울증을 치료하지 않으면, 근로자는 직장・가족・개인생활에 해를 입히는 만성적인 상태에 빠질 수 있다.

우울증을 치료하지 않을 경우에는 많은 비용을 초래하게 된다. 미국의 한 연구기관에 따르면, 우울증을 겪는 환자가 당뇨병, 관절염, 척추질환, 폐질환, 위장병을 앓는 환자보다 누워 있는 시간이 더 많다. 1990년에 우울증이 미국 전체에게 부담시키는 비용이 300-440억 달러로 추정된 바 있다. 만약에 440억 달러를 전체 비용으로 잡을 경우, 이 중에서 약 120억 달러가 근로자가 일을 못해서 부담된 손실로 추정된다(NIMH, 1999a; NIMH, 1999b).

(1) 근로자에게 미치는 영향

우울증은 개인의 모든 정신적 과정을 변화시킨다. 우울증에 빠지게 되면 절망감과 무기력을 함께 느끼는 경우가 가장 많은 것으로 알려져 있다(Rice, 1999: 110).

우울증을 겪는 사람들은 알코올에 의존해서 우울증을 벗어나려고 하는 경우가 많다. 그러나 우울증을 겪는 사람이 우울증을 벗어나기 위해 알코올에 의지하게 되면 알코올에 대한 의존도가 커져서, 결국 나중에 알코올 중독에 빠지게 된다(Levithal, 1999: 315).

그리고 우울증 때문에 자살하는 경우가 자주 있다. 그러므로 근로자가 우울증을 오래 겪을 경우에 이 근로자가 자살할 가능성이 있음에 대해서 관심을 가질 필요가 있다. 하지만 사람들이 언듯 믿기 어려운 사실의 하나는 우울증에 걸린 사람은 실제로 자살할 가능성이 드물다는 점이다. 자살을 계획하고 실행하려면 정신적 과정이 필요하고 또 자살을 실행하려면 육체적 힘이 필요하다. 그러나 우울증이 심할 경우에는 우울증을 겪는 사람들이 자살에 대해서 생각해 볼 정신적 여유와 자살을 시도할 힘이 없기 때문에, 우울증을 겪는 사람이 자살하는 경우는 거의 없다. 따라서 우울증에 오랫동안 빠져 있다가 다시 잘되는 상태로 오는 초기 과정에서 자살의 가능성이 가장 높다. 즉 우울증을 겪고 있던 사람이 더 정상적인 상태로 되돌아오고 있는 중일 때가 사실은 가장 위험한 기간이다(Rice, 1999: 112; Levithal, 1999: 315).

(2) 사업장에 미치는 영향

근로자가 우울증을 겪게 되면 근로자의 생산관련 판단력, 다른 사람과 같이 일하는 능력, 전반적 직무성과에 영향을 받을 수 있다. 근로자가 완전히 집중할 수 없거나 결정을 내릴 수 없게 될 경우에, 실수나 사고를 유발하여 큰 손실을 끼칠 수 있다. 또한 우울증을 겪고 있는 근로자는 결근을 많이 하게 되고 알코올·약물을 남용할 가능성을 더 높고, 이에 따라 근무중이거나 근무중이 아닐 경우에 다른 문제를 낳을 수 있고 또 근로자의 우울증 때문에 회사가 부담해야 하는 비용은 훨씬 더 증가하게 된다(NIMH, 1999a, NIMH, 1999b).

한편 근로자가 우울증을 겪을 경우에만 사업장이 피해를 보는 것은 아니다. 근로자의 가족구성원이 우울증을 겪게 될 경우에도 사업장은 비용손실을 겪는다. 근로자의 배우자나 자녀가 우울증을 겪게 되면, 그 근로자는 사업장에서 근무시간을 순조롭게 보내지 못할 수도 있고, 회사에 결근할 수도 있고, 생산성이 감소할 수도 있고, 집중력과 사기가 떨어질 수도 있기 때문이다(NIMH, 1999a).

5) 우울증과 스트레스·건강

다음과 같이, 우울증은 스트레스 및 건강과 관련이 있는 것으로 연구된 바 있다(Blonna, 1996: 185; Rice, 1999: 112).

첫째, 일반적으로 많은 육체적 질병(예를 들면 심장병, 암, 두통)은 우울증과 관련이 있다. 우선, 우울증이 아드레날린(adrenalin)과 코티

솔(cortisol)의 순환을 증가시키기 때문에, 우울증에 걸린 사람은 육체적 질병의 위험성이 커질 수 있다. 또한 우울증에 걸리게 될 경우에 식욕을 잃고 음식을 먹는 습관이 좋지 않게 되고 운동을 안하고 피곤하고 잠을 잘 자기 못하기 때문에, 육체적 질병이 발생할 수도 있다.

둘째, 질병에 걸리면 그 질병과의 싸움에서 어려움을 겪기 때문에 우울증에 걸리는 경우가 많다. 예를 들면 등(back) 통증으로 고생을 하는 사람의 경우, 그 통증이 2년 이상 지속되면 심한 우울증에 빠져들 수 있다. 등 통증이 생기기 이전에는 우울증을 겪은 경험이 없을지라도, 우울증이 장기화되면 우울증을 겪을 수 있다.

셋째, 개인이 맞이하는 위기에 대한 하나의 반응으로서 우울증이 올 수도 있고, 또한 개인이 위기를 극복하는데 실패한 것에 대한 하나의 반응으로서 우울증이 올 수도 있다. 그리고 또한 스트레스를 주는 요인들에 대한 일반적 반응이 우울증인 경우가 있다. 예를 들면 직장을 잃거나 저축·투자에서 손실을 보거나 이혼·별거를 겪거나 학대를 당하는 것과 같은 스트레스 요인을 가지게 될 경우에, 이에 대한 반응으로서 우울증이 올 수 있다. 또한 가정이나 직장에서 오랫동안 스트레스를 받는 환경에서 지내게 될 경우에도 우울증에 빠질 수 있다.

넷째, 우울증을 겪는 사람들은 자신의 일상 생활에서 스트레스를 더 많이 겪는다. 그러나 우울증을 겪는 사람들은 우울증을 겪지 않는 사람들에 비해서 이런 스트레스를 다루는데 필요한 개인적 자원과 사회적 지지망을 더 적게 가지고 있는 것이 일반적이다.

6) 우울증의 대처 방안

복지사는 근로자가 겪는 우울증에 대하여 잘 알고 있어야 하며, 또한 우울증으로 고통을 받는 근로자를 도와주기 위한 지역사회 자원에 대해서도 잘 알고 있어야 한다. 이럼으로써 복지사는 근로자 개인뿐만 아니라 상위자나 경영진 등에게 근로자의 우울증에 대해서 자문을 해 줄 수 있다.

(1) 근로자가 할 일

사업장에 근무하는 근로자는 자기 지위가 무엇이든 간에 우울증을 없애기 위해서 무엇인가를 할 수 있다. 무엇보다도 근로자는 이 우울증이 평범하지만 심각한 질병이라는 것을 알고서 우울증에 대해 좀더 자세히 알아볼 필요가 있다.

우울증은 의지력으로 치유될 수 없기 때문에, 우울증을 겪는 근로자는 전문적인 도움을 받는 것이 중요하다. 이 경우, 우울증을 겪는 근로자는 EAP 상담자와 상의하거나 근로자의 의료진과 상의하는 것이 바람직하다. 근로자가 EAP 담당자나 의료진에게 제공하는 정보는 비밀보장이 된다(NIMH, 1999a).

(2) 상위자가 할 일

상위자는 다음과 같은 역할을 할 수 있다. 첫째, 상위자는 우울증에 대해 알고 또 부하직원에게 도움을 줄 수 있는 방법에 대해 알 필요가 있다. 그러므로 우울증에 관한 자료를 우선 잘 읽는 것이 필요하다. 그리고 회사의 의료급여에 대해 잘 알고 있어야 한다. 그리고 회사가 사업장내에서 상담을 제공하거나 또는 그 지역의 다른 곳에 근로자를 의뢰할 수 있는 EAP가 있는지 알아보아야 한다(NIMH, 1999b).

둘째, 우울증과 관련된 것으로 보이는 업무수행 문제의 징조를 근로자가 보여줄 때를 파악하여 근로자를 적절하게 의뢰한다. 상위자는 근로자의 우울증을 진단할 수는 없으나, 근로자가 업무수행에서 변화가 있는 점을 잘 파악하여 근로자가 걱정하는 것에 관심을 가질 수 있다. 회사가 EAP를 가지고 있지 않을 경우, 우울증과 관련된 업무상 문제를 겪는 것으로 보이는 근로자를 가장 잘 도와줄 수 있는 방법을 상담자에게 물어본다. 예전에는 잘하던 근로자가 자주 결근 또는 지각하기 시작하거나 또는 잘 까먹거나 실수를 저지르면 그 근로자는 심각한 건강문제를 겪고 있다고 볼 수 있다.

셋째, 근로자가 업무 수행상 변화가 있는 것을 근로자와 상의한다. 상위자는 근로자에게 근로자가 개인적 문제가 있으면 상담을 해올 것을 권고할 수 있다. 상위자는 근로자와 상의할 때 비밀을 유지해 주는 것이 아주 중요하다.

미국 국립정신보건원은 상위자가 우울증을 겪고 있는 부하 직원에게 할 수 있는 말을 다음과 같이 예로 들고 있다: "나는 당신이 최근에 자주 지각하고 업무목표를 달성하고 있지 못하는 것에 대해 걱정을 하고 있습니다. 나는 당신이 예전의 모습대로 있는 것을 보고 싶습니다. 나는 이것이 당신에게도 해당되는지는 모르겠지만 만약에 개인문제가 당신 업무에 영향을 미친다면, 당신은 근로자원조 상담자에게 조용히 얘기할 수 있을 것입니다. 근로자원조 서비스는 근로자를 위하여 만들어졌습니다. 오늘 우리가 나눈 이야기나 당신이 상담자에게 면담신청을 한 것은 아무에게도 말하지 않을 것입니다. 당신이 근로자상담 서비스를 이용하든 이용하지 않든 간에 당신은 당신의 업무목표를 달성할 것이 기대됩니다."

근로자가 상위자에게 자신의 우울증에 대해 자발적으로 이야기를 할 경우에, 상위자는 다음과 같은 점을 잘 생각해야 한다(NIMH, 1999b).

첫째, 상위자는 근로자의 문제를 진단하려고 해서는 안된다.

둘째, 우울증의 증상을 겪고 있는 근로자에게 EAP 상담자나 기타 의료·정신건강 전문가와 전문적인 상담을 해 볼 것을 권장한다.

셋째, 우울증을 겪고 있는 근로자의 치료기간 동안에는 이 근로자의 근무일정을 융통성 있게 해줄 필요가 있음을 인정해야만 한다. 따라서 이와 관련하여, 인사부서에 회사의 방침을 알아보아야 한다.

넷째, 심각한 우울증은 근로자 자신에게는 생명을 위협하는 것일 수도 있다는 점을 알아야한다. 만약에 근로자가 '인생이란 살 가치가 없어' 또는 '내가 없으면 사람들은 더 잘될 거야'와 같은 식으로 말을 한다면, 이러한 말을 심각히 새겨들어야 한다. 이 경우에 EAP 상담자나 다른 전문가에게 즉시 연락하여 상황을 어떻게 할 것인지에 대한 조언을 구해야 한다.

(3) 고용주가 할 일

고용주나 경영진은 우울증이 사업장에 미치는 영향을 줄이기 위하여 다음과 같은 역할을 할 수 있다(NIMH, 1999a).

첫째, 사업장의 의료 프로그램과 근로자 의료급여에 대해서 알아볼 필요가 있다.

둘째, 근무하는 사업장의 EAP 담당자가 우울증과 관련된 질병을 인식할 수 있는 능력이 있는지를 알아보고, 근로자를 적절하게 의뢰하고, 기타 다른 도움을 제공한다.

셋째, 관리자가 근로자의 우울증에 대한 지식을 더 많이 갖도록 한다.

넷째, 우울증에 관한 자료를 근로자에게 배포하여 근로자를 교육시킨다.

다섯째, 사업장에서 겪는 우울증에 관한 정보를 얻고 알려주기 위하여 전국적 또는 지역적 조직과 함께 활동하고, 근로자를 의뢰한다.

미국의 경우, 실제로 많은 사업장은 상위자 대상의 우울증 교육, 근로자 원조, 산업보건 담당자를 제공하면서 우울증을 겪고 있는 근로자에게 도움을 주고 있다. 또한 기업은 EAP와 직장 의료급여를 통해서 우울증을 겪고 있는 근로자를 치료해 주고 있다(NIMH, 1999b).

【참고문헌】

한국사회복지협의회. 1993. 『사회복지사전』(최신판). 서울: 한국사회복지협의회.

Arnold, J., C. L. Cooper and I. T. Robertson. 1995. Work Psychology: Understanding Human Behavior in the Workplace (2nd ed). London: Pitman.

Barker, R. L. 1995. Social Work Dictionary. Washington D.C.: NASW Press.

Blonna, R. 1996. Coping with Stress in a Changing World. St. Louis, Missouri: Mosby.

Cahill, J., P. A. Landsbergis, and P. L. Schnall. 1995. "Reducing Occupational Stress: An Introductory Guide for Managers, Supervisors and Union Members." Presented at the Work Stress and Health '95 Conference. Washington D.C.

DiNitto, D. M. and C. A. McNeece. 1997. Social Work: Issues and Opportunities in a Challenging Profession (2nd ed). Boston, MA: Allyn and Bacon.

Huxley, P. 1997. "Mental Illness." Pp. 133-138 in The Blackwell Companion to Social Work, edited by M. Davies. Oxford, UK: Blackwell.

Job Stress Help. 1999. "Frequently Asked Questions."http://www.jobstresshelp.com/FAQ

Levithal, C. F. 1999. Drugs, Behavior, and Modern Society (2nd ed). Needham Heights, MA: Allyn and Bacon.

Masi, D. A. 1982. Human Services in Industry. Lexington, MA: Lexington Books.

McGuire, P. A. 1999. "Worker Stress, Health Reaching Critical Point." Monitor on Psychology [On Line] Vol. 30 No. 5.

NIMH. 1999a. "The Effects of Depression in the Workplace." www.nimh.nih.gov/publicat/workplace.cfm.

NIMH. 1999b. "What to Do When an Employee Is Depressed." www.nimh.nih.gov/publicat/depemployee.cfm.

Rice, P. L. 1999. Health and Stress (3rd ed). Pacific Grove, CA: Brooks/Cole.

Sleek, S. 1999. "Concern for Job Stresses Goes Global." Monitor on Psychology [On Line] Vol. 30 No. 2.

WWA(Worksafe Western Australia). 1996. A Guide to Work-Related Stress. WWA.

Zastrow, C. 2000. Introduction to Social Work and Social Welfare (7th ed). Belmont, CA: Brooks/Cole.

제10장 여성근로자의 복지

1. 배경

현대에 들어서 사업장의 노동력이 다양해지고 있다. 즉, 예전에는 사업장에 주로 남성이 일하고 있었으나, 현대에 들어서 여성과 소수 민족(외국인근로자)의 노동시장참여도 증대하고 있다. 그 중에서도 특히 돋보이는 것은 노동시장에 참여하는 여성의 수가 크게 늘고 있다는 점이다.

여성의 노동시장참여율이 증가하는 현상은 선진국에서 두드러지게 보여진다. 미국의 경우, 1950년에 노동시장에 참여하는 여성의 비율이 34%이었으나, 1980년에는 50%로 증가하였고 그후 1997년에는 60%로 더욱 늘어났다. 미국에서는 자녀를 가지고 있는지 여부와 상관없이 남성과 여성이 노동시장에 참여하는 것이 정상적인 형태로 되어 가고 있다(Perkins, 1992; Andersen, 2000: 118-119; Eitzen and Zinn, 2000: 267).

영국의 경우, 일할 수 있는 여성 중에서 노동시장에 참여하고 있는 비율이 1995년에 66%에 이르렀다. 그리고 노동시장에 참여한 영국 여성의 비율이 1970년대에는 여성의 1/3 정도이었으나, 2000년에는 여성의 1/2를 넘게 되었다. 특히 스웨덴의 경우, 여성이 노동시장에 참여하는 경향은 다른 나라와 비교해서 독특한 면이 많다. 1987년의 경우, 퇴직연령에 이르지 않은 성인 스웨덴 여성 중에서 약 80%가 유급고용 상태에 있거나 훈련 중에 있었는데, 이 비율은 스웨덴 남성의 비율과 가까운 수치이었다(Alcock, 1997: 138-139; Weyer, 1999; Ginsburg, 1993: 184).

노동시장에 참여하고 있는 여성의 비율이 증가하고 있는 추세는 우리 나라도 예외는 아니다. 우리 나라의 경우, 노동시장에 참여하고 있는 여성의 비율이 1985년에는 41.9.%이었으나, 1998년에는 47.0%로 늘어났고 1999년에는 47.4%로 다시 늘어났다(NSO, 1999: 13; 통계청, 2000).[31]

그리고 노동시장에서 남성과 여성 사이의 임금 차이가 크기는 하지만, 여성의 임금 수준이 꾸준히 나아지고 있다. 그리고 미국과 영국의 경우, 노동시장에 이미 참여하고 있는 여성은 예전에 비해 남성과 더 평등하게 급료를 제공받고 있고 또 사업장에서도 남성과 더 평등하게 대우를 받고 있다.

그러나 노동시장에 참여하고 있는 여성이 예전에 비해 더 평등한 대우를 받게된 과정은 아주 오랜 기간에 걸쳐 서서히 진행되어 왔고, 또한 현재도 완벽한 것이 아니다. 즉 여성이 경제영역에서 활동하는 비중이 커졌음에도 불구하고, 여성근로자의 근무 여건은 남성근로자에 비해서 여전히 열악한 편이고, 여성근로자는 사업장에서 아직도 불리한 위치에 처해있다(Andersen, 2000: 117-118; Alcock, 1997: 138-139).

---

31) 여성이 노동시장에 참여하는 비율은 증가해오고 있지만, 이에 비해 남성이 노동시장에 참여하는 비율은 감소해 오고 있다. 예를 들면 미국의 경우, 노동시장에 참여하는 남성의 비율은 약간 줄어들었으나, 노동시장에 참여하는 여성의 비율은 크게 늘어났다. 1951년에 미국 남성이 노동시장에 참여한 비율은 87%이었으나, 1997년에는 75%로 떨어졌다. 남성이 노동시장에 참여하는 비율이 줄어드는 추세는 앞으로 계속될 것으로 보인다. 이에 비해서 여성이 노동시장에 참여하는 비율은 계속해서 증가할 것으로 보인다(Eitzen et al., 2000: 267; Andersen, 2000: 119). 우리 나라의 경우도, 1998년에 비해 1999년에 남성의 노동시장참여율이 0.8% 줄어들었으나 여성의 노동시장참여율은 0.4% 늘어났다(통계청, 2000).

한편 여성이 노동시장에 참여하는 것은 반드시 경제적 이유 때문만은 아니다. 사업장은 여성근로자에게 경제적 욕구이외에 여러 욕구를 충족해주는 면이 있기 때문이다. 영국과 네덜란드의 편모를 직접 면접 조사한 드렌트 · 트루디 · 루이스(Drenth, Trudie, & Lewis, 1999: 634-635)에 의하면, 편모가 노동시장에 참여하려는 것은 경제적 이유가 크지만 그것 이외에 사업장이 편모에게 동료 및 다른 사람과 접촉할 수 있는 기회를 제공해 주고 또한 사업장에서 일하는 것이 편모에게 자존심을 갖게 해주는 이유도 있다.

이것은 모든 여성근로자에게도 마찬가지이다. 그러므로 사업장과 복지사는 여성근로자의 다양한 욕구를 잘 파악하여 여성근로자의 복리가 증진되는 조치에 관심을 더욱 더 가질 필요가 있다.

2. 여성의 노동시장참여의 역사

산업혁명을 이룬 후에, 여성이 노동시장에 참여하였는데, 그 상황을 살펴보면 다음과 같다(Andersen, 2000: 109-110, 124-125).

첫째, 생산이 증가하고 상업이 증가함에 따라서, 경영이 예전에 비해 더 복잡하게 되었다. 그 결과, 서기직과 행정직이 크게 증가하였다. 타자기가 발명되어서 사무실 업무가 기계화되기 이전까지만 해도, 속기와 회계같은 기술은 남성의 전용물이었고 이런 기술은 권위가 있는 업무이었다. 하지만 타자기가 발명됨에 따라서 상황이 크게 변하게 되었다. 무엇보다도 타자기가 발명됨에 따라서 사무직에 여성이 많이 고용되었다.

타자기가 일반인에게 소개된 것은 1873년이었는데, 타자기로 사무직 업무가 기계화됨에 따라서 새로운 근로자를 고용할 필요성이 생겨났다. 이 때 여성이 남성보다 손재주가 더 좋다는 인식 때문에 여성이 타자직에 고용되었다. 그 결과, 이런 직종을 맡기 위하여 여성근로자가 빠르게 노동시장에 참여하기 시작하였다.

그리고 자본가의 입장에서 볼 때, 여성의 노동시장참여는 값싸고 풍부한 여성노동력을 이용하여 돈을 절약할 수 있는 기회를 제공하였다. 이에 따라 여성근로자들이 받는 급료가 줄어들었다. 그리고 예전에는 사무직 업무가 권위있는 업무이었는데, 여성근로자들이 사무직 업무를 맡게 됨에 따라서 사무직 업무의 권위도 떨어졌다. 그 후 이런 경향은 계속되어서, 행정보조직을 맡고 있는 여성이 받는 급료는 현재까지도 낮은 편이다. 행정보조직에 근무하는 여성의 급료가 낮은 점은 행정보조직에 근무하는 남성이 받는 급료와 비교해 볼 때 특히 두드러진다.

둘째, 다른 분야에서는 노동력이 부족하기 때문에 새로운 인력이 필요하게 되었고, 그 결과로 여성이 고용되었다. 19세기말에 대중교육이 확대되어 갔는데, 여성은 인내, 보살피는 것, 아동교육을 필요로 하는 직종을 잘 할 수 있는 것으로 인식되었다. 따라서 이런 분야에 여성이 많이 고용되었다.

셋째, 빈곤층이 전염병에 걸리는 것을 퇴치하기 위해 20세기초에 중산층이 공중보건 운동을 실행하였는데, 이 경우에 의사를 도와주고 아픈 사람에게 여성스런 따뜻함을 제공하기 위해서 여성간호사를 채용하게 되었다.

그리고 19세기말과 20세기초에 미국의 일부 고용주는 근로자의 복지에 주목하기 시작하였는데, 이것은 여성근로자의 등장과 관련이 깊었다. 예를 들면 미국 북서부의 면(綿) 공장은 여성근로자의 도덕적 생활에 관여하였다. 이 경우, 미혼 여성에게 정해진 주택에서 살고 또 정해진 시간을 지키도록 요구하는 경우가 많았다. 또한 1945-1965년에 미국 산업계의 중요 동향의 하나로 노동조합이 임금

이외에 건강, 복지급여(예를 들면, 연금과 의료) 등의 증진에 관심을 가졌다는 점을 꼽을 수 있다. 노동조합이 이런 프로그램을 실시하게 된 배경의 하나로 여성근로자와 소수민족근로자가 등장한 점을 꼽힌 바 있다. 무엇보다도 여성은 특별한 욕구를 가지고 있기 때문이었다(Johnson and Schwarz, 1994: 321-322).

한편 영국의 경우, 20세기초경에는 여성이 가족 내에서 남성과는 다른 책임을 가진다는 기대가 이데올로기적으로 강하였기 때문에, 여성이 노동시장에서 남성과는 다른 위치를 차지하고 있고 또 여성이 노동시장에서 부차적(副次的) 위치를 차지하고 있다는 점이 굳어졌다. 그러나 20세기동안에 여성이 노동시장에 참여하는 것이 꾸준히 증가해 왔다. 이것은 특히 2차대전 이후에 그러하였다(Alcock, 1997: 138-139).

3. 여성근로자의 근무 직종

1) 성 분절

일반적으로 볼 때, 그간 크게 경제가 변화함에 따라서 성에 따른 직업 분포에도 변화가 일어났다. 그러나 1900년대이래 성에 따른 직업 분포는 전반적으로 크게 변화하지 않고 있다. 아직까지도 남성과 여성은 서로 다른 직종에 집중되어 있어서, 성 분절(gender segregation) 현상이 여전히 나타나고 있기 때문이다. 성 분절이란 남성과 여성이 서로 다른 직종에 위치하는 형태를 가리킨다. 즉 여성이 근무하는 직종·부서는 근무자 대부분이 여성으로 구성되어 있다. 정규직으로 노동시장에 참여하는 여성조차도 근무 직종이 남성과는 다른 직종인 경우가 많고, 또 이런 여성의 근무 여건도 남성의 근무

여건과 다른 경우가 많다(Eitzen et al., 2000: 268; Alcock, 1997: 138-139; Andersen, 2000: 119-129).

그간 경제가 성장함에 따라 서비스 직종과 사무직 직종에서 근로자가 더 많이 필요하게 되었는데, 이런 직종을 여성근로자가 채워 왔다. 그 결과, 여성이 성 분절된 직종에서 일하는 현상이 지속되고 있다(Eitzen et al., 2000: 268).[32]

성 분절 현상은 복지국가인 스웨덴이라고 해서 예외가 아니다. 다른 국가에 비해서 스웨덴 여성은 민간 영역의 비숙련 공장노동에 근무하는 사람의 비율이 훨씬 적고, 그 반면에 복지국가와 관련된 공공영역에 종사하는 비율이 아주 높다. 그러므로 스웨덴 여성은 민간기업에서 하찮은 일을 하기보다는 복지국가에서 지위가 높고 급료가 좋은 직종에 근무하였기 때문에, 스웨덴 여성은 고용의 질적 측면에서 향상되었다고 볼 수 있다. 그러나 다른 한편으로, 스웨덴 여성은 사무직 업무와 복지직 업무에 점점 집중되는 경향이 있기 때문에, 스웨덴 여성도 역시 성에 의한 수평적 직업 분절(occupational segregation)을 겪고 있다고 볼 수 있다. 또한 스웨덴 여성은 노동시장에서 수직적 직업 분절도 겪고 있다. 그러므로 스웨덴 여성은 노동시장에서 수평적·수직적 직업 분절을 모두 겪고 있다. 즉 스웨덴 여성은 스웨덴 남성에 비해서 근무 여건이 나쁜 부서에 위치하고 있고, 또 스웨덴 여성은 스웨덴 남성과는 다른 직종에 근무하고 있다. 따라서 어떤 면에서 스웨덴은 다른 유럽의 국가와 비슷하다(Ginsburg, 1993: 185-186).

---

32) 여성이 예전에 남성노동 영역이라고 생각되는 직종에 꾸준히 진입하고 있지만, 남성은 예전에 여성노동 영역이라고 생각되는 직종에 진출하는 경우는 아직도 드문 편이다. 여성노동 영역이라고 생각되는 곳의 임금이 적고 또 남성노동에 대한 태도 때문에, 남성이 여성과 관련된 직종에 참여하는 것을 꺼리고 있다고 볼 수 있다(Eitzen et al., 2000: 272).

2) 파트타임직

여성은 파트타임제로 근무하는 경우가 남성보다 더 많다. 예를 들면 영국의 경우, 남성은 6%가 파트타임 근무자인 반면에, 여성은 43%가 파트타임 근무자이다. 영국에서 여성의 노동시장참여가 증가한데에는 파트타임 일자리가 증가한 것과 관련이 많다고 볼 수 있다. 그리고 스웨덴에서도 파트타임으로 근무하는 여성근로자의 비율이 늘어나고 있다. 여성이 파트타임직에 참여하는 추세는 앞으로 늘어날 것으로 예측되고 있다(Alcock, 1997: 138-139; Ginsburg, 1993: 186; Dex and Phillipson, 1986: 59).

그러나 일반적으로 파트타임직은 임금이 적고, 법적 권리·보호가 약하고, 고된 업무가 포함된다. 그러므로 파트타임직에 근무하는 여성의 복리는 취약할 수밖에 없다.

4. 여성근로자의 임금

1) 현황과 여파

여성계가 남성과 여성사이의 임금 차이가 크다는 사실에 주목하고 난 후에도, 노동시장에 참여하고 있는 여성의 임금액과 남성의 임금액은 차이가 나고 있다. 더구나 여성근로자가 남성근로자와 비슷한 직종에서 일하고 있고 또 교육 수준이 같은 경우에조차, 여성근로자가 받는 임금은 남성근로자가 받는 임금보다 적다. 예를 들면 미국 여성은 미국 남성이 얻는 급료의 64%밖에 얻지 못하는 것으로 조사된 바도 있다.

물론 남성근로자와 여성근로자 사이의 임금 차이는 줄고 있다. 미국의 경우, 1998년에 여성근로자는 남성근로자가 받는 임금의 76%를 받았으나 1995년에는 71%를 받았다. 그러나 남성근로자와 여성근로자 사이의 임금 차이가 좁혀지는 속도는 늦은 편이다. 이런 현상은 스웨덴이라고 예외가 아니다. 다른 나라의 여성에 비해서 스웨덴 여성의 노동시장관련 조건은 좋은 편이지만, 스웨덴 남성에 비해서 스웨덴 여성은 아직도 임금이 더 적고 실업률이 더 높다.

남성근로자에 비해 여성근로자가 임금을 적게 받음에 따라서, 여성근로자는 자신과 자녀의 복리에서 큰 손해를 보고 있다고 볼 수 있다. 여성근로자가 남성근로자에 비해 적게 받는 임금을 여성근로자의 전 일생에 걸쳐 따져보게 되면, 그 액수는 아주 크다. 여성근로자는 이 돈을 여성근로자의 자녀 교육이나 여성근로자 자신의 노후 대비 등에 사용할 수도 있었을 것이다(Eitzen et al., 2000: 272; Andersen, 2000: 105; Perkins, 1992: 527; Ginsburg, 1993: 187).

2) 임금차이가 나는 이유

남녀근로자 사이에 임금이 불평등한 이유를 구조적으로 접근하는 대표적 이론으로 인적자본론(human capital theory)과 이중노동시장론(dual labor market theory)을 꼽을 수 있다. 이 두 이론을 간단히 살펴보면 다음과 같다.[33]

(1) 인적자본론

인적자본론은 임금 차이가 나는 것을 인적 자본(human capital)에 차이가 나기 때문인 것으로 분석한다. 인적 자본은 근로자의 특성을 말하는데, 여기에는 근로자의 교육 수준, 결혼 여부, 이전(以前) 경

33) 자세한 것은 김애령외(2001)의 '여성과 노동'의 장을 참조할 것.

험, 훈련 등이 포함된다. 인적자본론은 남녀근로자 사이에 임금 차이가 나는 것을 전부 다 설명해 주지는 못하는 것으로 평가되고 있다(Andersen, 2000: 131-132).

① 여성의 직무기술 부족

인적자본론의 관점에서 남성과 여성의 임금 차이를 분석하는 예의 하나로서, 남성의 직무기술 수준이 여성의 직무기술 수준보다 더 높기 때문에 남성이 여성에 비해서 더 많은 임금을 받는다고 보는 견해가 있다. 이런 견해는 고용주가 주로 주장하고 있으며, 경제학자나 정부 입장에 많이 반영되어 있다. 여성은 가정 일과 직장 일 중에서 하나를 택하라고 하면 가정 일을 택한다고 보기 때문에, 여성은 남성에 비해서 직무관련 기술이 부족하다는 식으로 이 견해는 주장한다. 특히 여성은 아동을 보호할 필요가 있고 또 여성은 집에서 할 일이 있기 때문에, 여성이 직무기술을 습득하는 것은 여러 가지로 제약을 받는다는 점이 강조된다(Corcoran, Duncan, and Hill, 1986: 8-9).

여성근로자의 직무기술 부족에 초점을 두는 이 견해는 사업장에서 임금과 관련하여 복지사가 여성근로자에게 도움을 줄 경우에 참조할 측면을 많이 포함한다. 그러므로 이 견해를 좀 더 자세히 살펴보면 다음과 같다.

첫째, 여성은 학업을 마친 후에 노동시장에 계속해서 꾸준히 참여하는 경우가 적다. 즉 여성은 가사 일과 아동보호 일을 수행하기 때문에, 노동시장에 참여하는 기간과 가사 노동시간에 참여하는 기간이 서로 중복되게 된다. 그 결과, 여성의 노동시장 참여형태가 남성의 노동시장 참여형태에 비해서 더 비(非)정규적으로 된다. 여성의 노동시장 참여형태가 덜 정규적이면, 여성이 받는 임금은 남성이 받는 임금보다 적게 될 것으로 예상할 수 있다. 여성이 직무와 관련된 기술을 습득하는데 투자하는 시간을 줄임에 따라서, 여성은 이러한 기술을 더 많이 습득하려는 분명한 동기도 약화될 수 있다.

둘째, 여성이 임신을 하고 아동을 양육하기 위하여 노동시장을 임시적으로 떠난다 할 경우에, 여성은 자기가 가지고 있는 기술이 구닥다리가 되어서 결국 나중에는 가치가 없게 될 수 있다.

셋째, 여성근로자는 직장에서 요구하는 바와 가정에서 요구하는 바를 조화롭게 해야 경우가 많다. 따라서 여성은 급료가 적은 직업을 받아들이지 않으면 안될 경우가 있을 수 있다. 예를 들면 여성은 직장이 집에 가까워야 하며, 직장에서의 업무 일정이 적절해야 하며, 아동이 아플 경우에 대비하여 휴가를 잘 허가해 주는 직무나 직장을 선택해야 하는 경우가 많다.

② 교육의 예

여성이 노동시장에 참여하다가 자녀나 가족을 양육하기 위해 노동시장을 떠날 수 있다. 그러다가 이 여성이 다시 노동시장으로 돌아 올 경우에, 이런 여성은 자기 기술이 옛 것이 되어버렸다고 생각할 수 있다. 따라서 사업장이 이런 여성에게 최신 기술을 교육하는 것이 이 여성이나 사업장에게 유리하다. 그 기술과 관련된 전문협의회가 이런 교육을 맡던지 또는 사업장이 이런 교육을 직접 맡아서 제공할 수 있다. 이것은 사업장의 이미지 개선에도 도움을 주며, 또한 훈련비(또는 재훈련비)를 줄일 수 있게 된다(Arnold, Cooper, and Robertson, 1995: 92).

(2) 이중노동시장론

이중노동시장론은 노동시장이 1차 영역(내부시장)(primary sector/internal market)과 2차 영역(내부시장)(secondary sector/internal market)으로 구분되어 있다고 본다. 1차 영역에서는 임금・승진・근무여건 · 고용안정성에서 유리하나, 2차 영역에서는 임금 · 승진 · 근무여건 · 고용안정성에서 불리하다(Eitzen et al., 2000: 275; Andersen, 2000: 132-134).

여성은 2차 영역에 참여하는 경향이 있다. 예를 들면 여성이 가장 많이 차지하는 직종인 서기직은 2차 영역이 지니고 있는 특징의 많은 부분을 가지고 있다. Alcock(1997: 140-141)는 노동시장은 실제로는 두 층보다 더 복잡한 구조를 가지고 있을 것으로 보고 있다. 그러나 어찌되었든 간에, 여성은 남성과는 다른 층에 고용되어 있고 또 여성은 덜 바람직한 층에 고용되어 있는 것이 일반적이라는 사실이 중요하다

5. 여성근로자의 승진

여성근로자를 사업장에서 가장 좌절하게 하는 것이 무엇이냐고 여성에게 물어본 결과, 승진과 관련된 장애물과 남성이 가지고 있는 성적(性的) 인식이라는 답이 가장 많은 것으로 밝혀진 바 있다. 사업장에서 여성이 승진에서 부딪치는 장애물을 유리천장(glass ceiling)이라고 부른다. 유리천장은 여성이 사업장에서 승진하는 통로에 대부분의 공식적 장애는 없어지고 있기는 하지만, 보이지 않는(invisible) 장애가 아직도 여전히 있다는 것을 가리키는 말이다.

미국에서 1970년대 중반이래 노동시장에서 성(性) 평등을 이루려는 조치를 실시해 왔지만, 여성이 상위 관리직으로 승진하는 데에는 아직도 크게 제약이 있다는 내용을 담은 보고서를 미국 유리천장위원회(Glass Ceiling Commission)가 1995년에 발표한 바 있다.

남성근로자와 여성근로자의 자격이 같을 지라도, 남성근로자와 여성근로자가 동등하게 승진하는 것은 결코 아니다. 예를 들면 남성근

로자와 여성근로자가 교육과 이전(以前) 경력에서 같을지라도, 남성근로자와 여성근로자는 같은 정도의 승진을 하지 못하고 있다(Andersen, 2000: 133-134).

6. 여성근로자의 퇴직

1) 배경

(1) 일반여성

미국의 경우, 인구층이 고령화됨에 따라서 일의 형태와 퇴직의 형태에 변화가 일어나고 있다. 일반 여성근로자 자신이 원해서 노동시장참여를 중단할 수도 있지만, 여성근로자가 실직을 당하거나 또는 여성근로자가 가족부양이나 자신의 건강 문제로 부득이 사업장을 떠나는 경우도 있다. 임금을 적게 받고 있는 여성근로자는 퇴직을 한다해도 퇴직급여가 적고 또 자신의 남성배우자가 갑자기 사망할 가능성 등을 걱정하기 때문에, 이 여성근로자는 퇴직하기를 꺼려하는 경우가 많다. 하지만 여성근로자는 노후에 대한 대비가 경제적으로 갖추어지기 전에 조기퇴직을 해야 하는 경우가 많다(Perkins, 1992).

(2) 노인여성

나이가 들은 여성이 사업장에서 일을 하는 주요 이유는 말할 것도 없이 경제적인 측면이 가장 크다. 그러나 노인여성이 노동시장에 참여하는 데에는, 생산적 일의 수행, 사회적 접촉, 도전해 보기, 인정받기, 개인적 만족과 같은 이유도 있다. 여성이 수행하는 직무는 여성의 수입이나 사회 지위에 영향을 끼치기도 하지만, 직무는 서로 인간 관계를 맺게 해주고 또 여성이 생활하는 방식에도 영향을 끼치기 때문이다. 일하기를 즐기는 여성은 나이가 들어가면서 자기의 관심사를 넓혀 가며, 이에 따라 이런 여성은 자기 생활에 따른 만족감이 더 커지게 된다. 직장을 가진 노인여성의 사기(士氣)가 퇴직한 노인여성의 사기보다 높고, 직장을 가져본 적이 없는 여성의 사기가 가장 낮은 것으로 연구된 바 있다.

따라서 노인여성이 자발적이건 강제적이건 퇴직을 하게 되면, 이 노인 여성근로자는 재정적 측면에서뿐만 아니라 심리적 측면에서도 어려움을 겪게 된다. 즉 여성이 노동시장참여를 중단하게 될 경우에, 이 여성의 자긍심이 낮게 되고 또 이 여성이 자신을 필요없는 존재로 보게 되고 또 이 여성 자신이 외롭게 되어 고독을 느끼게 되는 경우가 많을 수 있다.

퇴직이 사회적·개인적으로 미치는 영향을 고려해 볼 때, 퇴직은 비(非)생산적이다. 미국 인구가 고령화됨에 따라, 퇴직제도를 융통성이 있고 선택적으로 운영할 필요가 있다. 노인여성은 자신의 퇴직과 관련하여 자유롭게 결정을 내릴 수 없는 경우가 많기 때문이다(Perkins, 1992: 529). 그러므로 복지사는 나이가 들은 여성근로자가 퇴직에 대해서 가지는 감정을 반드시 경제적 관점에서만 보지 말아야 한다.

2) 퇴직 대비 교육

퇴직을 맞고 있는 여성과 관련할 경우에, 성과 관련해 차별된 직업, 노동시장에서의 차별, 낮은 임금, 승진, 강제퇴직, 조기퇴직, 건강과 장애, 실업급여의 측면에 초점을 맞추어서 많이 논의되어야 한다고 Perkins(1992)는 주장한다. 사업장과 복지사도 여성근로자와 관련하여 이런 문제에 늘 관심을 기울여야 한다.

한편 여성은 집에서 가족양육이나 가사 일을 하기 때문에, 여성근로자가 노동시장을 떠나도 아무 문제를 겪지 않을 것이라고 보는 경우가 있다. 하지만 영국의 근로자를 대상으로 조사해 본 바에 의하면, 여성근로자도 퇴직에 대해서 남성근로자와 아주 비슷하게 반응하였다(Dex et al., 1986: 54-55).

따라서 퇴직전 프로그램(preretirement planning)을 운영하는 것은 여성근로자에게 중요하다. 남성근로자에 비해서 여성근로자는 자신의 퇴직에 대해서 준비를 적게 하는 편인데, 이런 경향은 중년의 사무직 여성과 50세 이상 여성근로자에게 특히 보여진다. 퇴직전 프로그램은 근로자가 노동시장을 떠난 후에 경험할지도 모르는 경제적·심리적 장애물을 이겨내는데 도움을 준다. 따라서 사업장에서 퇴직전 프로그램을 운영할 경우에 중요한 것은 여성근로자를 퇴직전 프로그램에 참여하도록 하는 것이다(Perkins, 1992: 529-530).

7. 휴가 및 보육

1) 배경

기혼여성이 노동시장에 참여하는 비율이 늘어나고 있다. 예를 들면 1960년이래 자녀가 있는 미국 기혼여성이 노동시장에 참여하는 비율이 3배 가량 증가해 왔다. 그리고 영국 기혼여성이 노동시장에 참여한 인구 수가 1950년대 초에는 270만 명이었으나, 1980년대 초에는 670만 명으로 크게 증가하였다. 그리고 1950년대에는 노동시장에 참여한 영국 여성의 25% 정도가 기혼여성이었으나, 현재는 노동시장에 참여한 영국 여성의 67% 이상이 기혼여성이다(Arnold et al.,

1995: 85-87: Andersen, 2000: 118-119).

그러나 노동력이 다양화되면 예전에는 없었던 새로운 문제가 등장한다. 무엇보다도 결혼한 여성근로자와 관련하여 탁아문제가 등장한다. 또 자녀양육이 남녀공동의 책임으로 인식됨에 따라서, 자녀를 양육하기 위하여 아버지도 휴가를 가질 필요성이 커진다. 이에 따라 모성휴가뿐만 아니라 부성휴가의 중요성도 커진다(Garvin and Tropman, 1992: 386).

그리고 경제 활동을 하고 있는 여성이 임신을 하게 되면 이 여성근로자는 특히 고용보장에 대해 걱정하는 경우가 많다. 그러므로 사업장은 임신한 여성근로자에게 모성휴가를 제공하는 것은 당연한 이치이다. 이 경우, 여성근로자가 아이를 낳은 후에 직장생활을 다시 계속할 수 있다는 보장을 해 주어야 하며, 또한 여성근로자가 모성휴가를 가지는 기간에 경제적으로도 일부 도움을 주어야 한다(Arnold et al., 1995: 92-93). 그리고 다른 한편으로, 사업장은 여성이 자신의 자녀를 보살필 수 있는 여건을 만들어야 한다.

실제로, 임신·출산·육아문제는 여성이 경제활동을 수행하는데 있어서 중요하게 고려되는 사항이다. 1995년에 우리 나라 여성의 54.6%가 가사·육아부담을 여성이 노동시장에 참여하는데 장애물로 꼽았고, 1998년에는 국민의 40% 정도는 여성이 경제활동을 하는데 육아·가사부담이 장애가 될 것이라고 꼽았다(통계청, 1997; 1999).[34] 그러므로 우리 나라에서도, 여성이 지속적으로 경제활동을 하기 위해서는 모성보호와 육아가 필수적이다(남인순, 1999a: 36-37).

그러므로 복지사는 모성 및 아동양육과 관련하여 여성근로자가 가지고 있는 욕구를 충분히 파악하여, 사업장이 여성근로자의 이런

34) 그러나 여성의 능력을 걸림돌로 꼽은 비율은 4.3%(남자응답자 5.0%, 여자응답자 3.7%)이었다(통계청, 1997).

욕구를 잘 충족해 줄 수 있도록 하여야 한다.

2) 현황

유럽연합(European Union)에 소속된 대부분 국가는 모성보호와 관련하여 다음과 같은 조치를 취하고 있다.

첫째, 여성근로자가 임신한 기간에 해당 여성근로자를 해고할 수 없도록 되어있다.

둘째, 여성근로자에게 모성휴가(maternity leave)를 유급(有給)으로 보장하고 있다. 유급 모성휴가 기간은 대개는 8-12주이나, 동유럽 국가는 6개월까지 주는 경우가 많다.

셋째, 여성근로자의 유급 모성휴가 기간이 끝난 후에 바로 다시 사업장에서 일할 수 있는 권리를 보장해 주거나, 또는 정해진 기간의 무급휴가를 가진 후에 사업장에서 다시 일할 수 있는 권리를 보장해 준다. 어느 경우에는 무급 모성휴가를 2-3년까지 주기도 한다(Arnold et al., 1995: 92-93).

유급 휴가제도가 잘 된 국가가 스웨덴이다. 스웨덴의 경우, 여성은 남성보다 유급 휴가를 2~3배 더 많이 활용하고 있다. 하루에 스웨덴 여성근로자의 20%가 유급휴가를 사용하고 있고 공공영역에서는 30%가 사용하고 있는 것으로 조사된 바 있다. 그리고 스웨덴의 경우, 1974년에 부모보험(Parental Insurance)제도가 도입되었고, 그 후 정기적으로 보완되고 있다. 1990년대 초의 경우, 부모보험은 기본적으로 급료의 80%를 지급하면서 18개월의 유급휴가를 제공하고 있었다. 18개월의 기간에 아버지와 엄마는 휴가 기간을 서로 자유롭게 사용할 수 있었다. 그러나 부모 모두가 휴가를 동시에 함께 사용할 수는 없었다(Ginsburg, 1993: 186, 194).

한편 우리 나라의 남녀고용평등법은 모성보호와 육아에 대해서 언급하고 있다(남인순, 1999a: 36-37). 1988년에 처음으로 제정된 남녀고용평등법은 생후 1세 미만의 자녀가 있는 여성근로자는 육아휴직을 가질 수 있음을 명시하고 있다. 그리고 남성근로자도 육아휴직을 가질 수 있는 방향으로 남녀고용평등법이 1995년에 개정되었다. 또한 남녀고용평등법에 따르면, 근로자가 육아휴직을 가지는 기간도 근무 기간 속에 포함되고, 고용주는 근로자가 육아휴직을 가졌다는 이유로 해당 근로자에게 불리한 대우를 해서는 안된다. 또한 육아휴직을 실시한 고용주에게는 국가가 육아휴직 장려금을 제공한다(심명, 2000: 35).

3) 보육 제공

여성근로자(그리고 남성근로자)의 보육문제를 더 적극적으로 해결해 주는 방법으로서 사업장이 직접 보육을 제공하거나 또는 사업장이 보육시설을 설치하는 것을 꼽을 수 있다. 사업장이 보육을 직접 제공하거나 사업장에 보육시설을 설치할 경우, 사업장은 기대 이상의 효과를 얻게 된다.

미국의 유명한 투자회사인 골드먼 삭스(Goldman, Sachs, and Company)는 1993년에 사업장내에 긴급보육센터를 설치하였는데, 이 센터의 목적은 통상적인 보육을 자기 자녀에게 제공할 수 없는 긴급 상황에 처해있는 근로자에게 보육을 무료로 제공하는 것이었다. 예를 들면 아동이 아프거나 보육시설이 문을 닫았거나 어린이를 돌봐주는 사람이 어떤 사유로 결근을 할 경우에, 직장에 다니는 부모는 어쩔 줄 모르게 된다. 골드먼 삭스의 긴급보육센터는 이런 문제를 해결해 주고자 하는 것이다. 이것은 근로자의 예기치 않은 결근을 방지할 수 있기 때문에 사업장에게도 이익이 된다.

사업장에 보육시설을 설치하기 어려울 경우에 사업장은 근로자에게 보육인환권(voucher)을 제공하거나 또는 보육과 관련하여 위탁서비스를 제공할 수 있다(Auster, 1996: 352-353).

우리 나라의 영유아보육법은 보육시설을 네 가지로 구분하고 있는데, 그 중의 하나가 고용주가 “사업장의 근로자를 위하여 설치·운영하는 시설”인 직장보육시설이다. 현재 우리 나라 영유아보육법에는 “상시 여성근로자 300인 이상을 고용하고 있는 사업장(대상아동을 보육하고 있는 여성근로자가 없는 사업장을 제외)의 사업주는 직장보육시설을 설치하여야 한다”고 명시되어 있다. 단, 사업장에 공해·위험시설이 있어서 고용주가 직장보육시설을 설치할 수 없거나 또는 보육대상 아동이 적어서 고용주가 직장보육시설을 설치할 수 없는 경우와 같은 상황에서는, 고용주가 공동으로 보육시설을 설치하거나 근로자에게 보육수당을 제공하도록 되어 있다.

그리고 여성근로자가 노동시장에 참여하는 것을 도와주기 위해, 대만에서는 사업장이나 노동조합 등에서 보육사업을 실시할 경우에 국가가 우수 사업단위를 선정하여서 보조를 해주고 있다(박래영, 1997: 7).

4) 부성휴가

현재, 남성근로자에게도 아동양육과 관련된 휴가를 제공하는 제도를 도입할 것을 고려하는 사업장이 많다. 무엇보다도 이런 제도를 도입할 경우에 남성근로자가 아동양육문제와 관련하여 결근하는 문제를 해결하는 데 큰 도움을 줄 수 있기 때문이다(Arnold et al., 1995: 92-93). 우리 나라에서도 여성배우자의 산후(産後) 간호를 위해서 남성배우자에게 출산휴가를 유급으로 1주일 정도 제공할 것을 시민단체가 제안한 바 있다(박봉정수, 2000).

그리고 맞벌이 부부의 경우, 단기 휴가를 융통성 있게 활용할 필요성이 점점 더 커지고 있다. 그러므로 부성휴가와 모성휴가를 다 허용할 경우, 이런 문제를 완화하는 데 도움을 줄 수 있다.

5) 탄력 근무제

그간 성 의식이 많이 변화하였지만, 보호가 필요한 아동과 성인을 규칙적으로 보살피는 일은 여성이 더 많이 맡는 경향은 아직도 그대로 유지되고 있다. 또 여성은 가사 일도 많이 맡고 있다. 그러므로 여성이 가진 이런 문제를 어느 정도 해결해 주기 위해서, 사업장이 근무시간과 근무장소를 융통성 있게 접근할 필요성이 커지고 있다. 그 예를 일부 들어보면 다음과 같다.

(1) 가변근무제

맞벌이 부부 중에는 자기 자녀를 학교·보육시설에 아침에 데려다 주고 오후에 데려 와야 하는 상황에 처해있는 경우가 많다. 그러나 근무시간이 고정되어 있을 경우에는 이 근로자는 어려움을 당하게 된다. 그러므로 사업장에서 근로자의 근무시간을 조정할 수 있는 가변근무제(flexitime)를 실시한다면, 해당 근로자는 자녀를 훨씬 쉽게 학교·보육시설에 데려다 주고 데려 올 수 있게 된다. 가변근무제는 남성·여성배우자 모두에게 허용되어야만 효과가 훨씬 더 크다.

그러나 근로자의 자녀가 방학을 맞이할 경우에도 가변근무제를 유용하게 활용할 수 있다. 근로자 자녀의 방학 기간에 등장하는 탁아문제를 해결하기 위해서 몇 가지 방안이 제시되어 왔다.

첫째, 근로자 자녀의 방학 기간에는 이 근로자에게 업무를 덜 주는 방법이 있다.

둘째, 근로자 자녀가 학교에 다니는 기간에는 근로자가 일을 더 많이 하게 하고, 그 대신에 근로자 자녀의 방학 기간에는 근로자가 일을 적게 하도록 하는 방법이 있다.

셋째, 어린 자녀의 경우에는 사업장에서 이들을 위한 현장 교육의 장소나 시설을 제공해 주는 방법이 있다(Arnold et al., 1995: 91).

그러나 가변근무제를 실시한다고 해서 근로자의 회사업무와 가족 양육업무 자체가 감소하는 것은 아니기 때문에, 가변근무제는 아동 보호를 많이 해야 하는 근로자에게는 도움을 줄 수 없다는 의견도 있다(Chilman, 1993: 452).

⑵ 파트타임 방식의 활용

근로자의 근무시간을 융통성 있게 운영하는 방법으로 다음과 같은 것도 있다.

첫째, 직무를 여러 형태로 변화시켜서 업무를 파트타임 방식으로 할 수 있다.

둘째, 근로자가 일주일에 근무해야 할 전체 근로시간을 지키면서 3일이나 4일만 근무하는 3일 근무제 또는 4일 근무제가 있다.

이 제도는 근로자의 호응이 큰 것으로 알려져 있다.

1972년에 미국경영협회가 조사해 본 결과, 10만 명 이상의 근로자를 고용하는 미국 사업장 중에서 4일 근무제를 실시하는 기업의 수는 700-1,000개이었다. 그러나 1980년대 경에 이런 기업의 수는 3,000개로 늘어났는데, 이에 따라 100만 명이 넘는 미국 근로자가 4일 근무제의 혜택을 받게 되었다. 미국의 많은 기업은 3일 근무제를 실시하는 방향으로 나가는 것으로 알려져 있지만, 이 경우에 근로자의 생산성이나 근로자의 직무만족은 감소하지 않는 것으로 알려져 있다(Arnold et al., 1995: 91).

8. 여성근로자의 정신건강

여성의 노동력이 증가하고 여성의 노동시장참여가 증가하는 것과 관련하여 관심을 끄는 것의 하나는, 여성도 직무와 관련하여 스트레스나 정신건강에서 어려움을 겪는지 여부이다. 말할 것도 없이, 직장에 다니는 여성은 스트레스를 받을 수 있다. 따라서 복지사는 직장여성이 겪는 스트레스의 원인이 무엇이고 이에 대해 어떻게 대처할 것인지에 대해 조치할 필요가 있다(Arnold et al., 1995: 87-90).[35]

1) 직무만족

남성의 일자리에 비해서 여성의 일자리는 일반적으로 직무 여건이 열악한 편이지만, 여성근로자는 남성근로자와 같은 정도의 직무만족을 갖거나 또는 남성근로자보다 더 높은 직무만족을 갖는 것으로 조사된 바 있다. 때에 따라서는 남성근로자에 비해서 여성근로자가 자기 직무에 대해서 호감을 더 가지는 경우도 많았다.

일반적으로 남성근로자에 비해서 여성근로자는 직무 자율성이 적으며 상위자의 감독을 더 받으며 승진기회가 더 제약되어 있다. 그러므로 여성근로자의 객관적 직무 여건과 여성근로자의 실지 직무만족에 대한 평가 사이에 괴리가 생기는 것은 연구해 볼 주제이다. 직무만족을 결정하는 주요 요인으로 직무 특성, 가족에 대한 의무, 이전(以前) 기대를 꼽을 수 있는데, 이런 요인은 기본적으로 남성근

---

35) 스트레스에 대해 자세한 것은 '근로자의 정신건강' 장을 참조할 것.

로자에게나 여성근로자에게나 같은 방식으로 적용된다고 볼 수 있기 때문이다. 따라서 여성근로자의 직무 여건이 남성근로자의 직무 여건보다 객관적으로 불리함에도 불구하고, 여성근로자가 자기 직무에 대해서 남성근로자보다 더 긍정적으로 생각하는 이유에 대해 여러 가지로 논의되어 왔다.

이중에서도 가장 유력한 것으로 꼽을 수 있는 접근은, 여성이 자신을 비교할 때 어떤 준거 집단을 사용하느냐 여부에 초점을 두는 설명이다. 즉 여성은 자신의 직무 그 자체에 대해서는 만족을 크게 하지 않을 수 있지만, 여성이 다른 비교 집단을 준거 집단으로 사용할 경우에는 여성의 직무만족이 클 수도 있다. 예를 들면 노동시장에 참여하는 여성은 노동시장에 참여하지 않는 여성과 비교하여 만족감을 더 가질 수 있다. 하지만 앞으로 여성의 노동시장참여가 더욱 증가할 경우, 여성이 자기 직무를 평가할 때 적용하는 준거 집단이 바뀌게 되어 남성과 여성의 직무만족 정도가 비슷하게 나올 수도 있다(Hodson, 1996).

2) 기혼여성의 이중 역할

(1) 기혼여성의 스트레스

직장 여성은 스트레스와 관련된 질병에 걸리거나 기타 부정적 영향을 받을 위험이 있다는 연구 결과가 많이 나타나기 시작하였다. 한 연구에 의하면, 주부나 직장 남성에 비해서 전반적으로 직장 여성은 일상의 스트레스를 더 많이 겪었고, 부부사이의 불만이 더 많았고, 노후에 대해서 걱정을 더 많이 했고, 분노를 노골적으로 덜 보여주려고 했다(Arnold et al., 1995: 85-94).

직장 여성이 스트레스관련 질병에 걸리거나 기타 부정적 영향을 받을 위험이 있다는 점은 가족이 있는 기혼 직장 여성에게 특히 그렇다. 과거에는 여성이 임신을 하고 아동을 양육하면서도 생산적 노동에 종사해 왔다. 그러다가 산업혁명이 일어남에 따라서, 일부 여성은 일을 하지 않고서 엄마로서의 역할만 전적으로 할 수 있게 되었다. 하지만 여성은 집에 머물러 자녀를 양육한 후에 노동시장에 참여하기를 바라는 경우가 많다.[36)]

자녀를 가진 여성이 노동시장에 참여하는 것은 긍정적 영향과 부정적 영향을 모두 미치는 것으로 알려져 있다. 우선, 여성이 노동시장에 참여하는 것은 엄마로서의 역할에 갈등을 유발할 수도 있지만, 여성이 노동시장에 참여하는 것은 여성에게 긍정적인 효과를 가져올 수도 있다. 노동시장에 참여하는 엄마는 자신 생활에 더 많이 만족하는 것으로 알려진 바도 있다. 그리고 자녀가 있는 여성이 노동시장에 참여하는 것은 가정에서의 역할이나 엄마 역할 때문에 받는 스트레스에 대한 완충작용을 할 수도 있는 것으로 알려져 있다(Wille, 1996).

그러나 자녀를 가진 여성이 노동시장에 현재 많이 참여하고 있지만, 자녀가 있는 직장 여성은 스트레스를 더 받고 있다는 연구 결과가 많이 나와 있다. 예를 살펴보면 다음과 같다.

첫째, 전문직 여성을 대상으로 정신건강에 대해 연구한 조사에 따르면, 자녀가 있는 여성이 자녀가 없는 여성보다 경력과 관련하여 어려움을 훨씬 더 겪고 있는 것으로 드러났다.

둘째, 또 다른 연구에 의하면, 자녀가 있는 기혼 여성중역이 미혼 직장여성이나 이혼한 직장여성보다 스트레스를 더 많이 받고 있는 것으로 나타났다(Arnold et al., 1995: 85-94).

---

36) 여성이 아동을 출산한 후에 노동시장에 다시 참여하게 되는 이유로 재정 문제를 크게 꼽을 수 있다(Wille, 1996: 408).

무엇보다도, 자녀를 가진 여성은 근로자로서의 역할과 엄마로서의 역할 때문에 갈등을 일으키는 경우가 많다. 따라서 여성이 근로자로서의 역할과 엄마로서의 역할을 둘 다 수행해야 된다는 점은 스트레스를 줄 수 있다. 어린 자녀를 가진 여성근로자의 경우, 역할 갈등(role conflict)보다는 역할 과다(過多, role overload)가 스트레스의 원인으로 작용할 수 있기 때문이다. 여성의 노동시장참여가 증가하였지만, 그렇다고 해서 이에 상응하게 남성배우자가 아동 양육과 가사 노동을 더 많이 도와주는 것은 아니기 때문에, 여성근로자는 역할과다에 의한 스트레스를 크게 겪을 수 있다(Wille, 1996).

그리고 가사 일과 직장 일을 다함께 하는 여성이 어떻게 부부사이의 관계를 적응하는가와 관련하여, 미국인을 표본으로 한 13개의 연구가 검토된 바 있다. 13개의 연구 중에서 11개의 연구 결과의 경우, 노동시장에 참여하지 않은 여성에 비해서 집안 일과 직장 일을 모두 맡아야 하는 여성이 부부간 적응에서 어려움을 더 겪고 있는 것으로 나타났다. 이러한 결과는 영국인을 대상으로 실시한 조사에서도 그대로 나타났다. 즉 남성배우자가 가사 일이나 가정 일을 맡지 않고 있고 그 대신에 여성이 가사 일과 직장 일을 모두 맡아야 하는 경우에, 여성이 부부간 적응문제를 특히 더 겪고 있었다.

노동시장에 참여하고 있는 여성배우자는 자신에게 요구되는 바를 처리하기에 필요한 시간과 에너지를 충분하게 가지고 있지 않다는 점을, 맞벌이 부부가 겪는 스트레스의 중요한 배경으로 꼽을 수 있다. 그러므로 이런 측면에서 보면, 가족이라는 것은 잠재적으로 문제를 더 던져줄 소지가 있다. 이것은 사업장이 맞벌이 가족을 도와주기 위해 해 주는 것이 거의 없을 경우에 특히 그렇다. 그러므로 사업장이 엄마의 역할과 근로자의 역할을 둘 다 수행해야 하는 여성을 도와주는 일이 거의 없을 경우에, 가족은 맞벌이 부부에게 잠재적인 문제 영역이 될 수 있다. 그러므로 여성의 노동시장참여가 미치는 부정적 영향을 줄이는 방법으로 남성배우자와 사업장이 아동보호와 가사 노동에 관여하는 것을 제시할 수 있다(Arnold al., 1995: 85-94).

(2) 자녀와 떨어져 있음과 관련된 스트레스

일반적으로 엄마가 겪는 역할 갈등 중에서, 엄마가 어린 자녀와 떨어져 있어야 한다는 것은 중요한 측면을 이룬다. 엄마가 느끼는 이러한 감정은 문화적 측면에서 기인할 수도 있고 생물학적 측면에서 기인할 수도 있다. 예를 들면 현재의 문화에서는 어린 자녀가 커나가는 데 있어서 엄마가 가장 중요한 역할을 한다고 간주하기 때문이다. 그리고 다른 한편으로, 엄마는 자신이 어린 자녀와 가까이 있어야 할 필요가 있다는 것이 강조되기 때문이다. 그러므로 여성 역할과 관련된 스트레스는 엄마가 어린 자녀와 떨어져 있어야 한다는 것에 대한 걱정과 관련이 있을 수 있다.

직장을 가진 엄마가 자녀와 떨어져 지내는 것에 대해 걱정하는 것에 영향을 주는 것은 아동의 특성인 것으로 조사된 바 있다. 즉 첫째 자녀와 떨어져 지내는 점이 이 첫째 자녀에게 미치는 영향에 대해서 엄마는 걱정을 더 많이 한다. 하지만 아동이 나이가 들어감에 따라 자녀와 떨어져 있는 것 때문에 엄마가 느끼는 걱정이 줄어드는 것으로 연구된 바 있다.

그리고 엄마가 자녀와 떨어져 느끼는 불안감은 엄마가 노동시장에 참여하는 것을 선호하느냐 여부와 관련이 있는 것으로 알려져 있다. 노동시장에 참여하는 것을 선호하는 엄마는, 자녀와 떨어져 지내는 것에 대하여 덜 걱정을 하고 또한 자녀와 떨어져 지내는 것이 자녀에게 어떤 영향을 미칠 것인가에 대해서도 덜 걱정을 한다.

이것은 노동시장에 참여하기를 좋아하는 엄마는 엄마라는 역할에 투자하는 정도가 적기 때문일 수 있다. 즉 이러한 여성에게는 엄마라는 역할은 이 여성 자신이 수행하여야 하는 많은 역할 중의 하나이기 때문이다. 그러므로 고용이 되었느냐 그 자체보다는, 엄마가 선호하는 역할이 그 엄마의 심리적 삶의 질에 더 큰 영향을 미칠 수 있다. 그리고 엄마가 자신의 자녀와 떨어져 있는 것에 대하여 느끼는 불안의 정도에 따라서, 그 엄마가 노동시장에 참여하는 정도가 결정될 수 있다(Wille, 1996).

(3) 사업장이 할 수 있는 일

버치(Berch, 1982: 202)는 맞벌이 부부의 문제와 관련하여, 여성이 노동시장에 참여하기를 원하느냐 그리고 여성의 남성배우자가 이 여성을 도와주느냐 여부만이 중요한 것은 아니라고 본다. 맞벌이 부부와 관련하여, 버치는 궁극적인 문제는 고용주에 달려있다고 주장한다. 특히 여성을 사업장에 계속해서 채용하고 고용상태를 유지하기 위해서는, 사업장이 근로자의 가족에 초점을 두는 급여와 서비스를 제공하는 방안을 생각해야 함을 레츠너(Lechner, 1993: 467-468)는 지적한다.

고용주가 맞벌이 부부 가족이 처해 있는 어려움에 대해 점점 긍정적으로 인식할 경우에, 고용주는 다음과 같은 방향으로 나갈 것으로 예상된다.

첫째, 사업장이 맞벌이 부부의 가족에게 주었던 불편을 해소해 나가도록 할 수 있다. 예를 들면, 근로자의 지역적 이동 문제에 대해 좀더 이해하려는 조치를 취하는 기업이 많다. 따라서 중간 관리자가 다른 지역에 위치한 사업장에 근무해야 한다는 승진 조건을 충족시키기 위해서 중간 관리자가 근무지를 다른 지역으로 의무적으로 옮기지 않아도 되었다. 이 경우, 이 가족은 이와 관련된 현실적 어려움과 스트레스를 줄일 수 있게 되었다.

둘째, 여성근로자가 가사 일과 직장 일을 모두 수행해야 하기 때문에 생기는 문제에 고용주는 더 직접적으로 개입할 수 있다. 이것은 사업장에 '인간주의적 심리학(humanistic psychology)'을 운영하는 방식을 취하게 된다. 경영진과 근로자가 서로 격의 없는 대화를 나누는 것이 한 가지 예이다. 또한 여성근로자에게 여성이 직장 일과 가사 일을 조화롭게 유지하기, 임신시기 정하기, 가사 일을 잘 꾸려나가기를 교육하는 것도 좋은 예이다.

셋째, 사업장은 아동이나 노인을 부양하고 있는 근로자를 대상으로 급여와 서비스를 제공 수 있다. 이런 급여와 서비스의 예로서 휴가 제공, 가변근무제, 의뢰서비스, 교육, 부양비 환급을 들 수 있다.

구체적 예를 들면, 사업장은 상위자를 교육시켜서, 부양가족이 있는 근로자가 겪는 어려움의 형태를 상위자가 더 잘 알도록 하고 또한 상위자가 부하 근로자의 욕구를 충족시켜 주는 방향으로 조치를 취할 수 있다. 부양가족이 있는 근로자를 위한 방법으로 많이 사용하는 방법의 하나는 직장·가족위원회(work and family commission)를 구성하는 것이다. 이 위원회의 경우, 노동조합 회원이나 근로자의 요구를 사정(査定)하고, 이와 관련하여 해당 근로자에게 추가로 필요한 급여와 서비스를 추천한다. 그리고 이 위원회는 이와 관련하여 사업장에 변화를 가져오게 하는 방법을 구상해 보고, 평가를 실시한다. 이 경우, 복지사는 관련 법을 잘 숙지하여 근로자에게 유리한 방향으로 도와주어야 한다(Lechner, 1993).

3) 스트레스성 심장질환의 발생

여성의 정신건강과 관련하여 체계적인 연구의 하나는 헤인즈·페인리브(Haynes & Feinleib, Arnold등(1995: 85-87)에서 재인용)가 미국 메사추세츠주의 프레이밍햄(Framingham)에 사는 주민을 대상으로 실시한 프레이밍햄 심장 연구(Framingham Heart Study)이다. 이 연구의 조사 대상은 지난 20년 동안 정규적으로 의료검사를 받고 있었는데, 이 연구는 노동시장에 참여하는 것이 직장 여성에게 어떤 영향을 미치는지를 알고자 하였다. 이 연구에서는 350명의 주부, 387명의 직장여성, 580명의 남성을 대상으로 고용 현황과 행동을 조사하였는데, 모든 대상자에 대해 8년의 기간에 걸쳐 관상 동맥 심장병이 진전되는지 여부에 대해서 조사하였다.

이 연구의 결과, 다음과 같은 사실이 밝혀졌다.

첫째, 주부와 비교해 볼 때, 직장 여성은 심장병의 발생 빈도가 특별히 더 높게 나오지는 않았다. 그리고 직장 여성의 심장질환 발생율은 직장 남성의 심장질환 발생율 보다 낮게 나왔다.

둘째, 결혼을 한 적이 있는 직장 여성은 결혼을 한 적이 없는 미혼 직장 여성에 비해 심장질환 발생율이 훨씬 더 높게 나타났다. 여기에서 결혼을 한 직장 여성에는 이혼을 했거나 별거를 했거나 과부가 된 직장 여성도 포함된다.

셋째, 자녀수와 관련시켜 본 결과, 직장 여성은 자녀수가 많을수록 심장질환의 발생이 증가되었다. 그러나 주부는 자녀수가 증가함에 따라 심장질환의 발생률이 약간 감소하는 것으로 나타났다.

4) 실직

미국에서 남미계 여성을 대상으로 실시한 연구에 의하면, 직장여성이 직장을 그만 두는 것이 가족과의 관계에 영향을 미치기 때문에 스트레스를 겪는 여성이 많았다. 여성이 직장을 그만 둘 경우,

가족이 예전에 당연하게 여겼던 것을 더 이상 제공할 수 없게 되고, 또한 여성이 자녀에게 삶의 질이 떨어지게 되는 것을 설명하기 어렵게 되는 것으로 밝혀졌다. 그리고 여성이 직장을 그만 둔 후에 자녀와의 관계가 더 나빠진 것으로 밝혀졌다.

여성이 직장을 그만 두었을 경우에, 새로운 일자리를 찾을 수 있는 능력에 대해서 불안감을 가지는 여성이 아주 많았으며, 직장을 그만 둔 거의 대부분의 여성은 먹고사는데 어려움을 겪는 것으로 조사된 바 있다. 직업이란 것은 여성에게 단지 돈을 벌어주는 것 이상의 의미를 가지고 있다. 그러므로 직장여성이 실직을 한다는 것은 스트레스를 주는 요인으로 작용한다. 실직한다는 것은 수입이 없어진다는 것 이상의 의미를 가지게 되고, 이에 따라 실직은 여성에게 스트레스를 주는 요인으로 작용한다, 이 경우, 실업을 겪는 기간이 길을 수록 이 여성은 스트레스를 더 많이 겪게되고, 나이가 더 많을 수록 이 여성은 스트레스를 더 겪게된다. 여성이 나이가 더 들수록, 이 여성은 실직에 적응하는데 더 오랜 시간이 필요하며 실직과 관련된 스트레스를 대처하는데 있어서도 더 오랜 시간이 필요하다(Blonna, 1996: 124-125).

9. 여성근로자에 대한 성희롱

1) 개념과 본질

성희롱(sexual harassment)은 여러 가지로 정의되고 있다(Auster, 1996: 215-217). 일반적으로 성희롱은 권력을 동등하게 가지지 않은 관계의 상황에서, 개인이 원하지 않는 성적(性的) 요구를 강요하는 것을 말한다(Andersen, 2000: 141-142). 우리 나라의 '남녀차별금지 및 구제에 관한 법률'에서는 성희롱을 "업무, 고용 기타 관계에서 공공기관의 종사자, 사용자 또는 근로자가 그 지위를 이용하거나 업무 등과 관련하여 성적 언동 등으로 성적 굴욕감 또는 협오감을 느끼게 하거나 성적 언동 기타 요구 등에 대한 불응을 이유로 고용상의 불이익을 주는 것"으로 보고 있다.

성희롱은 성에 대한 태도와 밀접한 관련을 가지고 있다. 여성에 비해 남성은 성희롱에 대해서 더 관대하다. 그리고 여성은 남성에 비해서 성적인 말, 성적인 표현, 데이트 신청과 같은 것을 성희롱으로 더 잘 보는 경향이 있다.

본질적으로 볼 때, 성희롱은 권력을 잘못 사용하고 있는 것이다. 사업장에서 남성이라고 성희롱을 당하지 말라는 법은 없지만, 여성이 성희롱을 당하는 경우가 더 많다. 이것은 많은 사업장에서 남성이 여성에게 권력을 휘두른 것과 밀접한 관계가 있기 때문이다 (Andersen, 2000: 141-142; Auster, 1996: 215-217).

2) 성희롱에 대한 사회적 통념과 새로운 인식 및 그 여파

(1) 과거의 통념

사회에는 성희롱에 대한 잘못된 인식이 있다. 그 예를 들면 다음과 같다.

첫째, 성희롱은 아주 소수에게만 피해를 준다.

둘째, 여성은 성희롱을 요구한다.

셋째, 성희롱에 대한 주장은 거짓인 경우가 많다.

이와 같은 사회적 통념 때문에 여성들이 성희롱에 대해서 공개적으로 말하는 것이 어려울 수 있다. 왜냐하면 이와 같은 사회적 통념 때문에 사람들은 성희롱을 당하였다고 주장하는 사람을 비난하는 경향이 있기 때문이다. 여성이 성희롱에 대해서 공개적으로 말할 경우에도, 여성들의 주장이 무시되거나 믿어지지 않거나 다른 사람의 의도를 잘못 파악한 것으로 비난되는 경우가 많다(Andersen, 2000: 141).

(2) 새로운 인식과 여파

미국의 경우, 1964년에 개정된 시민권법(Civil Rights Bill)에서 성희롱을 불법 차별로 처음 규정하였다. 1986년에 미국 대법원은 성희롱이 차별을 금지하는 연방법에 위반된다고 판결하였다. 이 결정의 결과로, 성희롱은 헌법에 위배되는 것이 되었다. 그리고 미국의 대법원이 1993년에 내린 판결에 의하면, 근로자는 자신이 심리적 피해를 입었다는 사실을 증명하지 않고도 자신이 성희롱을 당하였다고 주장할 수 있다(Auster, 1996: 215-217; Andersen, 2000: 141-142).

우리 나라의 경우, 남녀고용평등법 중에서 1999년에 개정된 내용은 사업주가 성희롱예방 교육을 의무적으로 실시해야 하며, 성희롱을 한 사람에게는 인사조치를 취할 수 있도록 되어 있다는 점이다. 이에 따라 여성근로자의 고용환경이 개선되었다(남인순, 1999a: 36-37).

성희롱이 여성에게 직무 환경에 영향을 미치는 중요한 문제라는 것이 인식되면서, 고용주들은 성희롱에 대한 대처안(案)을 구상하게 되었다.

3) 현황과 여파

(1) 현황

성희롱은 모든 작업환경에서 발생한다. 사업장에서 성희롱이 얼마나 발생하는지에 대한 정확한 통계를 찾기는 어렵지만, 사업장에서 현재 50%정도가 성희롱을 겪고 있는 것으로 조사된 바 있다. 그리고 여성근로자의 80-90%가 자신이 직장생활을 하는 동안에 어느 시점에서 성희롱을 겪어온 것으로 알려져 있다(Andersen, 2000: 141-142).

한 조사에 의하면, 우리 나라 일반 여성의 48.6%가 성희롱을 당한 것으로 밝혀졌다. 그러나 여성근로자의 경우에는 87%가 사업장에서 성희롱을 겪은 것으로 알려져서, 우리 나라 사업장에서 성희롱의 정도가 심각함을 알 수 있다(남인순, 1999b: 13). 실제로, 우리 나라에서는 2000년에 36개의 사업장에서 363건의 성희롱 사건이 노동부에 정식으로 접수되었다(시사저널, 2001년 2월 22일: 12).

⑵ 발생 직종에 따른 특징

성희롱이 전통적으로 여성이 주로 일하는 직종에서 일어났는지 또는 전통적으로 남성이 일하는 직종에서 일어났는지에 따라서 성희롱을 겪는 경험이 다르다는 점이 밝혀진 바 있다.

첫째, 전통적으로 여성이 많은 직종의 경우에, 성희롱이 가지는 특징은 성적 요구를 따르지 않을 때에는 일자리를 잃을 수도 있다는 위협이 가해진다는 점이다. 이 경우에 성희롱을 하는 사람은 상위자인 경우가 많다. 그리고 이 경우에, 성희롱을 당한 사람은 성희롱을 당하였다고 공개적으로 주장하는 것에 대해서 내적으로 고민을 덜 할 수 있고 그리고 성희롱을 당하였다고 주장하는 것에 대해서 다른 여성으로부터 지지를 더 많이 받을 수 있다

둘째, 전통적으로 남성이 일하는 직종에 여성이 일하는 경우에는 성희롱을 더 많이 겪게 된다. 따라서 이 경우의 성희롱은 남성의 사회적 경제적 지위를 여성이 들어가서 위협하게 됨에 따라, 이에 대

한 보복의 형태로 성희롱이 가해지는 것으로 파악될 수 있다. 이 경우에 성희롱은 남성이 많은 직종에 여성이 들어와서 일하는 것에 대해서 남성이 불만을 가지는 것을 표현한 것이다. 그러나 이 경우에 여성근로자가 성희롱을 당하였다고 주장하기가 더 어렵게 된다. 왜냐하면 성희롱을 가한 사람은 동료근로자일 가능성이 더 많기 때문이다(Andersen, 2000: 141-142).

(3) 여파

성희롱은 여성이 자신을 근로자로 생각하는 것에 대해 크게 영향을 미칠 수 있다. 특히 사회적 지지망이 없을 경우에, 성희롱을 당한 사람은 무력감, 죄책감, 불안감, 가해자에 대한 동정심, 사건에 대한 애매모호성을 보여줄 수 있다. 또한 성희롱은 입증하기 어려우므로, 성희롱을 당한 근로자는 스트레스를 더 받으며 울분을 터뜨릴 수 있다.

성희롱은 기업에게 피해를 입힌다. 성희롱을 당한 근로자는 사업장을 떠날 수도 있고 또한 성희롱을 당한 근로자는 사업장에서 생산성이 줄어들게 되기 때문이다(Auster, 1996: 215-217; Andersen, 2000: 141-142).

그러므로 복지사는 다음과 같은 역할을 할 수 있다.

첫째, 성희롱을 방지하는 교육을 주관하고 실행한다.

둘째, 성희롱을 당한 근로자를 상담하고 그 근로자에게 가장 적절한 대처가 무엇인지를 찾아서 도움을 준다.

예를 들면 성희롱을 당한 근로자가 느낄 수치감을 극복하게 해주고 또 성희롱 피해자가 겪을지도 모르는 대인관계 문제를 조정해준다.

10. 여성근로자 근무 여건의 예

1) 생산직 근로자

여성은 생산직에 빠른 속도로 참여하고 있다. 사실 최근에 들어서 남성보다 여성이 더 빠른 속도로 생산직에 참여하고 있다고 볼 수 있다. 물론 아주 고(高)난도의 기술이 필요한 직종에서 여성이 차지하는 비율은 아직까지는 아주 적은 편이다.

생산직의 특징은 다음과 같다.

첫째, 생산직에 근무하는 여성은 숙련직 근로자보다는 반(半)숙련직 기계작동자로서 고용된 경우가 더 많다. 그리고 여성이 근무하는 직종내의 경우, 여성이 받는 급료는 남성이 받는 급료보다 적다.

둘째, 생산직 여성근로자가 일하는 직종에서는 성 분절(gender segregation) 현상이 있다. 여성이 남성과 같은 직종에 근무할 경우에도, 여성과 남성이 근무하는 업종이 다른 경향이 있다.

예를 들면, 여성은 비(非)내구제 업종에 고용되는 경향이 더 있는가 하면, 남성은 제조업 분야에 고용되는 경향이 더 있다(제조업 분야가 비내구제 분야에 비해서 임금과 직업관련 급여가 전통적으로 더 좋다). 그리고 생산직 여성은 조립 라인(assembly line)에 고용된 경우에 아주 많다. 조립직의 경우, 하는 일에 대한 자율성도 거의 없고 반복적인 일을 포함하는 경우가 많다(Andersen, 2000: 125-127).

2) 서비스직 여성

서비스직은 여성이 많이 참여하고 있는 직종이다. 서비스직에 근무하는 여성은 임금을 가장 적게 받는 층의 하나이다. 그러나 서비스직은 가장 빨리 확대되고 있는 직종이다. 서비스직의 예로서 패스트 푸드 근로자, 웨이트리스, 의료보조자를 들 수 있다.

서비스직의 특징은 다음과 같다.

첫째, 서비스직은 성 분절이 높게 되어있다. 이것은 특정 직업 범주 내에서조차도 그렇다. 예를 들면, 주방 근로자와 카운터에서 일하는 근로자의 75%가 여성이다. 그러나 보호와 관련된 서비스직의 근로자(예를 들면, 경찰, 소방수, 경비원)의 경우, 여성은 20%도 되지 않는다. 보호를 제공하는 서비스 근로자가 더 보수가 좋다.

둘째, 서비스직은 이직율이 높고 파트타임 고용인 경우가 대부분이다. 이에 따라, 서비스직에 종사하는 여성은 승진 기회에서 불리하게 된다.

셋째, 서비스직은 여성에게는 질이 떨어지는 근무형태일 수 있다. 서비스직에 근무하는 여성의 상위자는 권위적이고 조급하고 여성에게 노골적으로 적대적인 태도를 가진 남성인 경우가 많다.

넷째, 성에 대해서 어떤 기대를 가지냐에 따라서 서비스직에 종사하는 여성이 경험하는 바가 영향을 받친다. 예를 들면, 웨이트리스는 젊고 섹시할 것이 기대되는 경우가 많으며 또한 도발적인 옷을 입을 것을 기대되는 경우가 많다(Andersen, 2000: 128).

【참고문헌】

김애령・남미애・노병일・박수경・윤경아・이윤화・조성혜. 2001. 여성 복지론. 서울: 대학출판사.

남인순. 1999a. "가정과 여성복지 - 주요 흐름과 향후과제." 월간 복지동향 12월: 33-37.

남인순. 1999b. "갈길 먼 여성인권." 월간 복지동향 5월: 10-14.

박래영. 1997. 대만・싱가포르의 근로자 복지제도: 주택・교육제도를 중심으로. 서울: 한국노동연구원.

박봉정수. 2000. "모성보호비용의 사회분담화 그리고 가정과 직장의 양립지원 조치." 월간 복지동향 11월: 33-34..

심명. 2000. "육아휴직 - 우리의 미래를 위한 투자입니다." 월간 복지동향 9월: 34-36.

통계청. 2000. "2000년 한국의 사회지표." http://www.nso.go.kr/report/-data/ssin2000...

통계청. 1999. "1998년 사회통계조사 주요결과(요약): 가족・복지・노동 부문." http://www.nso.go.kr/report/data/ssss99.htm.

통계청. 1997. 한국의 사회지표 1997. 서울: 통계청.

Alcock, P. 1997. Understanding Poverty (2nd ed). London: MacMillan.

Andersen, M. L. 2000. Thinking about Women: Sociological Perspectives on Sex and Gender (5th ed). Needham Heights, MA: Allyn and Bacon. 2000.

Arnold, J., C. L. Cooper, and I. T. Robertson. 1995. Work Psychology: Understanding Human Behaviour in the Workplace (2nd ed).

London: Pitman.

Auster, C. J. 1996. The Sociology of Work: Concepts and Cases. Thousand Oaks, CA: Pine Forge.

Berch, B. 1982. The Endless Day: The Political Economy of Women and Work. New York: Harcourt Brace Jovanovich.

Chilman, C. S. 1993. "Parental Employment and Child Care Trends: Some Critical Issues and Suggested Policies." Social Work 3 8(4): 451-460.

Corcoran, M., G. J. Duncan, and M. S. Hill. 1986. "The Economic Fortunes of Women and Children: Lessons from the Panel Study of Income Dynamics." Pp. 7-23 in Women and Poverty, edited by B. C. Gelpi, N. C. M. Hartsock, C. C. Novak, and M. H. Strober. Chicago, IL: Univ. of Chicago Press.

Dex, S. and C. Phillipson. 1986. "Social Policy and the Older Worker." Pp. 45-60 in Ageing and Social Policy: A Critical Assessment, edited by C. Phillipson and A. Walker. London: Gower.

Drenth, A. V., K. Trudie, and J. Lewis. 1999. "Sources of Income for Lone Mother Families: Policy Changes in Britain and The Netherlands and the Experiences of Divorced Women. Journal of Social Policy 28(4): 619-641.

Eitzen, D. S. and M. B. Zinn. 2000. Social Problems (8th ed). Needham Heights, MA: Allyn and Bacon.

Feldberg, R. L. 1986. "Comparable Worth: Toward Theory and Practice in the United States." Pp. 163-180 in Women and Poverty, edited by B. C. Gelpi, N. C. M. Hartsock, C. C. Novak, and M. H. Strober. Chicago, IL: Univ. of Chicago Press.

Garvin, C. D. and J. E. Tropman. 1992. Social Work in Contemporary Society. Englewood Cliffs, NJ: Prentice-Hall.

Ginsburg, M. 1993 "Sweden: The Social-Democratic Case." Pp. 173-203 in Comparing the Welfare States: Britain in International Context, edited by A. Cochrane and J. Clarke. London: Sage.

Hodson, R. 1996. "Women and Job Satisfaction." Pp. 292-295 in Women and Work: A Handbook, edited by P. J. Dubeck and K. Borman. New York: Garland Publishing Co.

Johnson, L. C. and C. L. Schwarz. 1994. Social Welfare: A Response to Human Need (3rd ed). Needham Heights, MA: Allyn and Bacon.

NSO(통계청). 1999. Statistical Handbook of Korea 1999. Taejon: National Statistical Office.

Perkins, K. 1992. "Psychosocial Implications of Women and Retirement." Social Work 37(6): 526-532.

Weyer, M. V. 1999. "What Kind of People Will the British Be in 2000?" Pp. 45-47 in The World in 2000. London, UK: The Economist.

Wille, D. E. 1996. "Maternal Role Conflict.." Pp. 408-409 in Women and Work: A Handbook, edited by P. J. Dubeck and K. Borman. New York: Garland Publishing Co.

제11장 장애인복지

장애인산업복지는 주로 장애인의 직업재활과 고용과 관련되어 있다. 이 장에서는 산업재해로 장애를 입은 사람 및 일반 장애인의 직업재활과 고용에 대해 살펴보자.

1. 직업재활과정

직업재활은 정상적인 직업생활을 저해하는 장애에 대하여 의료적 치료 등과 함께 잔존기능과 잠재기능을 직업기능훈련과 적절한 작업조건 제공 등의 보완적·대상적 조치를 통해서 직업능력으로 전환시킴과 동시에 심리적 문제와 사회관계론적 문제 등에 대한 개입을 통하여 적극적이고 긍정적인 직업태도를 갖도록 지원하는 과정이라 할 수 있다.

1) 직업평가

직업평가는 직업재활의 가장 기초적 단계로 장애인이 어떤 분야의 직종에 대해 직업적 가능성을 가지고 있는가를 종합적으로 평가하는 과정이다.

맥고완(J. McGowan, 1967)은 직업평가를 한 개인의 취업기회 및 고용과 관련된 필요 조건 등 관계되는 중요한 모든 자료 즉 의학적·심리적·사회적 자료를 수집하여 분석하고 종합하는 것이라고 하였다. 또 미국의 작업적응 및 평가사 자격위원회(Commission on Certification of Work Adjustment and Vocational Evaluation Specialists: CCWAVES,1992:권도용,1998에서 재인용)는 직업평가의 개념을 의료적·심리적·사회적·교육적·경제적·문화적 자료를 종합하여 직업적 잠재력에 대해 파악하고 직업프로그램의 계획을 위한 포괄적 과정으로 정의하였다.

(1) 직업평가의 목적

직업평가의 목적은 장애인의 직업적 장애와 직업적 가능성을 파악하는 동시에 직업재활의 효과적인 실천을 위해 필요한 서비스를 파악하고 직업재활 진로계획을 수립하기 위한 자료 제공이라 할 수 있다.

직업평가의 목적은 직업재활의 가능성 결정, 개인의 자산확인, 직업재활을 저해하는 요인 파악, 직업재활 진로 설정, 바람직한 행동방향 수립 등으로 나눌 수 있으며 구체적으로 보면 다음과 같다.

① 직업재활 가능성을 결정 : 어떤 형태의 직업재활서비스를 통해서 직업재활이 가능한가를 평가한다. 즉 특별한 훈련을 하지 않아도 현직 복귀가 가능한가, 훈련을 하면 가능한가 등의 가능성을 평가함으로써 달성 가능한 목표를 설정한다.

② 개인의 자산 확인 : 다양한 영역의 전문가로부터 수집된 개인의 정보를 기초로 하여 직업재활에 필요한 개인의 전인적 자산을 확인한다.

③ 직업재활을 저해하는 요인 파악 : 신체적·심리적·사회적 저해 요인을 종합적으로 발견한다.

④ 직업재활진로 설정 : 개인의 전인적 자산, 직업재활 저해요인에 관한 자료 등을 기초로 직업재활진로방향을 설정한다.

⑤ 바람직한 행동계획 수립 : 직업재활 진로방향에 따라 구체적이고 현실적인 행동계획을 수립한다. 따라서 직업평가는 장애인의 직업능력에 대한 종합적 평가와 직무분석을 통하여 능력에 맞는 적직을 선택함과 동시에 필요한 적응훈련, 직업기능훈련 및 고용 등 앞으로의 직업재활 진로계획을 수립하기 위한 종합적인 조사·분석·평가 과정이라 할 수 있다.

2) 직업재활 저해요인분석

직업재활의 저해요인이 되는 장애에 대한 정확한 분석자료를 통해서 직업적 가능성에 대한 정확한 평가는 물론 분석자료를 근거로 신체적·심리적·사회적 장애에 대한 치료, 조치 및 개선과 적응훈련이 실시되어야 한다.

(1) 개인적 장애 분석

장애인 개인의 직업적 가능성을 평가하기 위해서는 먼저 장애인 개인이 가지고 있는 장애에 대해 정확히 분석해야 한다.

① 신체장애 분석

신체검사(신장, 체중, 장애부위, 장애정도, 장애특성 등에 대한 검사), 체력검사(쥐는 힘, 달리는 힘, 드는 힘 등 신체 각 부위의 잔존기능 검사), 감각기능검사(시력, 시야, 청각, 촉각 등의 감각기관의 기능 검사) 등의 검사를 통하여 신체적 장애로 인해 손실된 신체기능과 잔존 기능을 정확히 분석한다.

②의식장애 분석

심리 및 정신검사(지능, 언어능력, 수리능력, 사무지각, 공간판단, 형태지각 등), 지능 검사(학습능력, 추리 및 상상력, 개념 및 원리 이해력 등 검사), 정서검사(성취욕구, 불안정도, 수용태도, 의사결정능력, 자기신뢰 등 검사), 사회성검사(인간관계형성, 환경에의 적응성, 자기관찰력, 장애수용성 등 검사) 등의 검사를 통해서 행동대상(사람, 물건, 현상 등)에 대한 인식성(지능적 차원), 동인적 반응(본능적 차원) 및 주체적 태도선택 가능성(이성적 차원)등 의식의 구성요소에 대한 손실정도를 분석한다.

(2)사회적 장애 분석

사회환경적 장애가 장애인 개인의 직업생활에 주는 부정적 영향은 매우 크다. 따라서 사회환경적 장애와 장애를 가진 개인과의 상호관계를 명확히 분석해서 사회환경적 장애가 주는 저해요인을 분명히 해야한다. 예를 들면 교통, 건축물, 주택, 통신시스템 등의 물리적 환경과 예술, 기술, 과학, 종교 등의 문화적 환경 그리고 가족, 지역사회, 전체사회 등 사회적 환경이 어느 정도로 직업재활에 저해요인이 되고 있는가를 분석한다.

3) 직능평가 기법

네프(N. Neff, 1985)는 직능평가의 기법으로 면접법(interview), 심리측정적 검사(psychometric testing), 표본작업평가(worksample e-valuation), 상황평가(situational assessment), 현직평가(on-the-job evaluation)를 들고 있다.

(1) 면접법

면접법은 클라이언트에 대한 과거와 현재의 상황에 대한 정보를 1대 1의 대면과정을 통해 얻는 방법으로 가장 기본적인 정보를 손쉽게 얻을 수 있다. 면접법은 구조화된 형식 또는 비구조화된 형식을 따라 이루어질 수 있는데, 이를 통해 클라이언트는 자신의 강점과 약점에 대해 인식할 뿐아니라 훈련 요건에 도움이 되거나 방해가 될 능력이나 적성을 인식하는 데 도움을 얻을 수 있는 방법이다. 특히 중증 장애를 가진 클라이언트들의 경우에는 다른 평가기법들의 적용이 어려우므로 면접법이 직업재활 계획을 세우는데 면접법이 가장 유용한 방법이 될 수 있다.

(2) 심리측정적 검사

심리측정적 검사(psychometric testing)는 클라이언트의 직업적 잠재력이나 가능성을 예측하기 위하여 여러 가지 표준화된 심리검사 도구를 사용한다.

이 검사는 지필검사를 통해 인지, 정신운동, 정동적 특성, 일반적이고 구체적 직업에 관련된 특성 등을 측정한다.대표적인 심리검사 방법으로는 지능검사, 성격검사, 성취도 검사, 직업흥미검사, 적성검사 등이 있다.

(3) 표본작업평가

표본작업평가(work sample evaluation)는 실제 산업공정에 가까운 시설이나 도구를 사용하여 일정한 작업활동을 수행하도록 하고 그 수행도를 객관적이고 표준화된 방식으로 측정하는 방법을 말한다.

이 표본작업은 심리측정적 검사보다는 클라이언트로 하여금 실제 직업에서와 유사한 일을 하게 함으로써 그들의 흥미를 지속시킬 뿐 아니라 작업기술, 신체적 역량, 작업행동 등 여러 영역이 동시에 관찰되고 평가될 수 있다.

이처럼 표본작업평가는 실제 작업과 유사하고 대부분의 작업이 구체적이며, 다양한 직업능력을 관찰할 수 있다는 장점이 있는 반면에 기술변화에 따른 표본작업개조가 쉽지 않고, 개인의 직능평가에 대한 평가자의 주관이 개입되는 단점이 있다.

대표적인 표본작업도구는 TOWER(Testing, Orientation and Work Evaluation Rehabilitation) 로서 TOWER는 사무실, 설계, 제도 등 14개 직종의 영역에서 93개의 표본작업과 110개 이상의 과제로 구성되어 있는데 평균 3주간에 걸친 작업수행과정에서 직업능력을 산업현장의 질적, 양적 기준에 비추어 평가한다. 그 외에도 20여 가지의 상업용 표본작업도구들이 있다.

(4) 상황평가

상황평가(situational assessment)는 시설내에 실제 작업 현장과 거의 동일한 직업상황을 설치해 놓고 그 안에서 클라이언트가 작업하는 행동을 평가하는 것을 말한다. 상황평가에서는 비교적 긴 기간 동안 실제적인 과제를 수행하는 기술적인 능력뿐만 아니라 작업행동에 영향을 미치는 작업환경 내에서의 대인관계 및 심리사회적 측면의 영향을 평가한다.

(5) 현직평가

현직평가(on-the-job evaluation)는 기업이나 공장, 서비스업체 등의 실제 작업상황에서 클라이언트의 작업수행도 및 작업행동을 평가하는 것을 말한다. 즉 평가 대상자를 실제 현장의 실무수행 과정에 투입해서 실제적인 작업조건하에서의 직무종사 가능성과 인간관계성 등을 종합적으로 평가하는 방법이다.

현직평가에서는 주로 직업훈련 프로그램에서 배운 직업기술을 경쟁적인 환경에서의 이용가능성, 직무분담, 시간조절, 관계 분담가능성, 작업보조장치의 장착 및 환경조절가능성, 클라이언트의 생산성을 높이기 위한 작업환경에 있는 자연단서나 강화물을 활용가능성 그리고 생산 현장에서의 클라이언트의 직업적응을 돕기 위한 직무 실기지도원의 활용, 교통수단의 제공, 이동보조자나 대리근무자의 활용 등에 대한 평가에 초점을 둔다.

(6) 직무분석

직무분석(job analysis)은 장애인이 선택하고자 하는 직장의 물리적 요소, 조직, 인적 요소와의 적절한 결합을 이루어야 하므로 직장의 구성요소를 분석하고 분석 결과를 장애인의 직업적 능력과 관련시켜 적직을 선택하기 위한 직업평가의 한 과정이다.

여기에는 업무내용(작업개괄, 작업순서, 작업장소, 작업시간, 단위직무, 복합직무 등)과 업무에 필요한 작업자의 조건(책임, 직무에 관한 지식, 정신적·신체적 조건, 숙련도 등) 그리고 장애와 관련된 작업조건(물리적 조건, 화학적 조건, 작업이 신체에 미치는 영향 등) 분석 등을 내용으로 한다.

이상의 직업평가를 종합하여 직종과 직무가 결정되고 직업적응훈련과 직업훈련을 거친후 고용조건과 고용형태를 고려해 개인별 직업재활 진로계획서가 민들어 진다.

2. 직업훈련

직업훈련(vocational training)은 직업평가 과정에서 나타난 장애인 개인의 직업능력에 적합한 직종에 따라 이루어지며 여기에는 직업적응훈련과 직업기능 훈련이 있다.

1) 직업적응훈련

직업적응훈련은 노동시장에서 필요로 하는 직업인으로서 갖추어야 할 자질을 실제적인 경험을 통해 직업적 능력에 대한 자신감, 자기통제, 지구력, 직장내외의 대인관계, 근로자로서의 기초적 태도와 자세 배양, 직업에 종사할 수 있는 신체적 적응기능 촉진 등을 목적으로 한다.

직업적응훈련의 유형은 훈련내용상 대인적 적응훈련(personal adjustment training), 직업전 훈련(prevocational training), 보완적 기술 훈련(compensatory skill training) 등으로 구분된다.

대인적 적응훈련은 개인의 작업습관, 태도, 습관 등의 습득과 직업에 대한 인내심 강화, 업무습관 습득에 초점을 맞우어 심리적 치료와 지지를 통한 자기확신훈련, 극기훈련, 동료집단 적응훈련, 업무처리훈련, 사회적 대인관계훈련, 직장예의훈련 등을 그 내용으로 한다. 직업전 훈련은 취업시에 요구되는 지식과 기술의 습득을 용이하게 하거나 보충·보완을 위한 것으로 장애인이 이미 가지고 있는 직업적 지식과 기술을 완전히 활용하는데 방해가 되는 결함을 제거하는데 목적을 두고 실시한다.

2) 직업기능 훈련

직업평가 과정에서 적직으로 선택된 직종 또는 직무에 대한 기능훈련이다.

따라서 직업기능 훈련은 직업기술 체득, 실제적·직접적 직업경험을 통한 직업수행능력 배양, 취업을 목표를 산업체가 요구하는 자격요건 취득 등을 훈련의 목적으로 한다.

⑵ 직업훈련유형

(가) 시설훈련

시설훈련은 직업재활에 필요한 종합 서비스를 기능훈련과 동시에 제공하는 훈련형태로서 다음과 같은 유형이 있다.

① 종합직업훈련 : 다양한 장애의 종류, 정도, 특성 및 적성 등에 대처하기 위한 다양한 시설의 설치는 물론 훈련방법에 있어서도 소집단 훈련, 개별훈련, 단순작업 훈련 등이 가능하도록 조건을 갖추어 실시하는 훈련형태이다.

② 통합 훈련 : 장애인의 일반고용과 사회통합을 위해 가능한 한 일반직업훈련시설에서 비장애인과 같이 실시하는 직업훈련형태이다.

③ 개별직업훈련: 개개인의 장애종류, 정도, 특성 및 직업능력을 감안해서 직종 또는 직무별, 훈련방법별로 특수화시킨 훈련시설에서 개인적으로 실시되는 직업훈련형태이다.

(나) 비시설훈련

장애인을 일반사업체의 실무수행과정에 투입하여 실시하는 직업기능훈련형태로서 다음과 같은 비시설훈련이 있다.

① 지원고용에 의한 현장 훈련 : 직업재활기관과의 계약하에 일반사업체가 직업훈련을 받지 않은 장애인을 고용한 후에 직접 실무과정을 통해 직업훈련과 고용을 병행하는 방법이다.

② 견습고용에 의한 현장훈련 : 일정 기간 동안 견습고용하에서 현장훈련을 실시하는 형태이다. 훈련과정이 끝난 후 결격사유가 없는 한 고용이 전제되는 형태로서 훈련생의 경우는 적직훈련을 직접 현장에서 실시하기 때문에 직장적응이 용이하며

고용주의 경우에는 요구에 상응하는 근로자를 고용할 수 있기 때문에 노사간의 기대를 극대화할 수 있는 훈련형태라 할 수 있다.

③ 보호작업장 훈련 : 일반고용이 어려운 장애인에 대한 직업훈련과 직업생활을 동시에 병행하는 과정에서 생산기능이 고용 가능수준에 도달한 장애인에 대해서는 일반고용 또는 보호고용을 목표로 실시하는 훈련형태이다.

3. 고 용

장애인 고용형태를 대별하면 일반고용과 보호고용으로 나뉘어진다.

1) 일반고용

일반고용은 기업, 공공기관, 사회단체, 국가기관 등 일반사업체의 고용을 말하며 적절한 작업조건의 제공을 전제로 비장애인과 직업적 통합형태를 이루는 고용형태를 말한다, 그리고 일반고용은 강제고용과 비강제고용으로 분류된다.

(1) 강제고용

일반고용 중 강제고용은 법률이 정하는 의무고용사업체(기업, 국가기관, 공공기관, 사회단체 등)가 법정 의무고용률에 따라 의무적으로 장애인을 고용해야 하는 고용형태이다, 강제고용형태에서는 의무고용사업체가 의무고용률을 달성하지 못할 경우에는 부담금을 납부하여 장애인 고용촉진에 기여토록 규정하고 있으며 의무고용률을 초과달성한 사업체에 대해서는 초과달성 부분에 대해 지원금을 지급하도록 규정하고 있는 것이 보통이다.

⑵ 비강제고용

일반고용에 있어서 비강제고용은 장애인 고용에 대한 강제규정(의무고용사업체, 기준고용률, 부담금, 지원금 등)을 법제화하지 않고 그 나라특유의 방법에 따라 일반사업체가 장애인을 고용하도록 촉구하는 고용형태이다.

⑶ 지원고용

장애인이 보호작업장이나 직업재활시설에 따로 격리되지 않고 일반작업장에서 비장애노동자들과 함께 일할 수 있도록 사회통합을 지향하는 고용형태이다. 장애인에게 적절한 직업을 제공하고 그들이 직무수행을 할 수 있을 때까지 현장에서 직업지도를 받는다.

⑷ 유보고용

일정 직종을 지정해서 그 직종에 대해서는 장애인을 우선적으로 고용토록 하는 고용형태이다.

예를 들면 승강기 안내원, 주차장 안내, 전화교환원, 복권판매원 등의 직종을 장애인에 한정해 고용하는 것이다.

2) 보호고용

일반고용시장에서 취업이 어려운 중증장애인에 대한 보호적 조건하에서 행해지는 고용형태이다. 보호고용은 생산성이 일반노동시장에서 경쟁이 어려울 정도를 약화되어 있는 중증장애인에 대한 취로 일자리제공이 목적이다.

(1) 보호작업장 고용: 보호적 작업조건에서 직장생활과 사회통합을 가능케하는 다양한 서비스를 제공하고 개인의 생산성에 따라 보수를 지급한다.

(2) 재가고용: 장애의 종류, 정도, 특성상으로 정상적인 출퇴근 등 이동이 어려운 장애인에게 집에서 일 할 수 있는 고용의 기회를 제공하는 고용형태이다. 국가, 직업재활기관 또는 고용주가 재가 장애인에게 가능한 생산훈련 및 이에 관련된 서비스를 제공하고 생산 및 판매계약에 의해 집에서 상품생산에 참여할 수 있는 기회를 제공해서 생산량에 따라 보수를 제공하는 고용형태이다.

4. 직업재활 전문인력

직업재활에의 전과정을 통해서 팀웍을 이루는 전문가들은 다음과 같다.

① 직업훈련교사

직종별 직업훈련을 담당하는 교사로 자격시험제도에 의해 직업훈련교사 자격을 취득한 전문교사이다. 직업훈련 과정에서 직업평가사, 심리사, 재활사회사업가, 직업상담원 등과의 팀웍을 우지하면서 직업기능훈련을 실시한다.

② 직업평가사

심리평가사, 재활사회사업가와의 상호협조관계를 유지하면서 직업재활의 저해요인이 되는 신체적·심리적·사회관계론적 장애요인에 대한 검사·분석자료를 토대로 표본작업평가, 현장실습평가 등의 평가방법에 의해 장애인 개인의 직업능력을 종합적으로 평가한다. 그리고 개인의 직업능력과 적성에 맞는 직무분석을 통해서 개인의 적직을 선택함으로써 적절한 진로자료를 제공한다.

③ 심리치료사

직업재활의 과정에서 교사, 직업평가사, 재활사회사업가 등에게 장애인의 심리적 문제에 대한 자료를 제공하여 직업능력평가에 협력할 뿐 아니라 임상심리학적 치료를 담당함으로서 직업재활의 저해요인인 심리적 문제의 해결을 시도한다.

④ 재활사회사업가

직업재활의 과정에서 훈련교사, 직업평가사, 심리치료사 등에게 장애인 개인과 사회환경과의 상호작용에 있어서 부적응 문제 등에 대한 자료를 제공하여 직업능력평가에 협력할 뿐 아니라 직업인으로서 사회통합을 위해 전문사회사업적으로 개입한다.

【참고문헌】

권도용 외. 1998. 현대 장애인복지개론. 홍익재

McGowan, J. F. & Porter, T. L. 1967. An Introduction to the vocational rehabilitation process,

Washington D. C.: Superintendent of Documents, Government Printing office.

Neff, N. 1985. Work and human behavior, New York.

제12장 외국인 노동자복지

1. 외국인 노동자의 현황과 문제

외국인 노동자[37]들이 한국에 본격적으로 들어오기 시작한 시기는 1980년대 말부터이다. 이 때 한국은 1988년 올림픽을 개최하면서 사증면제협정 체결, 무사증 입국의 허용, 입국심사 간편화 등 출입국에 대한 규제를 대폭적으로 완화하기 시작하였다. 또한 1980년대 중반 이후의 계속적인 경제성장과 올림픽개최는 한국이 경제적으로 선진국은 안되더라도 중진국의 수준은 된다는 사실을 세상에, 특히 저개발국가들에 널리 알리게 했다. 아울러 1980년대말부터 나타나기 시작한 인력부족 현상은 정부의 200만호 주택건설사업으로 인해 더욱 심각하게 만들어 전산업의 인력부족률은 1980년대 중반부터 계속 증가하여 1991년에는 사상 최고치인 5.48%를 기록하였다.[38]

이와 같은 배경들은 돈을 벌러 외국으로 나가려고 하는 저개발국 사람들에게 한국을 새로운 목적지로 떠오르게 만들었다. 이로 인해 먼저 문화가 비슷하고 말과 글이 통하는 조선족을 위시하여 외국이주노동의 역사가 깊은 필리핀, 파키스탄, 방글라데시, 네팔 등의 동

---

37) 여기서 외국인노동자는 전문적인 기법을 지닌 합법적인 취업 외국인을 제외한 산업기술연수생, 그리고 산업현장에 취업하고 있거나 취업하려고 하는 불법체류 외국인 노동자를 말한다.

38) 전산업의 인력부족률은 1985년에 1.75%였던 것이 1987년에 3.29%, 1989년에 3.21%, 1991년에 5.48%를 나타내었으며, 그 후에도 1995년까지는 계속해서 3.5%를 상회하는 수치를 보였다(중소기업협동조합중앙회, 1996: 5).

남 및 남아시아인들이 전에 없이 대거 입국하기 시작하였다.

한편, 1980년대 말부터 시작된 노동력부족, 특히 3D업종[39]의 인력난 심화와 임금상승은 1990년대에도 계속되었다. 정부는 이를 타개하기 위한 방법들 중의 하나로 1992년 10월부터 산업연수생자격으로 외국인력을 도입하는 것을 공식적으로 허용하는 정책을 시행하였다. 이로 인해 한국내 외국인 노동자의 지위와 문제는 또다시 여러 가지 변화를 겪게 되었다.

<표 12-1> 한국내 외국인 노동자의 규모

연 도	산업기술연수생1)	불법체류자	총 계
1991. 12. 31		41,877	42,476
1994. 12. 31	9,512(중기협)[2] 18,816(해외투자기업)[3]	48,231	76,559
1995. 12. 31	15,238(중기협) 37,073(해외투자기업)	81,866	134,177
1996. 12. 31	29,808(중기협) 38,219(해외투자기업)	129,054	197,081
1997, 12, 31	46,833(중기협) 22,219(해외투자기업)	148,048	217,100
1998, 8, 31	76,005	92,686	168,691
1999. 3. 31	31,397(중기협) 15,908(해외투자기업)	108,855	156,160
2000. 5. 31	92,976	153,879	246,855

주 : 1) 산업기법연수생은 1993년말부터 입국하기 시작했다.
2) 중소기업협동중앙회.
3) 해외에 투자한 한국기업도 현지인을 산업기법연수생자격으로 한국에 들여보낼 수가 있다.

---

39) 위험하고 힘들며 지저분한(dangerous, difficult, and dirty) 작업조건을 수반하는 업종.

먼저, 외국인 노동자의 수가 급증하기 시작했다(<표 12-1> 참고). 외국인력의 도입이 합법화됨에 따라 1992년말부터는 해외투자기업들을 통해, 1993년 말부터는 중소기업협동조합중앙회(중기협)를 통해 외국인력이 한 해에 많게는 2만명 이상이 입국하였으며 이들 중 30%이상은 법적 체류기간을 연장해서 국내에 머물렀다. 또한 한국경제가 나아지면서 돈을 벌기 위해 방문 및 관광비자로 입국해 불법취업하는 외국인 노동자의 유입도 꾸준히 증가했다. 이에 따라 외국인 노동자의 수는 계속 늘어나 1996년 말에는 20만명에 이르러 한국전체 노동인구의 2%를 넘게 되었다. 뿐만 아니라 한국에 들어오는 외국인 노동자의 국적도 보다 다양해져, 인도네시아인, 베트남인, 중국한족도 산업연수생자격으로 대거 입국하기 시작했다.

두 번째 변화는 외국인 노동자들이 늘어나고 또 이들이 주로 영세기업의 3D업종에 취업함으로 인해 산재사고, 저임금, 임금체불, 인권침해와 같은 문제가 이들에게 보다 많이 발생하게 되었다는 점이다(<표 12-2> 참고). 특히, 외국인 노동자 가운데 법적으로 별로 보호받지 못하는 불법체류취업자의 증가는 노동현장에서 불리하게 작용하여 외국인 노동자와 관련된 문제들을 보다 심화시켰다.

<표 12-2> 한국인노동자와 비교한 외국인 노동자의 주요 노동조건

노 동 조 건	조사자/기관	조사시점	한국인노동자	외국인 노동자
월평균 노동시간 (시간)	석현호 외	1996	219.7	275.5
월평균 임금 (만원)	노동부	1997	84	67
산업재해발생율 (%)	석현호 외	1996	0.8	5.7

한편, 1997년 초부터 하강국면을 겪던 한국경제는 급기야 1997년 11월 21일 IMF의 구제금융을 요청할 수밖에 없는 위기까지 맞이하

게 되었다. 이로 인해 1998년 중반에는 한때 환율이 1년전보다 2배 이상 오른 1달러당 2,000원까지 치솟았고, 금리는 연30%선까지 상승했으며, 실업률은 1960년초 이후 처음으로 두 자리 수인 10%대에 육박해 200여만명의 실업자가 발생하기도 했다. 이같은 상황에서 정부는 당장에 급해진 국내 실업자문제를 해결한다는 목적으로 1997년 11월말부터 불법체류 외국인 노동자들을 수 차례에 걸쳐 벌금면제라는 조건으로 출국하게끔 만들었으며, 1998년 3월부터 산업연수생제도를 개편한 '연수취업제(2년연수후1년취업제)'를 시행하여 연수생의 도입과 취업을 계속 제한해나갔고, 1998년 6월에는 외국인의 고용을 줄이고 대신 국내인의 고용을 촉진하기 위해 국내기업이 외국인 대신 내국인을 고용할 경우 최고 2억원까지 지원하는 정책을 펴나갔다. 이와 함께 언론과 일반시민, 사회단체에서도 늘어나는 국내실업자문제에 그들의 관심과 지원을 집중시켜 나갔다.

이러한 흐름은 외국인 노동자관련NGO (비정부조직, Non Gouernmental Orhamization)[40]에도 영향을 주어, 상당수 외국인 노동자관련NGO들도 외국인 노동자에 대한 활동을 축소하거나 중단해버리고 국내실직자 및 노숙자문제쪽으로 활동방향을 바꾸었다. 하지만, 1997년 말의 금융위기 이후 외국인 노동자의 상황은 더 악화되었다고 볼 수 있다. 실제로, 중국을 제외한 대부분의 동남아시아국가들은 한국보다 더 심한 경제위기를 겪어 동남아출신 외국인 노동자들은 본국으로 돌아가기가 어려웠고, 이들이 일하던 영세한 중소업체

---

40) 예로서, 정부는 불법체류외국인 노동자가 4만여명이 넘은 1991년 말에서야 외국인 노동자에 관해 처음으로 법무부 훈령 '외국인산업기법연수사증발급 등에 관한 업무처리지침'을 제정하여 외국인 단순노동자들이 산업연수라는 명목하에 편법으로나마 입국할 수 있게 하였다. 또한, 불법체류자에 대한 단속도 1992년 말부터 시작하였으나 그 후 출국기간을 연장시키는 조치를 1994년 상반기까지 4번이나 반복하여 법에 대한 일관성과 공신력을 떨어뜨렸다.

들 중 상당수가 문을 닫거나 작업시간을 줄임으로 인해 임금체불, 산재미보상, 실직, 임금감소와 같은 문제들을 이전보다 더 경험하게 되었으며 여기에다 일반사회의 무관심과 차별까지 받아야만 했다.

최근 들어 한국경제가 회복되면서 1997년 말 금융위기 이후 14만 여명으로 줄어들었던 외국인 노동자의 수는 다시 증가하여 2000년 8월말 현재는 금융위기 이전보다 많은 26만 여명에 이르렀다. 하지만, 낯선 이국땅에서 이들이 찾을 수 있는 일자리는 여전히 한국사람들이 잘 가지 않으려는 그래서 별 경쟁없이 남겨진 비공식화된 저임의 3D업종이다.

한편, 이들 외국인 노동자들 과반수 이상은 불법체류자들이기 때문에 법적으로 보호받지 못하는 상당히 소외된 취약계층에 속해 있었다. 더군다나, 한국정부는 점증하는 외국인 노동자의 입국 및 취업에 대해 법적으로나 행정적으로 사전에 준비를 소홀히 했을 뿐만 아니라 외국인 노동자들이 대거 몰려온 이후에도 적절한 정책을 내세워 일관되게 시행하지 못해 외국인 노동자의 지위를 계속적으로 불안정하고 불리하게 만들었다. 결국, 3D업종의 열악한 노동조건과 위험한 작업환경, 정상적인 노동계약을 하기 힘든 불안정한 법적 지위는 외국인 노동자로 하여금 산업재해와 이에 따른 치료비 및 보상금 미지급, 저임금, 임금체불, 작업장내 폭행 등과 같은 여러 가지 문제들에 보다 노출되도록 만들었다고 할 수 있다.

2. 외국인 노동자에 대한 복지서비스

일반적으로, 한 사회내의 외국인이주자들이 시간이 지나고 규모가 커짐에 따라 나름대로의 훌륭한 사회적 연결망을 가진 공동체집단을 형성하더라도 이들은 이입국의 원주민들에 비해 근본적으로 약자라고 밖에 할 수 없는 소수집단이다. 우선, 이주 초기에 있어서 이입국의 사회제도, 생활방식, 물리적 환경 등은 이주민들에게는 낯선 외국의 것들로서 이들의 일상생활과 활동에 상당한 제한을 가져온다. 이입국 원주민들의 입장에서 보면 이주자들은 대부분 피부색갈이 다르고, 현지의 말을 제대로 하지 못하며, 자기들끼리 모여 살고, 이질적인 생활양식을 지니고 있음으로 인해 낯선 이방인으로 밖에 여겨질 수 없다. 취업에 있어서도 이주자들은 종종 현지인들이 하기를 꺼려 노동시장에서 이들과의 경쟁이 별로 없는 저임의 3D업종에 종사함으로써 이들만의 특정한 직업세계를 형성해 갈 수밖에 없다.

소수집단으로서의 불리한 조건들은 이주자들에게 여러 가지 어려움과 문제들을 봉착하게 만든다. 외모와 행동양식에서 현지인과 다름으로 인해 이주자들은 외집단(outgroup)으로 분류되면서 원주민으로부터 주거, 정보에 대한 접근, 사회시설의 이용에 있어서 차별을 받을 수 있다. 이주가 시작되기전이나 이주의 흐름이 계속되더라도 이주자들의 지위를 명확히 규정해주는 이입국의 법률이 발달하지 못할 경우, 이주자들은 법의 보호를 제대로 받지 못해 불안정한 상태에서 그들의 삶을 영위해 나갈 수밖에 없다. 특히 불법이주자가 발생하거나 이주노동력이 초과 공급될 경우에는 이러한 상황을 이용하여 이익을 챙기려는 조직과 사람들에 의해 피해를 입는 이주자들이 늘어난다. 국제이주자들이 많이 취업하는 3D업종 또한 노조활동이 활성화되지 않은 영세사업장으로서 산업재해, 임금체불, 노동력 착취의 가능성이 높다.

시간이 흘러 이주노동자들의 문제와 피해들이 누적되어 현지사회로 불거져 나오면 이들은 점차 현지사회의 관심과 동정을 받게 된다. 먼저 기존의 인도주의적 NGO(비정부조직)[41]가 이들의 문제에

41) 특정한 정부나 국가에 연계되지 않으면서 자발성을 바탕으로 비영리적인 목표를

개입하게 되고 나아가 이들의 문제를 전문적으로 다루는 새로운 조직이 결성된다. 이들 조직은 한편으로 이주노동자들이 당장에 겪는 어려움들을 덜어주기 위해 법률 및 의료서비스 제공, 의식주 지원, 현지언어와 문화교육 등을 실시하기도 하며, 대외적으로는 대중매체를 통해 이들의 문제를 이슈화시키고 정부로 하여금 대책을 마련하도록 압력을 행사한다. 이들 조직의 활동으로 이주노동자들은 그들의 사회적 접촉을 현지사회로까지 넓힐 수 있게 되고 아울러 이주노동자들의 문제는 더 이상 이주노동자들만의 문제가 아니라 현지사회의 사회문제가 된다. 이러한 측면에서, NGO들은 이주노동자들의 사회적 연결망이 현지사회로 확대되고 이주노동자의 현지사회 정착화에 주도적인 역할을 수행한다고 할 수 있겠다.

<표 12-3> 외국인 노동자들을 위한 주요 복지서비스활동

활동영역	복지서비스내용
노 동	노동상담, 법률지원, 산업안전 및 노동교육, 직장알선, 기업인과의 대화
생 활	의료, 송금업무, 의료공제조합, 이미용, 쉼터, 무료급식, 생활용품 제공 또는 염가판매, 상호부조제도 운영, 통신(국제전화, 휴대전화, 인터넷서비스)지원, 귀국생활상담
문 화	한국어 및 한국문화 교육, 단체여행, 체육활동, 소식지발간, 비디오시청, 호스트가정제도, 종교활동후원
사 회	외국인 노동자단체 지원, 국내외 외국인 노동자관련NGO 및 기타 사회단체들과의 연대, 외국인 노동자관련 법개정을 위한 정책제시 및 대정부활동, 언론 및 인터넷홍보

추구하면서 활동하는 조직, 결사체, 기구, 단체(Weiss & Gordenker, 1996).

<표 12-3>은 현재 외국인 노동자들이 겪고 있는 문제와 어려움들을 해결하기 위하여 외국인 노동자관련 NGO들이 실시하거나 할 수 있는 주요 복지서비스활동을 요약한 것이 있다.

【참고문헌】

갈릴래아(천주교 수원교구 외국인노동자 사목센터). 여러 해. "함께 내딛는 걸음."

강수돌. 1996. 「외국인 노동자 고용 및 관리실태와 정책대안-기업적 합리성과 사회적 합리성의 비교적 관점에서」. 한국노동연구원.

국내 일간신문(국민일보, 동아일보, 조선일보, 중앙일보, 한겨레신문, 한국일보). 여러 해.

김대모. 1990.『기업복지제도의 실태와 과제』. 한국노동연구원

나영선. 1997. 「외국인근로자 국내 도입제도의 효율적 운영방안」. 한국기법교육대학교.

노동부. 여러 해.『기업체노동비용조사보고서』.

박길상, 조정호, 진준민, 이완영. 1992.『기업복지제도』. 삼일회계법인.

박세일. 1988. "공공근로복지의 전개방향".『한국의 근로복지미래상』. 근로복지공사.

부천외국인노동자의 집. 여러 해. "함께 가자 우리 이 길을", "원미동 사람들."

서울시정개발연구원. 1995. 『서울의 외국인 근로자 실태조사 연 구』.

석현호 외. 1998. 『외국인 노동자의 노사관계와 사회적 적응』. 서울 집문당.

석현호 편. 1997. 『한국사회의 불평등과 공정성』. 나남.

설동훈. 1999. 『외국인노동자와 한국사회』. 서울대학교출판부.

성미영. 1997. "외국인노동자 권익보호단체의 현황 및 역할." 동국대학교 행정대학원 석사학위논문.

송병준 외. 1997.「외국인노동자의 현실과 미래」. 서울: 미래인력연구센터.

신섭중 외. 1994.『세계의 사회보장』. 유풍출판사.

유해근. 1997. “국내거주 외국인 근로자의 복지를 위한 교회의 역할.” 숭실대학교 통일정책대학원 석사학위논문.

이정환. 1999. “외국인 노동자 공동체와 관련단체.”『국내외 한국기업의 외국인 노동자』, 유네스코한국위원회 · 미래인력연구센터.

이혜경 외. 1998. 『한국사회와 외국인 노동자-그 종합적 이해를 위하여』. 서울 : 미래인력연구센터.

중소기업협동조합중앙회. 1996. 『외국인산업기법연수백서』.

한국경영자총협회. 1996. 『단순기능 외국인력정책 개선방안 연구』.

한국노동교육원. 1995.『기업내 근로자 복지프로그램 개선방안』.

Adams, J. Stacy. 1965. "Inequity in Social Exchange." in Advances in Experimental Social Psychology, vol. 2 edited by Leonard Berkowitz. New York: Academic Press.

Brockner, Joel and Laury Adsit. 1986. "The Moderating Impact of Sex on the Equity-Satisfaction Relationship." Journal of Applied Psychology 71:585-590.

Castle, Stephen and Mark J. Miller. 1998. The Age of Migration. London: Macmillan Press Ltd.

Festinger, L. 1957. A Theory of Cognitive Dissonance. Evanston, Il: Row, Peterson.

Hirschman, A. O. 1970. Exit, Voice, and Loyalty. Cambridge, MA: Harvard University Press.

Homans, George C. 1961. Social Behavior: Its Elementary Forms. New York: Harcourt, Brace, and World.

Leung, K. and H. Park. 1986. "Effects of Interactional Goal on Choice of Allocation Rule: A Cross-National Study." Organizational Behavior and Human Decision Process 37:

111-120.

Massey, Douglas S., et al. 1998. Worlds in Motion: Understanding International Migration at the End of the Millennium. New York: Oxford University Press.

Portes, Alejandro (ed.). 1995. The Economic Sociology of Immigration : Essays on Networks, Ethnicity, and Entrepreneurship. New York: Russell Sage Foundaton.

Stouffer, S. A., et al. 1949. The American Soldier: Adjustment during Army Life. Princeton: Princeton University Press.

Weiss, Thomas G. & Leon Gordender (eds.). 1996.

NGOs, the UN, & Global Govermance. Boulder, CO : Lynne Rienner Pubhishers, Inc.

제13장 미국의 산업복지

1. 미국 산업복지의 전개

초창기 미국사회의 근간을 이루고 있는 정신은 자유주의와 개인주의라고 할 수 있다. 이는 미국에 처음 정착한 청교도인들의 영향 때문이다. 청교도인들은 종교적 박해와 국가의 통제로부터 벗어나기 위해 유럽으로부터 이주해왔다. 또한 청교도의 윤리는 개인의 성취와 자립, 그리고 노동의 가치를 강조한다. 그러므로, 자유와 독립은 청교도인들의 삶 그 자체라고 할 수 있다. 여기에다 19세기중엽 자연도태(natural selection)와 적자생존(survival of the fittest)의 원칙에 근거한 진화론이 개인주의, 자유방임주의적 고전경제학, 청교도윤리와 결합되어 나타난 사회진화론(social evolutionism 또는 social Darwinism)이 미국에 도입되어 발전하면서 기존의 자유주의적이고 개인주의적인 사상을 더욱 공고히 만들었다(Rimlinger, 1971). 이와 같은 사회진화론에서 보면 사회복지, 특히 공적이고 인위적인 사회복지는 우세한 자만이 사회적으로 유리한 위치에 오를 수 있게 되어 있는 자연스럽고 보편적인 세상원리에 어긋나는 것이다. 따라서 사회진화론자들은 사회복지를 매우 제한적인 자선행위로 개념화하면서 정부에서 제공하는 공적인 구호에 대해 강하게 거부하였다.

사회적 다위니즘을 제창하는데 대표적으로 앞장선 영국의 사회학자 스펜서(Herbert Spencer)와 미국의 사회학자 섬너(Willian Sumner)는 공적이거나 사려깊지 못한 자선은 약자들의 사회적응과정을 방해한다고 주장하였다. 그들은 오직 민간차원의 자선만이 사회적응

과정을 도와주며 공적이고 제도적인 자선은 이와는 반대의 결과를 가져온다고 주장하였다.

개인주의와 자유주의사상은 미국이 선진산업국들 중에서도 사회보장제를 가장 늦게 도입한 나라가 된 데에 상당히 큰 영향을 주었다고 할 수 있다. 구체적으로, 공공산업복지인 산업재해보험제의 경우 도입시기가 독일은 1871년, 영국은 1897년인데 비해 미국은 1908년이 되어서야 연방정부직원을 대상으로 하는 재해보상제도가 실시되었고, 주(State)수준에서는 1911년부터 실시되었다. 이밖에 노령연금제도, 실업보험제도는 독일, 덴마크, 프랑스, 이탈리아 등이 1880년대 말에, 영국이 1908년부터 실시하였으나, 미국은 1935년부터 연방정부차원에서 도입하기 시작했다. 의료보험제도도 독일이 1883년, 영국이 1911년에 실시하였으나 미국은 1935년의 사회보장법에는 포함되지 않았으며, 이후 30년이 지난 1965년이 되어서야 65세이상의 노인들에 대한 의료보호제로서 메디케어(medicare)만 실시되었다.

한편, 기존의 자유주의적 사회체제는 1900년대초를 전후하여 새로운 변화에 직면하기 시작했다. 당시 미국사회는 급속한 산업화를 겪으면서 산업구조가 개인적 성취와 자립의 모델이었던 소규모 자영농과 상업중심에서 대규모의 기업중심으로 전환해가고 있었다. 이에 따라 대규모의 노동자계급이 형성되고 노동조합은 보다 조직화되고 활성화되었으며 동시에 진보적인 사회운동도 확대되어 나갔다.

산업화과정에서 수 차례에 걸쳐 일어난 경제위기와 빈부격차 등의 사회문제들 또한 사회에 근본적인 제도개혁의 필요성을 제기하였다. 이러한 움직임은 점차 사람들에게 자유주의를 부적절한 경제이론으로 인식시켰으며 대신 이러한 자유방임주의를 대처하는 새로운 사회이론, 즉 국가의 개입과 간섭을 통해 사회정의를 실현해야한다는 생각을 확산시켰다. 이러한 변화를 반영하듯 1910년을 전후하여 중서부에 있는 주에서부터 공적인 구호를 제공하려는 법들이 제정되고, 아울러 공적인 구호를 담담할 관청으로서 공공복지청이 설립되기 시작하였다. 하지만, 1910년대에 발생한 제1차 세계대전과 러시아혁명의 영향으로 사회복지에 대한 진보적인 사회분위기는 가라앉게 되었다.

1920년대말과 1930년대에 걸쳐 발생한 경제공황은 미국의 정치, 경제, 사회 뿐만 아니라 사회복지분야에도 근원적인 변화를 가져왔다. 비록 이전의 급격한 산업화에 따른 노동자계급과 노동조합의 성장 및 다양한 사회문제의 발생이 진보주의적인 사상을 확산시켰지만, 미국사회의 근저에 자리잡고 있는 자유주의와 개인주의의 지배적인 위치를 크게 흔들지는 못했다. 하지만, 경제공황에 따른 경제파탄은 미국사회의 중추를 이루고 있는 중간계층에까지 생활에 대한 위기를 안겨주었으며, 이는 결국 빈곤에 대해 새로운 관점을 가지게 하는 계기를 만들어 주었다. 이제 사람들은 개인의 결함이 아니라 개인의 외부에 존재하는 사회구조의 결함에 의해서도 실업과 빈곤에 처해질 수 있다는 사실을 인식하게 되었다. 이에 따라 1933년에 출범한 루스벨트정부는 사회문제와 경제문제에 대한 연방정부의 적극적인 개입을 담고 있는 사회정책인 뉴딜(New Deal)정책을 펴나갔다.

이 정책에 의하여 실업자에게 일자리를 제공해주는 각종 공공사업이 대규모로 실시되었으며, 1935년에는 연방정부에 의한 최초의 사회보장제로서 사회보장법(Social Security Act)이 제정되었다. 사회보장법의 내용은 연방정부에 의한 노령연금, 주정부와 연방정부 보조에 의한 실업보험, 아동・노인・맹인을 위한 공공부조와 사회복지서비스로 구성되어 있다. 하지만, 사회보장의 적용범위는 제한적이어서, 공공산업복지인 노령연금과 실업보험의 경우, 대상자는 정규적으로 고용되어 정기적으로 임금을 받고 있는 근로자에 한정되었다.

제2차 세계대전이 끝난 후 1970년대초까지 미국경제가 지속적으로 성장하면서 산업복지도 동시에 발전해나갔다. 구체적으로 노령연금의 경우, 수혜대상범위가 넓혀지고, 급여수준이 상향조정되었으며, 수급자격요건도 완화되어 1940년 전체 노동인구의 58%이었던 적용대상비율이 1972년에는 90%로 증가하기도 했다(Axinn and Stern, 1988). 1956년에는 여성에게, 1961년에는 남성에게도 조기퇴직제가 도입되었다. 기업복지의 경우, 1929년에는 임금의 3%에 불과하던 종업원복리비가 1955년에는 17%, 1979년에는 30%가까이 뛰어올라, 1970년대말에는 휴가비는 물론 질병, 실직, 그리고 노년에 대비한 보험 등 산업복지의 상당부분을 기업복지가 담당하게 되었다.

1970년대후반부터 심화되기 시작한 경제불황, 높은 실업률과 인플레이션, 사회보장재정의 적자확대는 사회복지정책에 대한 기존 제도의 변화를 또다시 수정할 것을 강조하게 되었다. 1980년에 등장한 레이건행정부는 신자유주의적 공급중시 경제이론에 근거하여 연방정부의 재정지출을 삭감하고 기업에 대한 조세감면으로 경기를 부양하는 대신 사회보장 재정적자를 줄이고, 사회복지프로그램에 대한 정부의 지나친 개입으로 나타날 수 있는 사회복지체계의 비효율성을 줄이기 위해 사회복지에 대한 연방정부의 지출을 줄이고 사회복지의 책임을 민간에 이양하는 정책을 시행해나갔다. 먼저, 사회보장재정적자문제를 해결하기 위해 사회보장개혁위원회를 구성하고, 이 위원회에서 제안한 건의안에 기초하여 1983년에는 사회보장법을 개정하였다. 이 개정안(Social Security Amendments)의 주요 내용은 급여증가의 억제, 사회보장세의 인상, 퇴직연령의 연장 등을 포함하였다.

한편, 사회복지체계의 민영화는 민간기관과의 서비스 구매계약, 보조금제도, 사회복지서비스의 교환권제도 등의 도입을 포함하여 다양한 형태로 진행되어 나갔다. 사회복지체제의 민영화는 또한 산업복지에 대한 기업복지의 비중을 꾸준히 상승시켜, 1993년에는 기업이 지출하는 총노동비용 중 기업복지가 차지하는 비율을 41.3%에 이르게 하였다.

1990년대 들어 미국경제가 호전되면서 사회보장에 대한 정부의 개입과 지출은 다시 늘어나기 시작했다. 하지만 산업복지를 포함한 전반적인 사회보장 정책은 과거에 미국 경제가 호황이었을 때 포괄적이고 일률적으로 시행되었던 경우와는 달리 경제성과 효율성을 강조하는 생산적 복지를 지향하는 방식으로 나아갔다. 그러나, 결과적으로 공공부조의 자격조건은 보다 까다로워졌으며 대상자에 대한 요구사항은 증가되었다.

이러한 경향의 대표적인 예로, 1996년에 클린튼행정부가 제정한 개인의 책임과 근로기회에 대한 조정법(Personal Responsibility and Work Opportunity Reconciliation Act)을 들 수 있다. 이 새로운 법안은 공적 지원을 받는 사람에게 2년간의 지원을 받은 후에 반드시 근로활동에 참여할 것을 요구하고 있다. 이밖에 1998년 위스콘신주는 공적 부조를 받는 빈곤계층을 집에 머무를 수 있도록 해주는 기존의 사회복지체계를 전면 수정하여 주정부의 지원을 받는 사람 중, 일할 능력이 있는 성인(12살 미만의 아이를 부양하는 편모 제외)은 반드시 일을 해야 계속해서 주정부의 지원을 받을 수 있도록 했다. 이후 여러 주들도 위스콘신주처럼 '일하지 않는 자는 지원을 받을 수 없다(if you don't work, you don't get assistance)'는 원칙에 근거한 사회복지법안들을 제정하고 있다.

2. 미국 산업복지제도의 체계

일반적으로 산업복지에 있어서 핵심적인 부분은 기업복지일 뿐만 아니라, 넓은 의미로 정의할 경우 기업복지는 공공산업복지를 포함

<표 13-1> 기업복지에 대한 미국 주요 기관들의 규정

기업복지의 종류	기관에 따른 기업복지의 범위 (O=포함, X=불포함)		
	상무부	노동통계국	상공회의소
● 법정복지비: 사회보장(유족, 장애, 건강보험), 실업보험, 근로자보상제도, 주정부의료보험	O	X	O
● 기업연금 및 각종 복지제도: 퇴직연금, 의료보험, 생명보험, 장애급여, 저축지원금, 추가연금	O	O	O
● 무노동임금			
1) 작업장외: 휴가, 공휴일, 병가, 경조휴가 등	X	O	O
2) 작업장내: 음료휴식, 중식, 작업준비시간, 세면시간	X	O	O
● 프리미엄수당: 초과근무수당, 휴일 및 주말근무수당, 교대근무수당	X	X	X
● 기타 복지: 할인판매, 식사제공, 종업원 교육비, 탁아시설 등	X	X	O

한다. 또한 노동자자주복지는 산업복지에서 차지하는 비중이나 중요성이 점차 줄어들어 오늘날에는 미미한 수준에 머무르고 있다. 따라서 여기서는 기업복지를 중심으로 미국의 산업복지에 대해 살펴보

기로 한다.

미국의 경우, 기업복지체계는 한국과 다를 뿐만 아니라 상당히 복잡하게 되어 있다. 우선 어떤 서비스와 프로그램이 기업복지의 범위에 들어갈 것인가에 대해 일반화된 규정이 없고, 법정복지와 법정외복지의 기준도 주마다, 산업별로, 그리고 기업별로 차이가 있다. 예를 들면, 근로자의 퇴직연금은 법정외복지의 성격을 지니면서 그 시행요건은 법으로 규정되어 있고, 그 법규정은 주마다 다르다. <표 13-1>에서 보는 바와 같이 기업복지의 범위도 기관에 따라 차이가 난다. 따라서, 여기서는 기업복지에 대해 일반적으로 포함되는 주요 복지제도를 중심으로 살펴보기로 한다.

1) 법정복지

(1) 사회보장

미국의 대표적인 법정복지라고 할 수 있는 사회보장(social security)은 노령·유족·장애·의료보험(Old Age, Survivals, Disability, and Health Insurance: OASDHI)프로그램을 말하며, 현재 미국의 모든 기업에서 실시되고 있고, 노동자의 95%가 이 프로그램에 가입되어 있다. OASDHI프로그램은 1935년에 제정된 사회보장법에 근거하고 있다. 이 프로그램은 처음에 노령(퇴직)보험부터 실시되었으나 1935년 이후 수 차례에 걸친 법개정과 적용범위의 확대를 통해 1939년에는 유족보험, 1956년에는 장애보험, 1965년에는 의(medicare)이 포함되면서 오늘날과 같은 종합적인 사회보험체제를 갖추게 되었다. OASDHI프로그램을 이루고 있는 노령, 유족, 장애, 의료보험의 주요 자격조건과 내용은 <표 13-2>에 나타나 있다.

<표 13-2> 미국의 사회보장제도(OASDHI프로그램)

종 류	자격요건	내 용
노령(퇴직)	● 65세 ● 62세까지는 10년이상 고용되어 있어야 함.	● 기본급여는 퇴직자의 월평균수입지수(average indexed monthly earning, AIME)에 근거하여 계산(구체적인 예로 1991년 AIME의 경우, 처음 370$에 대해서는 90%, 371$에서 2,230$까지는 32%, 그 이상은 15%에 상당하는 급여를 받음). ● 최저급여보장제(1988년의 경우, 최저 연간 2,556$을 보장). ● 피부양자(자녀 및 배우자)에게 급여 제공.
유족	● 피보험자의 유족 (배우자, 자녀).	● 피보험자가 65세에 퇴직하고 사망했을 경우: 피보험자가 받던 급여의 100%. ● 피보험자가 조기퇴직을 하고 사망했을 경우는 줄어듬 (60세에 퇴직하고 사망했을 경우 65세 경우의 71.5%). ● 1990년 현재 배우자(생존해 있는 이혼배우자 포함)에게 제공되는 월평균 유족급여는 556$, 자녀에게 제공되는 월평균 유족급여는 405$.
장애	● 보험에 가입되어 장애를 당한 근로자와 그의 피부양자, 배우자. ● 장애의 규정[1]이 매우 엄격해 수급자격이 까다로움(1990년의 경우 지원자의 1/3정도만 수급대상이 됨).	● 퇴직급여와 마찬가지의 방식으로 산정. ● 부양자에 대한 추가지급 가능. ● 1990년 현재 장애근로자에게 제공되는 월평균 급여는 587$.
의료	● 65세 이상의 가입자나 65세미만이지만 사회보장 장애급여를 받는 자.	● Part A[2]: 1991의 경우, 병원, 요양소, 보건소 비용에서 626$의 공제액을 내고 나면 처음 60일동안의 모든 의료비는 무료이며 추가로 병원입원서비스는 연장이 가능. ● Part B[3]: 치료비의 처음 75$을 공제액으로 지불하고 나면, 나머지 치료비의 80%는 보험이, 20%는 가입자가 부담.

주 : 1) 의학적으로 볼 때 신체적 혹은 정신적 손상이 사망에 이를 정도이거나, 12개월 이상 지속될 수 있는 정도에 이르기 때문에 어떤 활동에도 참가할 수 없는 상태.
2) 병원보험(Hospital Insurance, HI)이라고 일컬으며 강제적인 갹출금(종업원과 사용자가 각각 임금의 1.45%씩 부담)으로 충당되는 재정으로 급여제공.
3) 보충적 의료보험(Supplementary Medical Insurance: SMI)이라고 일컬으며 가입이 자발적이고 가입자의 보험금과 이 보험에 대한 정부의 보조금으로 운영.

(2) 실업보험(Unemployment Insurance)

실업보험은 1935년 제정된 사회보장법의 실업보험규정에 근거를 두고서 시행되었다. 그러나 다른 사회보장 혜택의 경우와 달리 연방정부가 직접 실업보험제를 운영, 관리하지 않고 주정부가 맡고 있다. 연방정부는 사업주로부터 연방실업세(1985년 현재, 종업원의 연간소득 중 처음 7,천$에 대해 6.2%)를 거두고, 주정부가 운영하는 실업보험프로그램에 거둔 세금의 약 90%가량을 지원해준다.

실업보험의 대상자격과 급여형태는 <표 13-3>에 제시되어 있다.

<표 13-3> 미국의 실업보험

대상자격	급여형태
● 산업이나 상업: 사용자들이 1년에 적어 도 20주이상 고용한 근로자가 1명 이상이거나 그들에게 한 분기당 1,500$이상의 급료를 지급한 사업장의 근로자 ● 농업: 농지에서 1년중 최소한 20주이상 10명 이상의 피고용인에게 제공되는 한 분기 지불급여총액이 적어도 20,000$이상인 사업장의 근로자. ● 실업상태에 놓여 있는 근로자는 일할 준비가 되어 있어야 하며, 아울러 주공공고용사무소(state public employment office)에 등록되어 있어야 한다. ● 자발적 실업자나 노동쟁의로 인한 실업자는 대상에서 제외한다.	● 1970년까지 급여를 받을 수 있는 최고지속기간은 26주였으나 1981년부터는 주별로 실업률에 따라 자체적으로 실업급여 기간을 정하도록 했다. ● 급여는 대부분의 주에서 과거 급여의 50%정도를 지급한다. ● 1991년 현재, 일주일 평균급여는 164$이며, 급여수령의 지속기간은 13.2주이다.

(3) 근로자보상제도(Worker's Compensation)

사회보험 중에서 가장 오래된 근로자보상제도는 산업재해보상보험을 말한다. 실업보험과 마찬가지로 근로자보상제는 주가 보상제도 운영에 대해 광범위한 재량권을 지니고 있다. 각 주마다 세부적인 운영 및 관리규칙은 서로 다르지만 다음과 같은 기본적인 원칙은 공유하고 있다.

첫째, 재해의 발생에 대한 책임소재를 묻지 않고 보상해주는 비과실(no fault)의 원칙을 지니고 있다.

둘째, 재원의 대부분이 사용자의 갹출금으로 충당된다. 반면, 사용자에게는 근로자보상제도를 관장하는 주위원회나 이사회에 참여할 수 있는 권한을 부여한다.

이에 대해 미국의 노동계는 근로자보상제도의 운영에 대한 영향력을 행사하기 위해 노동자들의 부담을 감수하면서까지 2자부담을 주장하기도 한다.

근로자보상제도의 대상자격과 급여형태는 <표 13-4>에 나타나 있다.

<표 13-4> 미국의 근로자보상제도

대상자격	급여형태
일반 근로자	• 현금급여 뿐만 아니라 부상당한 근로자에게 의료보호와 재활서비스를 제공하며, 영구적인 부상을 당했을 경우에는 근로자의 유족에게고 보상을 한다. • 현금급여와 의료서비스는 재해로 인한 장애나 질병의 정도, 종류, 치유기간에 따라 차이가 난다. • 급여수준은 재해를 입었을 당시의 임금수준에 근거하여 결정된다. • 일시적 전체장애(회복이 가능한 장애) 또는 영구장애에 대해서는 보통 임금의 2/3이상을 지급.

2) 법정외복지

(1) 의료부문

대부분의 미국기업은 사회보험이 포함하는 의료적용범위에 부가하여 종업원들을 위한 의료복지혜택을 제공하고 있다. 이러한 법정외 의료복지는 일반적인 의료부문, 치과, 안과, 조제의약을 각각 구분하여 실시된다. 실시방법은 크게 다음의 5가지 종류가 있다.

첫째, 보험회사에 의한 방법이 있다.

둘째, 청십자/청방패(Blue Cross/Blue Shield)협회에 의한 방법이 있다. 이들 협회는 비영리단체로서 가입병원과 협약을 맺어 회원이 입원할 경우 할인혜택을 받을 수 있도록 한다.

셋째, 기업이 자체적으로 의료비를 충당하는 방법으로 최근 기업들이 의료복지비용을 절감하기 위해 많이 채택하고 있다. 여기에는 고용주가 종업원공제회(Voluntary Employee Beneficiary Association, VEBA)에 기금을 기여하는 경우, 손실방지보험(Stop Loss Insurance)으로 사용자가 위험에 대해 일차적으로 책임을 지고 큰 손실부분에 대해서만 보험을 드는 경우가 있다.

넷째, 건강유지기구(Health Maintenance Organizations, HMOs)법에 의한 방법이 있다. 이 법은 카이저(H. J. Kaiser)에 의해 고안된 종업원과 그 가족들을 위한 종합단체보건 프로그램을 모델로 하여 1973년에 제정되었다. HMOs에 의한 의료행위는 단체시술(Group Practice)과 개인시술협회(Individual Practice Association, IPA)의 두 가지 방법이 있다. 단체시술에 의한 방법은 의사들이 함께 고용되어 대부분의 의료서비스를 한 곳에서 제공하는 것이고, 개인시술협회의 의한 방법은 의사들이 개인적으로 시술을 하고 미리 정해진 요금에 따라 IPA로부터 의료비를 지급받는 것이다.

다섯째, 선택적 제공자기구(Preferred Provider Organization; PP-Os)에 의한 방법이 있다. PPOs는 의료서비스를 제공하는 조직이 중심적 역할을 하는 제도로서, 의사 또는 병원이 단체보건 프로그램 가입자와 계약을 맺어 이들에게 할인요금으로 의료서비스를 제공하도록 한다.

1997년 현재 미국 근로자의 33%가 HMOs에, 40%가 PPOs에 가입하고, 나머지 27%는 전통적인 유료서비스제(fee-for-service plan)를 이용하고 있어, 73%가 기업이 지원하는 의료보호계획에 참여하고 있다. 전반적으로 전통적인 제도라고 할 수 있는 유료서비스제는 줄어드는 반면, 비전통적 제도라고 할 수 있는 HMOs와 PPOs와 같은 '관리계획'은 증가하는 추세이다. 관리계획의 연간 평균공제액은 1997년의 경우 268＄이다.

(2) 퇴직소득제도

기업이 선택하는 퇴직연금제에는 크게 한정적 혜택식(defined b-enefit)과 한정적 기여식(defined contribution)의 두 가지 유형이 있다. 한정적 혜택식에는 퇴직시의 혜택이 공식에 의해 정해져 있어 예측이 가능하고, 안전하며, 계속적인 소득을 보장하는 반면에 고용주(산업주)는 혜택을 조달하기 위해 투자위험부담을 지닌다. 한정적 혜택식의 가입자가 받는 퇴직혜택은 퇴직시의 소득, 나이, 가입기간에 따라 다르다. 한정적 기여식에는 고용주의 현재 비용(기여)이 정해져 있는 반면에 퇴직시 받는 혜택의 액수는 미리 알지 못한다. 1997년 현재 미국 근로자중 50%가 한정적 혜택식에, 57%가 한정적 기여식에 가입되어 있다.

⑶ 휴가제도

미국의 근로자가 받는 유급휴가제(leave off)에는 여러 종류가 있다. 먼저 유급 장기휴가(vacation)는 거의 전체 미국의 근로자들에게 주어지며, 유급공휴일의 혜택은 90%의 근로자가 받고 있다. 무급 가족휴가는 1997년 현재 미국 근로자의 93%가 받고 있다. 1993년에 제정된 연방 가족 및 의료휴가법(Federal Family and Medical Act)은 50인 이상의 종업원을 고용한 사업주는 출생이나 입양 그리고 근로자 본인이나 가족들의 병치료를 위해 연간 12주까지의 무급휴가를 종업원들에게 주도록 요구하고 있다. 아울러 많은 기업은 친지의 장례를 위한 유급휴가제를 실시하고 있다.

장기 유급휴가기간은 재직기간에 따라 비례하는데, 1년간 재직한 사람에게는 연평균 10일, 30년 이상 재직한 사람에게는 연평균 22일의 유급휴가가 주어진다. 유급병가(paid sick leave)기간 또한 재직기간에 비례하는데, 1년간 재직한 사람에게는 연평균 11일, 25년 이상 재직한 사람에게는 연평균 22일의 유급병가가 주어진다.

⑷ 기타 법정외복지

1997년 현재 미국 근로자의 87%가 회사지원의 생명보험에 가입되어 있다. 종업원에 대한 교육지원은 미국기업의 67%가, 카페테리아식 혜택제(cafeteria benefit plan)는 미국 기업의 52%가 시행하고 있다. 카페테리아식 혜택제는 일종의 상환제로서, 종업원은 기업으로부터 일괄적으로 한꺼번에 받은 복지비나 휴가를 자기가 필요한 부분에 돌려서 쓰거나 저축할 수 있는 제도이다. 예를 들어, 다 쓰지 않고 남은 유급휴가는 무급휴가에 대체해서 쓸 수 있으며, 쓰지 않은 무급휴가는 저축할 수 있다.

【참고문헌】

노동경제연구원(편). 1990.『임금 근로조건의 국제비교』. 연구총서 5.

노동부. 1988.『사내근로복지기금제도의 법제화 방향』.

박세일. 1988. "공공근로복지의 전개방향".『한국의 근로복지미래상』. 근로복지공사.

신섭중 외. 1994.『세계의 사회보장』. 유풍출판사.

우재현. 1984.『산업복지의 역사』. 경진사.

______. 1994.『산업복지원론』. 정암서원.

유길상. 1989.『통근재해보사제도연구』. 노동부.

장인협 외. 1999.『사회복지학』. 서울대학교출판부.

한국경영자총협회. 1989.『노동경제 40년사』.

한국노동교육원. 1995.『기업내 근로자 복지프로그램 개선방안』.

Axinn, June and Mark Stern. 1988. Dependency and Poverty: Old Problems in a New World. Lexington, MA: Lexington Books.

Farley, O., Larry L. Smith, and Scott W. Boyle. Introduction to Social Work. Boston, MA: Allyn and Bacon.

Gilbert, Neil and Paul Terrell. 1997. Dimensions of Social Welfare Policy. Boston, MA: Allyn and Bacon.

Marshall, T. H. 1963. Sociology at the Crossroads and Other Essays. London: Heinemann.

Maslow, Abraham H. 1954. Motivation and Personality. New York: Harper.

Rimlinger, Gaston. 1971. Welfare Policy and Industrialization in Europe, America, and Russia. New York: John Wiley & Sons.

U.S. Bureau of Labor Statistics. 1999. Employee Benefits Survey.

제14장 독일의 산업복지

독일은 19세기 후반부터 국가정책적 차원에서 노동자를 대상으로 사회보험제도를 시행하였다. 이로 인해 산업복지는 그 어느 국가보다 일찍 정착되었다고 할 수 있다. 독일의 산업복지수준은 가능한 한 개인의 자유를 최대한 보장하는 가운데서 사회정의, 사회보장 및 사회적 진보를 실현하고자 하는 시장경제질서인 사회적 시장경제(Soziale Marktwirtschaft)를 기초로 삼는 만큼 국제적으로 비교해 보아도 상당히 높다고 할 수 있다(Salowsky, 1988).

독일의 산업복지 종류에는 법률로 규정된 사회복지제도와 사용자와 노동조합간 단체협상을 통해 시행하는 기업복지제도, 그리고 기업이 자율적이면서 추가적으로 시행하는 복지제도의 3가지가 있다.

1. 독일산업복지의 전개

1) 독일 산업복지의 역사적 배경

독일은 16세기 말에 선대제(putting-out system)[42] 가내공업이 행해졌고, 18세기에는 공장제(manufacturing system) 수공업이 보급되

42) 선대제는 중세의 길드(guild)가 해체되어가면서, 생산수단은 장인 등 노동자가 소유하되, 넓은 판매시장을 확보하고 있던 상인(상업자본가)이 원료를 공급하고 최종생산물을 소유하는 대가로 장인에게 화폐를 지불하던 생산형태이며 자본과 노동의 초기 분화형태이다.

는 등 비교적 상공업이 일찍부터 발달되기 시작했으나 전반적으로 19세기 중반까지 상업자본은 여전히 정체상태에 놓여 있었으며 농노제도와 수공업자들의 동업조합(Zunft)도 그대로 존재하고 있었다.

19세기에 접어들어 영국과 프랑스에서는 신흥시민계급의 자유가 확대되었고, 또 이들을 중심으로 산업혁명이 아래로부터 일어나기 시작한 데 비해 독일은 시민혁명의 미완성으로 여전히 봉건제도를 청산하지 못하고 절대왕정에 의해 위로부터의 개혁을 통한 자본주의가 소극적으로 밖에 추진되지 못했다. 이 과정에서 발생한 장시간 노동, 저임금, 산업재해와 질병의 만연, 노령인구의 빈곤 등이 19세기 중반에는 크게 사회문제화되었고 보호무역주의에 의한 물가고, 심각한 주택난, 실질임금의 감소 내지는 정체로 인해 소요가 곳곳에서 발생하였다. 이로 인해 독일에서의 노동운동은 노동조건의 개선에 역점을 두기보다는 사회주의사상과 연계되어 급진적 성격을 띄었다. 이는 결국 국가가 급진적인 노동계급과 사회주의자들의 세력화 저지와 국가적 통합, 노동력의 지속적인 확보를 위한 수단으로써 사회보험제도를 도입하게 된 계기가 되었다.

이처럼 독일의 사회보험은 산업화로 인해 발생한 사회문제들을 기존의 질서와 체제하에서 해결하기 위한 사회정책의 틀 안에서 성립되었다고 할 수 있다. 이에 따라 1883년에 질병보험제도가,1884년에 산재보험제도가 1889년에 노령보험제도가 확립되었다. 독일이 비스마르크(Bismarck)재상 통치하에서 사회주의의 침투를 막기 위한 조치로서 취한 이와 같은 사회보장입법(Bismarcksche Sozialgesetzgebung)은 노동자의 복지향상에 크게 영향을 미쳤다(Eckhardstein & Schnellinger, 1978:209).

독일의 산업복지정책은 초기부터 두가지 접근법을 통해 시행되었다. 첫째는 조직내 노동자의 직접적 노동투입과 관련된 조치들이다.

이 범주에 포함되는 이슈로서는 노동시간의 제한, 연소자와 여성노동의 보호, 휴식규정의 도입 등을 들 수 있다. 이러한 외부적 노동조건의 개선은 노동과정, 특히 기계나 설비를 다루는 데 있어서 건강상의 위험도나 사고를 줄이는 데 주안점을 두었는데, 이와 같은 노동조건의 개선과 노동자의 건강보호는 당시 직업병과의 투쟁노력을 반영하는 것이었다(Gaugler, 1992).

두번째 접근법은 산업체 노동자들이 안고 있던 궁핍과 고충의 문제를 해결하는 것이었다. 이는 다시 세부적으로 2가지의 특징을 지닌다. 첫째는, 노동자의 근로조건을 개선하고 궁핍을 해결하는 일이 중요하다는 사실이고, 둘째는 산업복지정책 또는 기업내 사회복지정책(Betriebliche Sozialpolitik)을 추진하여 열악한 노동조건과 궁핍문제를 해결하는 데 기업이 적극적으로 나서서 시설들을 이용하여 차별적인 도구와 조치를 극복해야 한다는 것이었다. 이러한 기업내 사회복지의 강화는 사내 관련 규정의 정비로 이어졌다.

비스마르크 이후부터 제 1차 세계대전 종료까지는 독일의 산업화가 성숙되는 시기로서 고용이 증가하였고 농업부문에 대한 공업부문의 우위가 확고하게 자리잡았다. 또한 이 시기에는 1890년까지 의회를 주도하였던 보수주의자들의 영향력이 감소하였을 뿐만 아니라 사회주의자에 대한 억압법도 폐지되었다.

1891년에는 기업법이 제정되었다. 이로 인해 노동자의 건강과 생명을 해치는 위험에서 노동자를 보호하고 시설을 설치하는 것이 사용자에게 의무화되었으며, 이와 함께 일요일 휴무, 여성노동자의 야간작업금지, 임산부 보호규정도 도입되었다.

1911년에는 비스마르크시대에 제정되었던 사회보험제도가 전면적으로 개정되어 전체 사회보험들이 제국보험법(Reichsversicherungsordnung)으로 통합되었으며, 아울러 생산직 노동자에게만 국한되었던 노령, 질병, 폐질에 대한 사회보험의 범위가 처음으로 사무직 노동자에게 확대되었다.

1919년 독일에서는 바이마르 공화국이 성립되었다. 바이마르공화국은 제1차 세계대전 이후 발생한 심각한 실업문제에 대처하려는 몇 가지 실업부조 프로그램을 시행하였으며, 1927년에는 실업보험제도까지 도입하였다. 또한 이 바이마르공화국시기에는 기업활동이 활발해지면서 기업은 복지예산을 꾸준히 늘려 왔으며, 이에 따라 기업의 복지부담도 늘게 되었고 복지의 형태도 크게 발전되었다. 그리고 제조업에서 시작된 기업내 복지제도는 은행, 보험, 판매회사와 같은 서비스 업종에까지 파급되었다. 한편 대기업에서서만 부분적으로 시행되어 오던 기업복지제도가 중소기업에까지 확대되고 동시에 전 산업에 걸쳐 시행되었다.

그러나 바이마르 공화국이 심각한 정치적, 경제적 어려움에 직면하게 되면서 1933년 나치당은 혼란한 사회상황을 이용하여 정권을 잡게 되는데, 나치시대(1933~1945)에 독일의 사회보장정책은 히틀러의 통치와 전체주의국가의 목적에 부합하는 것이었으며, 노동사회정책은 나치의 경제·정치적 통제시스템의 한 도구가 되었다(Rimlinger, 1971:132). 예를 들어 고용보장사무소는 노동력을 군사화하는 기능을 담당하였다. 국가전체가 전쟁을 준비하게 되자 실업은 감소되고 인력통제는 강화되었다. 개인의 자유와 직업의 선택도 상당한 제한을 받게 되었으며 1939년에 이르러서는 사회보장제도는 임금동결의 수단이 되었다. 이러한 상황하에서 노동자를 위한 사회복지정책이나 제도의 시행은 거의 불가능하게 되었다.

제2차 세계대전이 끝나면서 나치의 의한 권력남용의 경험은 독일로 하여금 중앙집권화와 집합주의를 반대하는 경향을 띠게 만들었다(Mommsen, 1981:318). 1949년 독일연방공화국이 수립되면서 사회적 법치국가(Sozialer Rechtstaat)를 선언하게 되었는데, 이는 헌법적 질서에 기초한 철저한 권력분립과 법 앞에서는 만인이 평등하다는 법치주의적 국가와 국가는 사회정의를 실현해야 한다는 사회주의적 국가를 의미하는 것이다. 또한 연방공화국 수립의 초기에 집권한 기독교 민주당(CDU)은 시장경제와 사회적 개입주의의 화해를 추구하는 사회적 시장경제를 채택하였다. 따라서 사회정책도 자유시장 경제체제의 강화 및 유지수단으로서 간주되었고 이를 바탕으로 사회보장제도도 확충되어 갔다. 제2차 세계대전 후 기업복지는 보조적 기능(Subsidiaritaetsfunktion)이 중요시되고 강화되어 노동자들이 주택을 장만하거나 경제적인 궁핍을 해결하는데 역점을 두고 시행되어 왔다. 그 결과 사원주택 제공이나 주택융자금, 주택보조금, 또는 매점을 통한 생필품 구입보조 등의 혜택이 추가되었다.

독일은 1950년대부터 경제부흥과 노동운동을 배경으로 사회보험을 비롯한 다양한 복지형태가 체계를 갖추게 된다. 하지만 1960년대 중반에 들어오면서 경제성장이 둔화되자 기민당은 지지기반을 점차 잃어갔고 사회민주당(SPD)의 세력이 증가하면서 사회복지의 정책적 방향도 달라지기 시작하였다.

1960년대 중반 대연립정권은 경제안정 및 성장촉진법을 제정하였는데 이를 계기로 사회민주주의 국가들의 사회정책과 비슷한 경향을 띠는 정책을 실시하게 되었다. 정부가 경제구조에 직접 개입하였고 경제력의 편중과 독점을 배제하고 부의 재분배정책, 시장경제의 활성화와 보완, 통제등을 통하여 경제적 민주주의를 추구하였다. 또 경영노사협의제(Betriebliche Mitbestimmung)가 도입됨으로써 기업과 경영수준에서 노동자의 직접적인 참가가 가능하게 되었다.

한편 보다 나은 교육기회와 증대된 자본축적으로 인한 생산성의 증가는 새로운 사회계층을 탄생시켰고, 사회가 보다 다원화되게 만들었으며, 동시에 생활수준도 크게 향상시켰다. 하지만 이러한 사회적 변화는 역으로 사회적 적응과 통합의 문제를 포함한 새로운 사회적 위협들도 초래하게 만들었으며, 이에 대처하기 위해 사회보장제도가 점점 확대되지 않을 수 없게 되었다. 1969년에는 생산직 노동자도 사무직 노동자와 마찬가지로 질병에 걸릴 경우 6주동안 임금을 받을 수 있도록 하는 임금연계지불법(Lohnfortzahlungsgesetz)과 작업장에서 노동력의 질적 수준을 높이기 위한 고용촉진법(Arbeitsfoederungsgesetz), 그리고 보다 강화된 교육촉진법(Bildungsfoederungsgesetz)이 제정되었다. 1972년에는 연금제도를 개혁해 슬라이드식 연금을 도입하였다.

1975년대 중반 이후 세계경기가 침체기에 돌입하면서 취업인구의 감소로 인해 사회보험에서 피보험자 수가 줄어들어 연금 및 사회보험재정의 수입이 감소하게 되었는데, 이는 전반적인 세수의 감소로 이어져 연방정부는 재정적 압박에 직면하게 되는 경험을 겪게 되었다. 덧붙여, 실업의 증가, 공적 부조에 대한 수요의 확대, 조기퇴직의 활용으로 인한 연금생활자들이 증가는 수입과 지출의 불균형을 초래하였다. 이에 따라 1975년 독일은 예산구조법(Haushaltsstrukturgesetz)를 도입하면서 정부예산을 긴축하고 사회보장지출 중 피보험자의 소유권이 존재하지 않는 분야의 지출, 예를 들어 직업재교육, 실업자를 위한 보조프로그램, 교육지원 등을 대폭 삭감하였다.

연금지출을 줄이기 위해 1977년 연금조정법(Rentenanpassungsgesetz)을 제정하게 되었는데, 이를 계기로 이전까지 평균명목임금을 기준으로 이루어지던 연금의 임금인상연동수준이 점차 실질임금기준으로 결정되었다.

1982년에 기민당(CDU), 기사당(CSU) 및 자민당(FDP)의 연립정권이 성립되었다. 이러한 정권교체를 통해 독일의 사회보장제도에 근본적인 변화가 생기지는 않았으나 대신 정책의 강조점이 달라졌다. 기민당은 경제성장과 고용창출에 우선을 두는 정책을 단행했으며, 사회보장에 있어서는 제반급여의 확대를 억제하고 종전의 수준을 유지하는 것을 기본방향으로 채택하였다.

1985년에는 개별노동계약의 탄력성을 증진시켜 일자리의 공급증대를 도모하기 위해 고용촉진법이 개정되었다. 또 연금법 중 유족연금의 새로운 규정 및 연금보험법상 자녀양육기간을 인정하는 법이 제정되어 남녀 불평등이 부분적으로 제거되었으며 동시에 자녀를 양육하는 부모를 위해 1~3년간의 육아기간이 인정되었는데, 이는 결과적으로 연금급여액을 증대시키는 효과를 가져왔다.

급격한 연금지출의 증대와 의료보험에서의 지출팽창, 그리고 노동시장정책시행 등으로 지출이 늘어나자 1988년 의료보험구조개혁법, 1989년에는 연금개혁법을 통해 사회보장급여를 제한하는 조치를 취하였다. 이에 따라 의료보험의 본인부담금이 인상되고 연금수급개시연령이 연장되었다.

1990년 독일은 통일되었다. 통화·경제·사회·통합의 창출에 관한 조약에서 구동독은 구서독에서 실시하고 있는 노동법의 기본원칙, 사회보장의 원칙, 고용촉진법의 제규정 그리고 사회부조체계를 그대로 도입하였다. 그리하여 사회보장의 각 분야에 있어서 구동독 주민들은 구서독 사회보장의 법규를 적용받게 되었다.

2) 독일 산업복지의 특성

독일에서의 산업복지란 법률적인 규정이나 노사가 단체협상에 의해 기업이 종업원들에게 장기적으로 제공하는 확정적 복지혜택 이외에 노동자의 노동조건 개선과 동기부여를 위해 기업이 자발적으로 노동자에게 제공해주는 모든 복지혜택을 말한다(Weber, Maythofer, and Nienhuser, 1993; Gratz, 1979). 이를 좀 더 구체적화시키면, 산업복지는 기업이 현재 및 과거의 종업원과 가족에 대해 노·사간에 기업의 임금 및 성과분배 이외에 재화, 서비스, 효용성, 또는 금전으로 지급되는 혜택을 의미한다(Pleiss, 1975).

독일의 산업복지가 지니는특성은 다음과 같다(Thomsen, 1982).

첫째, 산업복지의 수혜자는 현재 고용되어 있는 현직자 또는 과거에 고용된 적이 있던 전직자이다. 따라서 기업이 외부의 사회복지기관이나 개인에 기부하는 행위는 산업복지에서 제외된다.

둘째, 산업복지는 노동자 개인이나 전체의 실제적인 성과(performance)와 직접적인 관계에 있지 않다. 즉 산업복지는 종업원 입장에서 볼 때 간접적인 급부에 해당된다.

셋째, 산업복지는 금전적 뿐만 아니라 재화나 서비스 형태로 제공된다.

넷째, 산업복지는 기업의 인사정책을 수행하는 도구의 하나로 간주될 수 있다. 따라서 산업복지는 기업의 자발적인 제공에 기초하고 있다고 할 수 있다.

다섯째, 독일에서의 산업복지는 노·사간 공동의사결정(Mitbestimmung)의 테두리 내에서 시행된다. 독일의 산업복지는 독일 경영조직법 87조 1항에 명시된 대로 노동자의 대표체인 경영협의회와 기업경영층의 공동작품이라 할 수 있다. 경영협의회는 산업복지와 관련된 사안에 대해서 공동결정권을 행사할 수 있다. 즉 독일 기업에서는 경영협의회의 동의가 없이 산업복지를 새로 시행하거나 기존의 제도를 변경하는 것이 불가능하게 되어 있다.

독일의 거의 모든 직장마다 설치되어 있는 경영협의회에서는 산업복지 시설의 설치와 운영에 관한 사항, 건강과 사고방지에 관한 복지, 사원주택 이용에 관한 사황, 휴가에 관한 사항 등 기본적인 산업복지의 시설 및 제도의 설치와 운영에 관한 사항을 사용자측이 노동자측과 함께 협의하고 결정하는 역할을 수행하고 있다.

3) 독일 산업복지의 기능

일반적으로 독일의 산업복지는 다음과 같은 기능을 수행한(Eckhardstein & Schnellinger, 1978: 207-212).

① 보조적 기능(subsidiary function): 사용자가 노동자의 생계와 복지를 보살피고 시혜를 하는 가부장적인 입장에서 노동자의 곤궁한 형편을 개선하는데 도움이 되는 각종 경제적인 보조를 하게 되는데, 이 때 산업복지는 보조적 기능을 수행한다고 볼 수 있다(예를 들어, 정착금의 지급, 주택융자의 알선 및 보조금 지급, 기숙사 및 사원주택 제공, 매점 및 식당 운영 등).

② 통합적 기능(intergration function): 산업복지는 노동자들이 기업에 사회적으로 잘 적응하고 한가족과 같이 내적으로 잘 통합된 직장분위기 속에서 생산성을 높히도록 하는 기능을 수행한다(예를 들어, 노령복지혜택이나 기업연금, 직장스포츠나 동호회 장려 등).

③ 홍보적 기능(advertisement function): 산업복지중 기업복지는 결과적으로 기업의 홍보에 도움을 준다. 즉 산업복지 혜택과 복지시설이 잘 완비된 기업은 잠재적 종업원, 소비자 등의 이해관계 집단들에게 좋은 기업이미지를 심어주어 우수인력 확보를 용이하게 하고 회사의 매출에도 긍정적으로 기여하도록 해 준다.

④ 경제적·기술적 기능(economic-technical function): 산업복지

가 작업장을 안전하게 하고 노동자를 보호하는 역할을 함으로써 산업재해를 줄일 수 있고 노동자의 건강도 보호할 수 있으며, 노동자가 보다 쾌적한 환경에서 작업할 수 있도록 보장함으로써 결국 회사에 경제적, 기술적으로 도움이 되는 방향으로 기능한다.

2. 독일 산업복지의 현황

1) 법정복지

(1) 공적 연금제도

독일의 연금제도가 수행하는 과제는 크게 노령연금을 지급하여 가입자 본인의 노후소득을 보장하고, 유족연금을 지급하여 유가족의 소득을 보장하며, 장애자의 재활 활동을 지원하는 것으로 분류할 수 있는데, 이를 항목별로 살펴보면 다음과 같다.

1992년의 법개정으로 노령연금은 전액연금 또는 부분연금(1/3, 1/2, 2/3)으로 수급할 수 있게 되었으며, 개인의 선호에 따라 62세에서 68세까지 연금수급 개시연령을 선택할 수 있게 되었다.

<표 14- 1> 공적연금 현금급여 종류별 수급요건 및 급여수준

급 여 종 류	수 급 요 건	급 여 수 준
완전노령연금	5년이상 가입하고 65세에 달할 때(단, 광부연금은 60세 이상으로 25년 이상 가입했을 때)	연금산정방식에 의해 산정

조기노령연금	장기가입자 조기노령연금	35년 이상 가입하고 63세에 달한 장기가입자(63세의 연금수급연령은 1996년의 법개정으로 2000년 ~2001년까지 매년 1년씩 상향조정됨)	연금산정방식에 의해 산정
	장애연금	장애자가 35년 이상 가입하고 60세에 달할 때, 또는 직업불능이나 취업불능 상태인 가입자가 35년 이상 가입하고 60세 미만일 때(이는 2000년부터 65세 미만으로 상향조정됨)	연금산정방식에 의해 산정(그러나 직업불능의 경우 이의 2/3가 지급됨)
	실업노령연금	지난 18개월 중 52주 이상 실업상태에 있으며, 지난 10년 중 8년 이상 당연가입대상자에 속하여 보험료를 납부하고, 총 15년 이상 가입하였으며, 60세에 달할 때(60세의 연금수급연령은 1996년의 법개정으로 2000년 ~2004년까지 매년 1년씩 상향조정됨)	연금산정방식에 의해 산정
	여성노령연금	15면 이상 가입하고, 40세 이후 10년 이상 당연가입대상자에 속하여 보험료를 납부하고, 총 15년 이상 가입할 때 (연금수급연령은 1996년의 법개정으로 2000년 ~2004년까지 매년 1년씩 상향조정됨)	연금산정방식에 의해 산정
유족급여	배우자연금	반액고아연금 : 피보험자만 사망한 18세 미만의 자녀	사망한 피보험자 취업불능연금의 10%

유족급여	배우자연금	사망한 재해근로자의 배우자	i) 사망 후 3개월 동안은 이전 연근로소득의 2/3, ii) 3개월 이후에는 이의 30%, iii) 3개월 이후에도 양육자녀가 있거나 45세 이상일 때, 또는 취업능력이 없을 때에는 이의 40%
	자녀연금	사망근로자의 18세 이하의 자녀(교육을 받거나 생계가 어려운 자녀에게는 27세까지 지급기간이 연장됨)	부모 중 1명이 사망하면 이전 연근로자소득의 20%, 고아의 경우에는 이의 30%
장의비		장제실행자에게 지급	정액으로 표준소득(연금보험 전 가입자의 2년전 연평균임금)의 1/7. 집 이외의 장소에서 사망시 장지까지의 운송비

출처: 김적교 외(1999:139).

(2) 의료보험 제도

공적의료보험제도에 강제로 가입하여야 하는 당연가입대상자는 공적의료보험 보험료납부상한선 이하의 임금을 받는 노동자, 직업교육훈련생, 노동자로서 공적의료보험에 일정기간 이상 가입했던 연금수급자, 고용보험에서 실업수당이나 실업부조 또는 생활비보조를 받는 자, 농업경영자 및 이의 가족종사자, 예술가 및 작가, 재활훈련참가자, 그리고 등록기간이 14학기 이내인 대학생(그러나 등록기간에 관계없이 30세가 넘는 대학생은 의무가입대상에서 제외됨) 등이다.

주당 근무시간이 15시간 미만이거나 표준소득월액의 1/7이하를 받는 노동자는 당연가입대상자에서 제외되지만, 이원적 직업교육제도에서 교육을 받는 직업교육훈련생에게는 이 제외규정이 적용되지 않는다. 또한 국가에서 보호할 필요가 없는 것으로 간주되는 공적의료보험 보험료납부상한선 이상의 임금을 받는 고소득 노동자뿐만 아니라 자체의 보장제도를 가지고 있는 일반 공무원, 판사 및 직업군인 역시 당연가입대상자에서 제외된다. 현실에서 보험료 납부상한선 이상의 소득을 받는 노동자는 대부분 민영의료보험에 가입하여 의료서비스를 받고 있다.

공적 의료보험의 급여는 의료서비스로 제공되는 현물급여와 현금으로 지급되는 현금급여로 구성되어 있으며, 현물급여의 경우 가입자가 납입한 보험료 금액에 관계없이 가입자가 필요로 하는 모든 의료서비스를 제공하고 있다. 독일에서는 질병의 예방, 조기발견 및 치료를 위하여 의학적 재활서비스가 제공되고 있다.

또한 독일의 공적 의료보험에는 현금급여가 있다. 질병으로 근무할 수 없어서 발생하는 소득 손실액의 일부를 보상하는 질병수당, 출산시에 지급하는 출산수당 그리고 피보험자 사망시에 지급하는 장의비가 그것이다. 이러한 현금급여를 구체적으로 살펴보면 독일에서는 본인 잘못에 기인하지 않는 질병으로 노동자가 근무할 수 없을 때 처음 6주간은 사용자가 임금전액을 지급하며, 그 이후에는 의료보험조합에서 질병수당을 지급하고 있다. 질병수당의 금액은 피보험자 평균임금의 70% 수준이지만, 보험료 납부상한선을 초과하는 평균 임금에 대해서는 질병수당이 지급되지 않는다. 질병 수당의 지급기간으로는 동일한 질병에 대하여 3년의 기간 내에 최장 78주 동안 지급된다. 출산수당은 의료보험에 피보험된 여성이 출산으로 근무하지 못하여 발생하는 소득상실액의 일부를 보상하는 것으로서, 출산전 6주와 출산후 8주의 기간에 대하여 가입자의 총임금에서 세금과 사회보험료를 공제한 가처분소득에 해당하는 금액을 지급한다.

(3) 산재보험제도

산재보험에서는 사업장 규모, 업종 및 노동자의 임금수준에 관계없이 모든 노동자를 당연가입대상자로 적용하고 있으며, 이에는 자영업자인 가내공업자, 농업경영자 및 가족종사자, 그리고 소기업 형태의 연안선박운송업자와 연안어업의 사업주도 포함된다. 또한 자원봉사자를 포함하여 지방자치단체와 사회사업단체에서 활동하는 사람, 직업훈련생 및 학생 역시 당연가입대상자이기 때문에 산재보험에 강제로 가입하여야 한다.

<표 14-2> 산재보험 급여의 수급요건 및 급여수준

급여종류	수급요건	급여수준
요양급여	산재와 직업병에 기인하는 부상과 질병이 존재할 때	요양비 전액
재활급여	재해근로자가 육체적, 정신적 재활서비스를 필요로 할 때	의학적 재활치료, 취업을 지원하는 재활훈련 및 다양한 사회 재활서비스(취업을 지원하는 재활훈련기간 동안은 훈련급여가, 그리고 취업시 적응기간 동안은 사용자에게 임금보조가 지급됨)
휴업급여	산재로 인한 요양으로 취업하지 못할 때	이전 근로소득의 70%(그러나 취업기간 순소득의 90%를 초과하지는 못함)

<table>
<tr><td colspan="2">전환급여</td><td>취업을 지원하는 재활훈련을 받을 때</td><td>양육자녀가 있거나, 재해근로자나 배우자가 간병보호대상자일 때에는 이전 연근로소득의 75%, 그 이외의 경우에는 이의 68%</td></tr>
<tr><td colspan="2">장해급여</td><td>산업재해의 결과 26주 동안 취업능력이 20%이상 감소할 때</td><td>취업능력이 완전 상실될 때에는 연 근로소득의 2/3에 해당하는 완전장해연금이, 부분 상실될 때에는 완전장해연금에 취업능력 상실 정도를 백분율로 표시하여 곱한 부분장해 연금이 지급됨</td></tr>
<tr><td rowspan="2">유족급여</td><td>배우자연금</td><td>사망한 재해근로자의 배우자</td><td>i) 사망 후 3개월 동안은 이전 연근로소득의 2/3, ii) 3개월 이후에는 이의 30%, iii) 3개월 이후에도 양육자녀가 있거나 45세 이상일 때, 또는 취업능력이 없을 때에는 이의 40%</td></tr>
<tr><td>자녀연금</td><td>사망근로자의 18세 이하의 자녀(교육을 받거나 생계가 어려운 자녀에게는 27세까지 지급기간이 연장됨)</td><td>부모 중 1명이 사망하면 이전 연근로자소득의 20%, 고아의 경우에는 이의 30%</td></tr>
<tr><td colspan="2">장의비</td><td>장제실행자에게 지급</td><td>정액으로 표준소득(연금보험 전 가입자의 2년 전 연평균임금)의 1/7. 집 이외의 장소에서 사망시 장지까지의 운송비</td></tr>
</table>

출처: 김적교 외(1999:153).

(4) 고용보험제도

고용촉진법 제 26조~제 28조는 원칙적으로 직업양성교육중인 견습공을 포함한 모든 노동자 (농업노동자 포함)가 당연가입 대상자이며, 군복무를 위해 소집되기 전에 취업했던 군복무자도 이에 포함하도록 규정하고 있다. 또한 연방고용청이 지원하는 직업교육에 참여하는 노동자도 가입대상이 된다. 당연가입대상자에서 벗어나는 사람은 자영업자를 포함하여 자체의 보상제도를 가지고 있는 직종에 종사하는 사람(예: 일반 공무원, 판사 및 직업군인)과 생활을 영위할 수 있을 정도로 취업활동을 하지 않는 노동자로서 여기에는

· 취업기간이 1주일 이내인 임시근로자
· 취업능력의 감소로 직장알선 대상이 아닌 사람
· 아르바이트하는 학생
· 65세 이상의 사람(이들은 연금보험의 대상자임)
· 작업불능연금 수급자가 포함된다.

현행 고용보험제도의 사업은 직장알선 및 직업상담, 적극적 노동시장 정책, 소극적 노동시장정책으로 분류할 수 있다.

① 직장 알선

연방고용청은 구직자와 구인자의 탐색비용을 최소화하기 위하여 전국적인 직장 알선망을 활용하고 있으며 직장알선은 중립성 및 무상의 원칙에 따라 이루어지고 있다.

② 적극적 노동시장정책

적극적 노동시장정책은 고용촉진법의 핵심분야이며 직업교육 지원, 취업 및 자영업 지원, 그리고 현존하는 직장유지 및 고용창출 지원의 세 부문으로 구성되어 있다. 여기서 직업교육 지원이 적극적

노동시장정책의 핵심을 이루고 있다. 직업교육지원은 직업지식의 향상을 통하여 노동시장에 영향을 줄 수 있는 주된 정책수단을 포함하고 있다. 노동자의 전문지식수준은 개인에게 취업가능성과 임금수준을 결정해주는 중요한 요소이며 국민경제적 측면에서는 생산성을 통하여 경제성장에 영향을 주기 때문에 중시되고 있다. 직업교육지원은 크게 개별근로자 지원과 직업교육기관 지원으로 나눌 수 있으며, 개별근로자 지원수단으로는 직업양성교육, 향상교육, 재교육, 재활교육 및 새로운 직장에의 적응보조가 있다.

조업단축수당은 기업구조의 변화를 포함한 경제적 요인과 불가피한 사태로 조업단축이 발생할 때 지급되는 것으로 노동자에게는 일시적 조업단축으로 발생하는 소득상실 중의 일부를 보상하며(사회정책적 목표), 사용자에게는 현 직장에 적응하여 근무하고 있는 노동자를 지속적으로 고용할 수 있게(기업경영적 목표) 해준다. 조업단축이 경기침체나 이상기후에 기인한 때에는 조업단축수당이 지급되지만 산업구조의 변화, 계절적 수요감소 또는 파업이나 일상적인 날씨변화에 기인할 때에는 지급되지 않는다.

③ 소극적 노동시장 정책

연방고용청은 소극적 노동시장정책을 통해서 실업발생시 노동자의 생계를 보장하고 있으며 이는 구체적으로 실업수당, 실업부조, 도산수당 및 정착수당으로 구성되어 있다. 이 중에서 실업수당의 비중이 가장 높으며 , 다음이 실업부조이고 도산수당 및 정착수당의 비중이 매우 낮다. 고용촉진법의 개정법률은 실업의 예방 및 발생된 실업의 제거에 중점을 두고 있으므로 직장알선과 적극적 노동시장 정책을 활용하여 실업을 예방하거나 제거하지 못할 때에만 실업수당이 지급되도록 하고 있다.

독일에서는 현재 주 근무시간이 18시간 미만인 노동자를 실업자로 정의하고 있는데, 실업수당을 수령하기 위해서는 다음과 같은 조건이 충족되어야 한다. 첫째, 노동자가 실업상태 이어야한다. 둘째, 노동자가 고용사무소에 출두하여 실업사실을 알리고 실업수당의 지급을 신청하여야 한다. 셋째, 실업이 발생하기 이전의 3년 중 12개월 (군인의 경우는 10개월, 그리고 계절근로자의 경우에는 6개월)이상 고용보험에 가입하여야 한다. 실업수당의 수준으로는 양육자녀가 있을 때에는 순소득의 67%가, 그리고 그 이외의 경우에는 순소득의 60%가 지급되며 순소득 계산에는 주단위로 계산한 실업전 6개월의 평균임금이 사용된다. 실업수당 지급기간은 보험적 요소로서 실업발생 전에 연방고용청에 보험료를 납부한 기간과 사회정책적 요소로서 실업자의 연령에 의하여 결정되도록 하고 있다.

한편, 독일은 제도의 남용을 방지하기 위하여 다음과 같은 실업수당 지급정지에 관한 규정을 두고 있다. 첫째, 노동자가 자발적으로 이직하거나 고의 또는 과실의 부당한 행위로 해고의 원인을 제공할 때이다. 둘째, 정당한 사유없이 직장알선을 받거나 직업교육에 참여하기를 거부할 때이다. 셋째, 정당한 사유 없이 직업교육 중에 포기하거나 본인 잘못으로 교육과정에서 제외될 때이다. 이러한 경우에는 원칙적으로 12주간 실업수당의 지급이 정지되며 이 기간만큼 지급기간이 단축된다.

또한 24주 이상 실업수당의 지급이 정지되는 벌칙을 노동자는 실업수당 수급자격을 상실하게 된다. 또한 고용사무소에서 출두통보를 하여도 출두하지 않는 노동자에게는 처음의 2주일 동안은 출두할 때까지, 그리고 2주가 경과하여도 출두하지 않을 때에는 최소한 4주 이상 실업수당의 지급이 정지된다. 아울러 해고와 관련하여 기업에서 지급하는 보상금(예: 사용자에 의한 해고가 법적 해고 기간의 준수 없이 이루어지고 이에 대한 임금 보상이 지급될 때)과 위로금이 있을 때에는 실업수당의 금액이 50%까지 감액될 수 있도록 규정하고 있다. 또한 수급자격이 충족된 후 4년이 경과하면 수급권이 소멸한다.

<표 14-3> 보험료 납부기간과 연령에 따른 실업수당 지급기간

보험료 납부기간(월)	준거기간(년)	연 령	실업수당 지급기간(월)
12	3	-	6
16	7	-	8
20	7	-	10
24	7	-	12
28	7	45	14
32	7	45	16
36	7	45	18
40	7	47	20
44	7	47	22
48	7	52	24
52	7	52	26
56	7	57	28
60	7	57	30
64	7	57	32

출처: 김적교 외(1999:203).

2) 법정외 복지

(1) 특별 상여금

특별 상여금은 거의 모든 사업장에서 지급되는 산업복지로서 크리스마스, 부활절, 연말, 근로자의 생일이나 결혼기념일, 창사기념일, 가족의 기념일에 축의금을 지급하는 등의 산업복지혜택을 말한다.

⑵ 노동자 건강관리 지원

산업안전은 물론이고 노동자 건강관리 지원, 건강에 도움을 주는 시설의 설립 등 이른바 복지프로그램을 통한 혜택을 말한다.

⑶ 근로자 보호 및 가족 복지혜택

근로자의 경제적 곤궁을 해결하는 데 도움을 줄 수 있는 융자금 제도라든지, 탁아소 설치 및 지원, 사망한 근로자의 자녀를 위한 고아원 알선과 같은 혜택을 말한다.

⑷ 사내 식당시설 및 식비지원

구내식당 시설제공 및 식비보조와 같은 혜택을 말한다.

⑸ 주택보조금 지급

주택구입을 위한 융자금의 알선 및 대출, 또는 회사소유 주택의 임대, 사원기숙사 제공 등의 혜택을 말한다.

⑹ 교육기회의 확충

회사의 정규 교육·훈련과는 별도로 근로자가 개인적인 관심사에 대해 외부에서 교육을 받을 때 교육비를 보조하는 방법으로 근로자의 배움의 욕구를 충족시켜 주는 것을 말한다.

⑺ 문화 및 스포츠 후원

사내 도서실 운영, 근로자 오케스트라 및 연극반 후원, 야유회, 등산, 낚시 등 동호회 후원, 근로자 스포츠팀 운영 및 후원 등의 혜택을 말한다.

⑻ 특별 휴가제공

인사규정에 규정된 휴가일수를 초과하는 휴가의 보장을 말한다(예를 들어 포상휴가, 교육목적 휴가 등).

⑼ 퇴직관련 복지혜택

근로자의 퇴직시 제공되는 각종 혜택을 말한다. 이 밖에도 차량연료비 보조, 근로자신문 발행시 보조금, 작업복 지급, 전별금 지급 등이 기업에 의한 추가적 산업복지 혜택으로 열거될 수 있다.

3. 독일의 산업복지의 문제점 및 개선방안

1) 문제점

독일 기업이 산업복지와 관련해서 안고 있는 문제점들은 다음과 같다(김성국, 1996).

첫째, 효익-비용의 문제이다. 즉 산업복지가 그 막대한 비용에 걸맞는 효익, 즉 성과를 달성하고 있는가 하는 문제가 제기된다. 허쯔버고(Herzberg)는 그의 이 요인이론에서 급여(salary)나 근로조건(work conditions)과 같은 요소는 위생요인(hygiene factor)으로 분류될 수 있는 것으로 위생요인은 근로자들의 만족도를 높여주는 동기요인이 될 수 없다고 주장하였다(Herzberg, Mausner & Snyderman, 1959). 허쯔버고의 이론은 산업복지에 투입되는 간접노무비가 기업이 목표로 하는 종업원의 직무만족, 사기 진작, 종업원의 사회적 통합, 생산성, 매출액과 같은 성과향상 같은 지표들을 달성하는 데 별로 기여하지 못할 것이라는 이론으로 독일 기업에서는 이같은 우려가 실제로 제기되고 있다.

둘째, 산업복지가 국가의 전반적 사회보장정책(Sozialpolitik)의 일부분을 담당하고 있는데, 복지국가를 지향하는 독일에서는 국가차원의 복지가 매년 향상되고 있고, 노사간 단체협상을 통해 근로자들에게 돌아가는 복지혜택도 꾸준히 신장되고 있다(Nick, 1992). 이에 반해 법정외 산업복지의 혜택은 상대적으로 왜소해지고 있기 때문에 기업의 입장에서는 종업원들에게 모티베이션을 주기 위해서 산업복지의 내용과 금액을 높여야만 한다. 이것이 기업경쟁력에 부정적인 영향을 미치게 되어 산업복지의 증가와 기업경쟁력의 하락이라는 악순환을 야기시킬 수 있다.

셋째, 이러한 과도한 산업복지 부담으로 기업은 오히려 종업원의 퇴직정책을 과감히 추진할 수 있다. 조기정년제라든지, 업종조정에 의한 인력감축은 독일기업에서 큰 어려움이 없기 때문에 산업복지 수준이 적절한 수준 이상으로 증가하게 되면 오히려 근로자들의 실업이 증가될 우려가 있다.

넷째, 산업복지혜택의 공정성 문제이다. 산업복지는 앞서 살펴본 바와 같이 현재 종업원을 수혜대상으로 할 뿐만 아니라 전직 종업원이나 종업원의 가족을 대상으로 하기 때문에 수혜자의 가족상황, 소득 상태 등이 종합적으로 반영되는 보상체계라고 볼 수 있다. 산업복지는 현재 기업의 핵심 근로자들만을 대상으로 하는 것이 아니기 때문에 '열심히 벌어서 남 좋은 일 시킨다'는 생각을 일부 근로자들이 가질 수가 있다. 그리고 많은 산업복지의 내용이 자격요건을 갖추지 못하면 수혜할 수 없는 것들이 많기 때문에 본질적으로 공정성 문제가 제기될 수 있다.

2) 개선방안

독일 기업에서는 산업복지의 개선을 위해 일반적으로 다음과 같은 조치들을 취하고 있다.

먼저 독일에는 법적 복지후생, 단체협약에 의한 복지후생, 기업자체의 복지후생이 혼재되어 있으므로 기업입장에서는 이중적으로 수혜를 받는 대상에 대해서는 복지지출을 줄여나가야 된다는 목소리가 높아지고 있다(Nick, 1992).

둘째로, 개별 근로자에게 산업복지가 매력적인 것으로 하기 위해서 근로자가 전체 기업복지 유형들 가운데서 본인에게 필요한 것을 선택하도록 하는 이른바 "카페테리아 시스템"을 채택하는 것을 생각할 수 있다. 오늘날 독일에서는 이 유연한 산업복지선택제도를 도입하는 대기업이 늘고 있다. 이 제도하에서는 산업복지의 근간을 유지하기 위해 꼭 있어야 되는 핵심적 복지혜택(소위 'Kern-System')은 일률적으로 실시하고 나머지 유형에 대해서는 개인적 선택이 가능하도록 하는 것을 골자로 하는 유연적 산업복지 제도이다. 독일 기업에서는 작업안전이나 산업재해 예방과 관련된 혜택 등이 핵심 복지혜택에 속한다(Nick, 1992).

셋째로, 산업복지를 기업의 우수인력 확보전략과 긴밀히 연계시켜 기능, 지식, 능력에 있어서 탁월한 인력을 장기적으로 유치하는 방향으로 산업복지전략을 수립, 시행하는 기업들이 독일에는 많다. 즉, 이른바 최상층에 속하는 우수인력에 대해서는 기업이 자발적이고 추가적인 복지혜택을 대폭 확대하고, 이 그룹에 들지 않는 인력에 대해서는 일상적인 혜택만을 제공하는 차별적인 산업복지 정책이 시행되는 사례가 늘고 있는 것이다.

최근 독일이 산업복지에서 이슈가 되고 있는 것은 이른바 가정

친화적 인사관리 정책이다. 오늘날 독일에서 가정생활의 요구와 직장생활의 요구간의 갈등문제는 직장세계의 도전요인으로 남아 있다. 산업화의 진전으로 대가족이 핵가족으로 분화되고, 맞벌이 부부가 늘면서 가정과 직장생활의 조화문제가 사회문제로 대두되기 시작하였으며, 기업의 인사관리에 있어서도 관심사로 등장하게 되었다. 직장생활과 가정생활의 조화문제는 기업의 경제적인 효익과 사회적 책임간의 갈등을 야기할 수 있다.

【참고문헌】

김성국. 1996. “독일산업복지의 본질과 과제”.「생산성 논집」제 11권 제 1호

김적교. 김상호. 1999.「독일의 사회적 시장경제」. 한국 경제 연구원.

신섭중 외. 1994.『세계의 사회보장』. 유풍출판사.

Eckhardstein, D. V. und F. Schnellinger. 1978. Betriebliche Personal Politik. Muechen: Verlag Franz Vahlen.

Gaugler, E. und W. Weber(hrsg.). 1992. Handwoerterbuch des Person aliwessen, 2. Aufl.Stuttgard: Schaeffer-Poeschel.

Graetz, F. und K. Mennecke. 1979. Handbuch der Betrieblichen Zusatz und sozialleistungen, 2. Aufl.Wiesbaden.

Herzberg, F., B. Mauser, and B. Synderman. 1959. The Motivation to Work. New York : John Wiley.

Nick, F.R. 1992. "Sozialleistungen, Betriebliche und Sozialeinrichchtun-gen," in E. Gaugler und W. Weber (Hrsg.), Handwoerterbuch des Personalwesens, 2. Aufl. Stuttgard: Stuttgard: Poeschel.

Pleiss, U. 1975. "Betriebliche Sozialleistungen." in E. Gaugler(hrsg.), Handwoerterbuch des Personalwesens. Stuttgart: Poeschel.

Salowsky, H. 1988. IW-Trends. no.3.

Thomsen, E. 1982. Das Angebot betrieblicher Soziallieistungen als Instrumentder Personalbeschaffungsund Personalfreisetzungs Politik. .Bochum: Brockmeyer.

Weber, W., W. Mayrhofer, und W. Nienhueser. 1993. Grundbegriffeder Personal Wirtschaft. Stuttgart: Schaeffer-poeschel.

제15장 일본의 산업복지

일본의 산업화는 19세기말부터 시작되어 다른 선진산업국들에 비해 산업화의 역사는 상당히 짧은 편이라고 할 수 있다. 아울러, 일본은 1900년대 중반까지 전제적인 군주제 사회였다. 이로 인해 공공산업복지를 포함한 국가적 차원의 복지제도는 비교적 늦게 발전하였다. 대신에 산업현장과 관련된 복지는 기업위주로 전개되었다. 따라서, 여기서는 일본의 산업복지에 대해 기업복지를 중심으로 살펴보기로 한다.

1. 일본 산업복지의 발전

일본의 산업복지는 19세기말 명치유신 이후 등장하기 시작한 근대적 기계기법의 도입과 이에 따른 공장 및 기업의 성장과 더불어 발전하기 시작했다. 초기의 산업복지는 당시 사회보장에 대한 국가의 관심과 투자가 전무한 상태에서 기업이 자의적으로 마련하여 운영해왔다. 이러한 기업에 의한 기업복지후생은 기업주가 일자리를 찾아 빈곤한 농촌을 떠나온 근로자의 생활을 보호한다는 온정적인 사회보장의 측면도 있었으나 한편으로는 노동력확보와 노동력강화, 그리고 저임금을 유지하려는 의도에서 실시되기도 했다(岡田義請, 1990).

실제로 산업화초기에 발달한 대부분의 섬유공장에서 시행된 기숙사, 강제저축, 구내매판점 설치와 같은 복지후생대책은 그 목적이 기숙사의 경우, 근로자의 도망방지, 야간노동을 포함한 장시간 노동활용, 사생활감시를 통한 노동강화에 있었으며, 강제저축은 전직방지, 그리고 구매는 소비품을 기업이 독점적으로 공급함으로써 이익을 챙기려는 의도도 있었다. 이와 같이 근로조건에 대한 입법이나 사회제도가 없었던 일본초기의 기업복지는 근로자의 충성심을 사기 위해 기업가의 일방적인 의사에 의해 은혜적으로 베푸는 온정이나 선심 혹은 싼 노동력을 확보, 유지하기 위한 시책이었고 근로자들은 그것들을 소극적으로 혹은 반강제적으로 받아들이는데 그쳤다.

20세기에 접어들면서 중화학공업이 발달하고 산업화가 초기단계를 벗어나자 노동력, 특히 숙련된 노동력이 부족한 현상이 나타나기 시작했다. 또한 점차적으로 열악한 근로조건에 대한 근로자들의 인식은 그들로 하여금 노동조합을 결성하여 기업가의 일방적인 노동통제에 의한 노동강화에 조직적으로 대항하게 만들었다. 이어 계속적으로 야기된 노사갈등과 산업재해는 정부와 사용자로 하여금 근로자생활안정에 보다 많은 관심을 가지게 만들어, 일본정부는 1910년부터 산재근로자의 보상제도를 포함한 사회보상제도를 도입하기 시작했으며 기업측에서는 기업내 근로복지제도의 확충으로서 오늘날 일본기업의 노사관계를 특징지워 주는 종신고용제(기업내 종업원 교육훈련포함), 기업별노조, 연공임금제(승진과 승급포함) 등을 정착시켜 나갔다.

하지만 제2차 세계대전 이전의 일본은 전제적 군국주의사회로 노동조합의 활동은 큰 제약을 받았으며 아울러 기업은 노동력 확보를 목적으로 한 노무관리의 차원에서만 초보적으로 기업복지제도를 실시하여 기업주 자의에 의한 이전의 전통적인 강압적 또는 온정적인 기업복지제도는 크게 개선되지 않았다.

제2차 세계대전 이후 사회가 민주화되면서 노동운동이 활성화되고 노동조합이 임금인상과 더불어 노동조건의 개선, 사회보장제도의 확충, 기업에 대한 복지후생의 단체교섭권 및 운영에 대한 참여를 요구하게 이르렀으며 아울러 근로자들 자신도 나름대로 자주적인 근로자복리를 추구함에 따라 일본의 기업복지제도는 큰 폭으로 발전하기 시작했다. 이러한 상황에서 전후초기의 기업복지는 낮은 임금을 보완하기 위한 현금과 물품지급, 절대적인 공급부족으로 발생한 주택문제를 해결하기 위한 사택과 기숙사 제공, 아직도 불비한 사회보장제를 보충하는 퇴직금제도와 공제회의 설립에 중점이 두어졌다.

1950년대와 1960년대를 거치면서 경험한 고도경제성장, 노동력부족현상의 심화, 노동조합의 춘투에 힘입은 임금향상, 그리고 1970년대의 성장위주에서 복지중시로 바뀐 정부의 정책은 1970년대 중반에 이르러 근로조건 개선에 매우 유리한 사회적, 제도적 환경을 제공해 주었으며 이로 인해 기업복지도 새로운 전환점을 맞이하게 되었다. 우선, 임금수준의 대폭적인 개선으로 말미암아 기업복지의 개념은 이제 저임금을 보완하는 의미를 넘어서게 되었으며, 아울러 정부의 사회보장책 확충은 기업복지의 기능을 종전의 사회보장의 대용에서 사회보장의 보완으로 크게 이양시켜 주었다. 뿐만 아니라, 고도경제성장과 임금상승에 따른 근로자들의 생활향상은 복지후생에 대한 근로자들의 요구를 보다 고도화, 다양화시켰으며 서구 수준의 임금상승을 확보한 노동조합도 복지후생문제에 보다 활발히 나서게 되었다.

기업측에서도 달라진 노동상황과 정부정책, 그리고 합리적 기업방식에 따라 기업복지후생을 적극적으로 시행하는 것이 안정적인 노동력 확보와 재생산, 나아가 근로자의 생활안정과 정신적인 충족이 근로자와 노동조합으로부터 우호적인 협력관계를 이끌어내는데 필수불가결한 방법임을 인식하게 되었다. 여기에 덧붙여, 인구의 고령화추세에 따른 전체적인 사회보장의 비용증가는 근로자에 대한 기업의 책임을 더욱 강조하여 1980년대에 들어와서는 기업으로 하여금 근로자의 전생애를 통한 종합적인 복지보장의 원칙을 받아들이게끔 만들었다.

이와 같은 과정을 겪으면서, 오늘날 일본의 기업복지제도는 근로자와 노동조합을 고용주와 대등한 인격 내지 상대로 인정해야 한다는 산업민주주의 원칙과 기업복지문제가 노사양쪽에 똑 같이 중요하게 영향을 미친다는 상호주의 입장을 견지하면서 다음과 같은 일반적인 성향을 지니게 되었다.

첫째, 기업가의 은혜적인 복리후생으로부터 노사양쪽이 적극적으로 의사를 반영하고 참여함.

둘째, 노사양쪽이 역할과 비용을 분담하며 함께 책임짐.

셋째, 개별적, 일방적 요구에서 종합적, 체계적으로 요구되어짐.

넷째, 복지활동의 효율화와 중점화를 지향함.

<표 15-1> 일본 기업복지제도의 변천

종류	명치시대 - 1970년대 중반	1970년대 중반 이후
주체	기업의 임의	노사의 공동기획, 운용 (노사협의)
목적	귀속심 및 충성심의 확보, 노동력의 유지 및 배양, 노사관계의 안정, 생산성 향상	종업원의 생애통합복지 확립(결과적으로 생산성향상, 양호한 인간관계를 유지)
역할	사회보장의 대용	사회보장의 보완 및 분업, 생애활동보장
대상	본인과 가족	본인과 가족, 퇴직자, 근처의 지역주민에게 개방

비용	기업이 전적으로 부담	생산성향상의 성과배분, 기업 및 근로자의 공동부담
시책의 중점	현물급부, 사택, 의료, 구매	노후, 불시의 재해에 대한 생활보장, 재산형성원조, 문화, 체육, 여가활동원조, 건강증진

<표 15-1>는 일본의 기업복지제도를 크게 변천시킨 1970년대 중반을 기점으로 그 이전과 이후의 주체, 목적, 역할, 대상, 비용, 시책의 중점이 어떻게 달라졌는가를 비교해주고 있다.

최근 들어 일본의 기업복지비용은 <표 15-2>에서 보는 바와 같이 지난 10여년 간에 걸쳐 조금씩 상승해왔다. 그러나 노동비용총액을 100%로 했을 경우 복지비용이 차지하는 비중은 1988년의 15.8%에서 1995년의 16.9%로 1%밖에 증가하지 않아 매우 안정적인 변화 모습을 보여준다. 이는 같은 기간에 22.1%가 증가한 한국의 경우와 상당히 대조가 된다. 복지비용을 법정과 비법정으로 구분할 경우, 법정복지비의 비율은 1% 증가했는 데 비해 법정외복지비의 비중은 별다른 변화를 보여주고 있지 않다.

<표 15-2> 일본 노동자의 1인당 월평균 기업복지비용(단위: 1,000엔)

복지비용의 종류	1988년	1991년	1995년
1. 노동비용총액 <2+3+4>	398.1 (100)[1]	460.0 (100)	491.8 (100)
2. 현금급여총액	333.6 (83.8)	382.6 (83.2)	408.9 (83.1)

3. 복지비용총액	63.0 (15.8)	75.8 (16.4)	83.0 (16.9)
(1) 법정복지비총액	47.9 (12.0)	57.2 (12.4)	63.9 (13.0)
• 법정복리비	31.3 (7.9)	38.8 (8.4)	43.2 (8.8)
• 퇴직금 등의 비용[2)]	16.5 (4.2)	18.5 (4.0)	20.7 (4.2)
(2) 법정외복지비총액	15.1 (3.8)	18.5 (4.0)	19.1 (3.9)
• 법정외복리비	11.0 (2.8)	13.3 (2.9)	13.8 (2.8)
• 현물지급비용	1.9 (0.5)	2.2 (0.5)	2.2 (0.5)
• 기타노동비용	2.2 (0.5)	3.0 (0.6)	3.1 (0.6)
4. 모집비, 교육훈련비	1.5 (0.4)	1.6 (0.4)	0.0 (0.0)

주 : 1) (　)안의 숫자는 노동비용총액에서 차지하는 구성비율을 나타냄.
2) 일본에서 퇴직금은 법정복지가 아니지만 한국과의 비교를 위해 법정복지범주에 넣었음.

자료 : 일본노동성. 해당연도. "임금노동시간제도등총합조사."

2. 일본 산업복지의 현황

1) 법정복지

(1) 공적연금제도

일본의 연금보험체계인 공적연금제도는 1959년에 국민연금 및 통산연금의 발족에 따라 발족되었으며, 1961년에는 전국민을 대상으로 확대되었고, 1986년부터는 여기에 피고용인연금을 적립할 수 있는 2층구조를 지니게 되었다. 종류로는 국민연금보험, 국가공무원공제조합, 지방공무원공제조합, 사립학교교직원공제조합, 농림·어업단체직원공제조합, 국민연금기금, 석탄·광업연금기금, 농업자연금기금 등이 있다. 급여수준은 1991년 현재 전 수급자를 평균으로 했을 경우 월 35만2천엔으로, 이는 평균임금의 41.3%에 해당한다.

⑵ 의료보험

의료보험은 크게 정부가 관장하는 건강보험, 일용노동자건강보험, 선원보험과 조합방식으로 운영되는 국가공무원공제조합, 지방공무원공제조합, 사립학교교직원공제조합, 농어민과 자영자를 주된 대상으로 하는 지역별 국민건강보험의 2종류가 있다. 급여는 의료(현물)급부와 현금급부로 나뉘는데 의료급부가 주이다. 보험료율은 1991년 현재 정부관장 건강보험의 경우 84/1000이며 노사가 반반씩 분담한다. 조합보험의 보험료율은 30/1000에서 95/1000의 범위 내에서 각 조합에 따라 정해지며, 부담비율은 원칙적으로 조합과 가입자가 각각 절반씩이다.

⑶ 고용보험

1974년까지 실업보험으로 불리었던 고용보험은 일반 민간기업의 노동자를 대상으로 하는 것과 일용노동자를 대상으로 하는 것의 두 가지 종류가 있다. 급여에는 구직자급여로서의 실업수당금인 기본수당, 가능습득수당, 기숙수당, 상병수당이 있으며, 이밖에 취직촉진급부가 있다. 고용보험의 보험자는 정부이며, 피보험자는 전산업에 고용되어 있는 노동자이다. 고용보험의 사업에는 고용안전사업, 능력개발사업, 고용복지사업의 3가지 종류가 있다.

(4) 노동자재해보상보험

1910년대에 산재피해근로자에 대한 보상제도가 도입되기 시작했으나 사회보험의 성격을 띤 노동자재해보상보험은 1947년에 발족하였다. 이후 수 차례에 걸친 개정을 통해 오늘날에는 업무상의 부상과 질병에 대한 요양보상급부와 취업보상급부, 장애와 폐질에 대한 장애보상연금 및 장해보상일시금, 유족에 대한 유족보상연금 및 유족보상일시금, 장례비의 3가지 종류가 있다. 보험자는 정부이며, 보험가입자는 사업주이고, 보험급여의 수급자는 산재노동자와 그 유족이다. 적용대상자는 농림수산의 일부사업장을 제외한 노동자를 고용한 모든 사업장이다.

2) 법정외복지

일본의 노동성은 매년 일본의 주요 산업부문에 속한 기업들을 대상으로 기업의 임금, 노동시간, 임금과 노동시간에 관한 제도 등을 종합적으로 파악하기 위하여 "임금노동시간제도등총합조사"를 실시하고 있다. 이 조사는 30인이상을 고용한 일본기업의 노동비용 및 복지비용에 관한 항목을 포함하고 있으며, 아울러 한국의 노동부와 동일한 기준에 의해 실시되고 있다. 따라서 여기서는 1990년에 실시한 조사의 결과를 중심으로 일본의 법정외기업복지에 대해 살펴보기로 한다.

전반적으로 일본의 대기업과 중소기업은 복지실시율에 있어서 큰 차이를 나타내고 있다(<표 15-3>에서 <표 15-8> 참고). 기업의 규모가 작을수록 복지시설의 구비 및 제도 비율은 현저히 떨어지고 있어, 1000인 이상고용 기업과 300인미만 고용기업을 비교할 경우 그 차이가 적게는 16.4%(건강관리제도)에서 많게는 68.3%(주택자금

융자제도)에 이른다. 이는 일본의 기업구조는 물론 기업복지도 기업규모에 크게 영향받는다는 점을 반영해주는 것이라고 하겠다.

<표 15-3> 일본의 기업규모별 건강관리제도(단위: %)

		건강관리제도	주요 건강관리제도						
			성인병		인간도크비용보조[1]		입원비보조		정신건강
			근로자	가족	근로자	가족	근로자	가족	
기업 규모별 (고용인수)	1000명 이상	97.5	94.4	54.5	83.4	58.8	49.3	41.9	49.4
	300～999명	90.2	86.6	35.9	56.8	31.6	17.8	13.8	18.5
	30～299명	81.1	78.3	21.0	35.2	14.2	11.7	6.7	8.3
제조업		78.0	75.5	17.7	29.0	11.1	10.0	5.1	8.7

주 : 1) 환자의 간호 및 가사노동비용보조

부문별 복지제도의 특징을 살펴보면, 우선 건강관리제도는 기업규모에 상관없이 대부분의 기업에서 보편적으로 실시되고 있다. 그러나 근로자의 가족에 대한 건강관리제도의 확대실시는 저조하며 특히 중소기업의 실시율은 매우 낮다. 세부적으로는 입원비보조에 대한 실시율이 제일 낮다.

여가시설에 있어서는 계절적 여가시설이 비교적 잘 보급되어 있는 편이다. 하지만, 여전히 대기업과 중소기업간의 실시율에는 상당한 격차가 존재한다. 사택시설의 경우, 독신자용주택이 세대용주택보다 약간 높은 비중을 차지하고 있다. 재산형성제도는 대기업과 중소기업간의 차이가 비교적 낮은 실시율을 보이고 있으며, 세부적으로는 재형저축제도가 가장 선호되는 제도이다. 주택자금융자제도는 전반적으로 실시율이 낮고 또한 대기업과 중소기업간 실시율의 차이가 가장 두드러지게 나타나는 부문이다. 통근제도의 경우, 전체적으로는 실시율이 낮지만, 상대적으로 대기업과 중소기업간에 실시율의 차이가 적게 나타나고 있다.

<표 15-4> 일본의 기업규모별 여가제도(단위: %)

		여가제도	주요 여가시설				
			체육관	기타체육시설	휴양소	계절여가시설	해외휴양소
기업규모별 (고용인수)	1000명이상	97.7	58.4	84.4	70.6	77.1	23.6
	300~999명	83.8	28.9	58.1	37.5	56.0	10.5
	300명미만	55.7	15.9	33.3	28.9	31.5	5.0
제조업		50.3	16.4	31.2	28.2	28.1	4.2

<표 15-5> 일본의 기업규모별 사택제도(단위: %)

		사택제도	주요 사택시설		
			세대용 주택	독신자용 주택	단신 전근 근로자용 주택
기업규모별 (고용인수)	1000명이상	96.8	88.1	92.6	46.4
	300~999명	77.3	59.4	67.3	21.4
	300명미만	47.3	32.4	34.0	6.0
제조업		42.0	31.3	29.2	5.2

<표 15-6> 일본의 기업규모별 재산형성저축제도(단위: %)

<table>
<tr><td colspan="2" rowspan="2"></td><td rowspan="2">재산형성 제도</td><td colspan="3">주요 재산형성제도</td></tr>
<tr><td>재형저축</td><td>재형연금 저축</td><td>재형주책 저축</td></tr>
<tr><td rowspan="3">기업규모별 (고용인수)</td><td>1000명 이상</td><td>93.2</td><td>83.6</td><td>76.2</td><td>82.2</td></tr>
<tr><td>300~ 999명</td><td>81.9</td><td>77.5</td><td>62.6</td><td>63.1</td></tr>
<tr><td>300명 미만</td><td>64.5</td><td>60.3</td><td>34.0</td><td>28.7</td></tr>
<tr><td colspan="2">제조업</td><td>65.0</td><td>59.1</td><td>35.7</td><td>27.4</td></tr>
</table>

<표 15-7> 일본의 기업규모별 주택자금융자제도(단위: %)

<table>
<tr><td colspan="2" rowspan="2"></td><td rowspan="2">주택 자금 융자 제도</td><td colspan="6">주요 주택자금융자제도</td></tr>
<tr><td>사내 융자</td><td>재형저 축가입 조건으 로 융자</td><td>기타 주택 융자</td><td>연금복지 사업단의 융자</td><td>고용촉진 사업단의 융자</td><td>두 종류 이상의 융자제도가 있는 기업</td></tr>
<tr><td rowspan="3">기업 규모별 (고용인수)</td><td>1000명 이상</td><td>84.6</td><td>42.9</td><td>45.9</td><td>19.6</td><td>20.3</td><td>10.0</td><td>44.0</td></tr>
<tr><td>300~ 999명</td><td>46.3</td><td>25.1</td><td>22.4</td><td>6.6</td><td>6.9</td><td>1.0</td><td>12.7</td></tr>
<tr><td>300명 미만</td><td>16.3</td><td>11.2</td><td>4.1</td><td>2.5</td><td>2.1</td><td>0.4</td><td>3.0</td></tr>
<tr><td colspan="2">제조업</td><td>14.6</td><td>8.5</td><td>4.9</td><td>2.1</td><td>2.8</td><td>0.6</td><td>3.5</td></tr>
</table>

<표 15-8> 일본의 기업규모별 통근지원제도(단위: %)

		통근지원제도	주요 통근지원제도					
			통근수당의 최고 한도액 증액	시차 통근제	유동 시간제	재택 근무제	고속도로통근 보조제	신간선 통근보조제
기업 규모별 (고용인수)	1000명 이상	58.3	28.7	11.4	26.8	1.4	2.2	17.2
	300~999명	45.4	35.8	7.9	5.8	0.9	3.5	3.6
	300명 미만	39.1	34.5	4.8	2.1	0.2	2.3	0.7
제조업		38.7	35.5	4.0	2.2	0.2	0.7	0.9

【참고문헌】

노동경제연구원(편). 1990.『임금 근로조건의 국제비교』. 연구총서 5.

노동부. 1988.『사내근로복지기금제도의 법제화 방향』.

노동부. 여러 해.『기업체노동비용조사보고서』.

박길상, 조정호, 진준민, 이완영. 1992.『기업복지제도』. 삼일회계법인.

신섭중 외. 1994.『세계의 사회보장』. 유풍출판사.

유길상. 1989.『통근재해보사제도연구』. 노동부.

_____. 1991.『도시근로자가구의 가계경제분석』. 한국노동연구원.

_____. 1991.『근로복지증진을 위한 정책방향과 과제』. 한국노동연구원.

전경련. 1977.『기업내 복리후생에 관한 실태조사』.

진준민, 이완영, 이윤택, 강관중. 1992.『일본의 근로복지제도와 시설』. 노동부 근로복지공사.

한국경영자총협회. 1989.『노동경제 40년사』.

한국노동교육원. 1995.『기업내 근로자 복지프로그램 개선방안』.

Farley, O., Larry L. Smith, and Scott W. Boyle. *Introduction to Social Work*. Boston, MA: Allyn and Bacon.

Gilbert, Neil and Paul Terrell. 1997. *Dimensions of Social Welfare Policy*. Boston, MA: Allyn and Bacon.

日本勞動省. 해당연도. " 賃金勞動時間制度等總合調査."

岡田義請, 1990.『やとり時代の福利厚生』. 勞務研究所.

著作權法

第97條의 5 【權利의 侵害罪】 著作財産權 그밖의 이 法에 의하여 보호되는 財産的 權利를 **複製**·公演·放送·展示·傳送·**配布** 2次的 著作物 작성의 방법으로 침해한 者는 5年 이하의 懲役 또는 5千萬원 이하의 罰金을 處하거나 이를 병과할 수 있다.

(2000년 7월 1일부터 시행)

■ 저자약력 ■

이정환

· 성균관대학교 졸업(학사)
· 미국 뉴저지주립 럿거스대학교 졸업(사회학 석사, 박사)
· 현 : 청주대학교 사회학과 교수

<저서 및 논문>

· 기업내 근로자 복지프로그램 개선방안
· 인천의 사회계층 분석 및 계층간 불평등 완화방안
· 외국인 노동자 공동체와 NGO
· 한국의 산업화와 신중간계급의 형성 외 다수

노병일

· 서울대학교 졸업(학사)
· 미국 뉴욕주립대학 졸업(석사, 박사)
· 현 : 대전대학교 사회복지학과 교수

<저서 및 논문>

· 사회보장론(저)
· 사회복지법령집(편저)
· 사회복지실습교육(공저)
· 사회복지법제(공저)
· 여성복지론(공저)
· 민선지방단체장(공저) 외 다수

변보기

· 서강대학교 졸업(학사)
· 독일 쾰른대학교 졸업(사회사업 및 사회교육학 석사, 박사)
· 현 : 목원대학교 사회복지학과 교수

<저서 및 논문>

· 사회복지법제(공저)
· 사회복지개론(공저)
· IMF 구제금융체제하에서의 한국의 장애인고용 촉진방안
· 독일 연금보험의 재정적 위기 및 그 대응전략에 대한 논의
· 한국의 아동복지 서비스 문제점과 그 개선방안 외 다수

산업복지론

2001년 3월 15일 1판 1쇄 발행
2007년 2월 20일 1판 5쇄 발행

저자와의 협의하에 인지생략

저 자 : 이정환 · 노병일 · 변보기
발행자 : 김 동 규
발행처 : 교 육 과 학 사

서울특별시 마포구 아현1동 424-31
전화 (02) 363-6431~3 / FAX (02) 393-4366
Home-page : www.kyoyookbook.co.kr
등록 : 1970년 5월 18일 제2-73호

잘못된 책은 바꾸어 드립니다.
Printed in Korea.

정가 16,000 원
ISBN 89-8287-880-7